생태와 대안의 로컬리티

**필자**

**공윤경**(孔允京, Yoon-kyung Kong) 부산대학교 한국민족문화연구소 HK교수, 도시공학 전공
**박규택**(朴奎澤, Kyu-taeg Park) 부산대학교 한국민족문화연구소 HK교수, 사회경제지리 전공
**박수경**(朴修鏡, Su-kyung Park) 부산대학교 한국민족문화연구소 전 HK교수, 일본어학 전공
**박혜영**(朴惠英, Hye-young Park) 인하대학교 영어영문학과 교수, 영문학 전공
**양흥숙**(梁興淑, Heung-sook Yang) 부산대학교 한국민족문화연구소 HK교수, 한국사 전공
**이유혁**(李裕赫, Yoo-hyeok Lee) 부산대학교 한국민족문화연구소 HK교수, 영문학 전공
**조명래**(趙明來, Myung-rae Cho) 단국대학교 도시계획부동산학부 교수, 도시개발·계획 전공
**조영준**(曺榮準, Young-jun Cho) 경북대학교 인문학술원 연구원, 생태·자연철학 전공
**조정민**(趙正民, Jung-min Cho) 부산대학교 한국민족문화연구소 HK교수, 일본문학 전공

부산대학교 한국민족문화연구소 로컬리티 연구총서 17

# 생태와 대안의 로컬리티

**초판인쇄** 2017년 3월 3일 **초판발행** 2017년 3월 10일
**지은이** 공윤경 박규택 박수경 박혜영 양흥숙 이유혁 조명래 조영준 조정민
**펴낸이** 박성모 **펴낸곳** 소명출판 **출판등록** 제13-522호
**주소** 서울시 서초구 서초중앙로6길 15, 1층
**전화** 02-585-7840 **팩스** 02-585-7848 **전자우편** somyungbooks@daum.net **홈페이지** www.somyong.co.kr

값 21,000원 ⓒ 부산대학교 한국민족문화연구소, 2017
ISBN 979-11-5905-157-9 94300
ISBN 978-89-5626-802-6(세트)

이 저서는 2007년 정부(교육과학기술부)의 재원으로 한국연구재단의 지원을 받아 연구되었음(NRF-2007-361-AL0001).

부산대학교 한국민족문화연구소
로컬리티 연구총서 17

# 생태와 대안의 로컬리티

*Ecology and Alternative Locality*

공윤경 박규택 박수경 박혜영 양흥숙 이유혁 조명래 조영준 조정민 지음

## 책머리에

 대다수의 사람들은 '존재' 양식보다는 '소유' 양식을 삶의 목표로 삼아 안락하고 물질적으로 풍요로운 삶과 소비지향적인 생활을 통해 개인의 행복과 정체성을 획득하려는 경향이 있다. 그러나 이러한 생활양식은 끊임없는 성장과 개발의 논리를 전제하기 때문에 자원의 무분별한 남용, 에너지 고갈 그리고 이로 인한 지구 온난화, 기후 변화 등 지구의 한계를 넘어서는 위기를 야기한다. 오늘날 생태위기는 인류의 생존을 위협하는 절박한 문제로 간주되고 있다.

 그런데 생태 문제는 자연환경 분야에만 한정되지 않고 사회, 경제, 문화 등 다양한 분야에서 위기를 낳고 있으며 로컬, 국가, 지구 등 다층적으로 파급되고 있다. 이런 흐름에 따라 인간을 포함한 유기체(생물)와 그 주위를 둘러싸고 있는 환경과의 상호관계에 관한 생태 담론이 주목받고 있으며 근래에는 문화생태, 지역생태, 산업생태 등 다양한 영역으로 확대되어 폭넓게 다뤄지고 있다. 문화영역에서는 생태 담론의 핵심 주제인 인간과 자연과의 관계 문제를 탈식민주의, 페미니즘에서의 다양한 논의와 연계하여 응용하거나 대안의 가능성을 모색하기도 한다. 한편으로 사회생태주의에서 생태 문제는 곧 사회 문제이다. 통제와 지배라는 사회구조, 즉 사회 내의 위계적 지배관계는 인간과 자연과의 관계에도 영향을 미친다는 관점이다. 따라서 사회적으로 소외된 소수자 그리고 반인본주의, 신자유주의 경제 논리에 종속된 로컬 등에 대한 논의에서 또 다른 접근법이 요구되기도 한다.

이 책은 최근 관심이 고조되고 있는 생태 문제와 우리 연구단에서 주목하는 로컬(리티)을 연결해 보고자 한다. 생태위기와 관련하여 '로컬'에 주목하는 이유는 로컬이 불균형 발전, 경제 침체, 빈부 격차, 계층 간 갈등 등 신자유주의 세계화의 폐해를 직접적으로 경험하는 공간이기도 하지만 동시에 이를 극복하기 위해 주체적으로 새로운 변화를 모색할 수 있는 가능성도 존재한다고 보기 때문이다. 인간, 사회, 자연의 관계를 재조정하고 지속가능한 생태공동체를 구체화할 대안적 방안이 요구되는 시점에서 이 책은 당면한 생태위기의 상황을 극복하기 위해 정신적, 윤리적, 사회적, 문화적 패러다임의 변화를 추구하는 이론과 담론에 주목한다. 그리고 다양한 층위의 로컬에서 생태와 관련한 현상들이 드러나는 방식과 이에 대처하는 양상을 살펴본다. 이를 통해 궁극적으로 우리 시대의 대안적 로컬리티, 즉 글로컬 차원에서 새로운 사회체계를 구상하고 공생을 지향하는 로컬 커뮤니티의 실현 가능성을 검토하고자 한다.

책은 크게 3부로 이루어진다. 1부 '생태 사유와 체계'는 오늘날 생태위기와 극복에 관한 이론적·실천적 대안을 탐구하는데 근본적인 성찰을 제공한다. 또한 몸(주체)의 생태계와 지구(객체)의 생태계 그리고 인간과 사회-생태체계를 로컬리티와 연계하여 비판적으로 고찰한다.

「자연에 대한 지배에서 자연과의 연합으로」는 인간 중심에서 벗어나 자연과 생태계를 포괄하는 새로운 진보사상으로 나아가기 위해 셸링의 자연철학과 블로흐의 기술철학을 중심으로 인간이 자연과 공생하고 연합할 수 있는 방안을 살펴보고, 이를 통해 생태적으로 지속가능한 대안사회 모델을 로컬리티 차원에서 고찰한다. 이 글은 베이컨과 데카르트의 기계론적 자연관이 자연을 지배대상으로 간주함으로써 오늘날 생태위기 초래에 정신적 원인을 제공하였다는 비판에서 시작한다. 그리고 생태학적 패러다임으로서 유기체적-전체론적 자연관은 자연을 하나의 살아있는 주체이자 거대한 유기체로 파악하는 셸링의 자연철학에서 잘 드러나며 이것이 생태위기를 극복할 수 있는 상상력을 제공한다는 점을 강조한다. 또한 블로흐가 인간주체와 자연주체를 매개하는 제휴기술을 통해 기술 유토피아를 제시하지만, 이는 추상적일 뿐만 아니라 마르크스주의 모델에 따른 생산양식과 산업체계에 근거하고 있기 때문에 사회주의 유토피아가 붕괴된 오늘날 대안적 생태사회 모델로서 적합하지 않다고 비판한다. 따라서 과학기술관료주의에 의존할 수밖에 없는 중앙집권적 국민국가보다는 로컬 차원에서 풀뿌리 민주주의와 자급자족이 가능한 소규모 공동체 그리고 그 네트워크로서의 새로운 사회가 우리가 지향하는 생태 유토피아로 간주될 수 있다고 주장한다.

「로컬리티의 생태학과 생태적 로컬인」에서 '로컬리티'는 사람의 몸으로 지칭되는 주체의 생태계와 지구의 몸으로 지칭되는 객체의 생태계가 만나고 접변하는 생태계로 규정된다. 이 글은 오늘날 객체와 주체가 동시에 겪고 있는 생태 문제는 서로 이어진 생명의 문제이자 존재의 문제이며 결국 사람의 문제로 돌아오게 된다는 점에 주목하고 있다. 또한 로컬리티 순환생태계의 유기적인 한 부분으로서 몸의 생태계를 탐구하면서 몸이 로컬리티 속에서 생태적 주체로 거듭날 수 있는 방안, 진정성 있는 생태와 인간의 조화 방안을 모색한다. 로컬리티 생태계는 르페브르가 말하는 추상공간이 구체와 차이의 공간으로, 반대로 구체와 차이의 공간이 추상공간으로 바뀌는 순환 구조를 이룬다고 해석한다. 따라서 로컬리티 생태계 속에서 주체인 몸이 환경 문제를 해결하기 위해, 즉 생태적 순환을 스스로 회복하기 위해 사람 몸이 생태적 주체가 되어야 한다고 주장한다. 이 글에서는 이러한 주체를 '생태적 로컬인', 생태적 감수성을 몸으로 수용하는 '생태적 인문인'이라고 부르며 르페브르 등이 말하는 '총체적 인간'에 가까움을 전제로 한다.

「다중심적 사회-생태체계와 로컬리티」는 로컬리티 인문학이 언어, 기호, 이미지, 제도, 조직, 관습, 물질을 매개로 로컬리티의 존재와 인식 혹은 이론과 경험을 연구하여 왔지만 로컬리티를 구성하고 있는 물질 혹은 유기체와 인간의 관계를 깊이 있게 고찰하지 않았다는 비판에서 출발한다. 인간이 포함된 유기체와 그 환경 간의 상호관계에 대한 연구는 로컬리티 인문학의 이론과 실천 범위를 넓히는 데 유용하며 또한 로컬리티는 내·외부의 상이한 힘 혹은 요인들의 복잡하고 역동적인 상호 관계 속에서 생성·변화되고 이와 관련하여 다양한 유형의 생태계가 존재한다고 주장한다. 따라서 로컬리티와 생태계를 종합적이고 체계적으로 이해할 수 있는 개념적 틀의 수립이 필요하고 이를 위해 다중심적 사회-생태체계를 제시한다. 복잡하게 얽혀 역동성을 발휘하는 사회-생태체계는 하나 혹은 소수가 아닌 다수의 조직과 제도 그리고 이들의 실천에 기반을 두고 있기 때문에 이 틀을 로컬리티와 연결시켜 비평적으로 고찰한다.

2부 '생태위기와 주체의 재구성'에서는 사회적 불평등에 처한 소수자, 세계화된 자본 논리에 종속된 마을(공동체) 등 구체적 사례를 통하여 생태위기를 주체적으로 극복하기 위한 로컬의 다양한 대응 양상들을 살펴본다. 인간에 의한 인간지배, 사회 내의 위계적 지배관계에서 비롯된 사회문제의 해결은 생태 문제와 위기를 극복할 수 있는 논리에 닿아있음을 밝히고자 한다.

「생명정치와 원폭2세 김형률의 재현」은 로컬리티의 가장 작은 하위단위로서 인간의 몸에 주목한다. 몸은 세계와 관계 맺기를 이루는 참여 도구이며 사회적 불평등, 자본주의의 체제 문제, 그리고 권력의 경합이 일어나는 장이기도 하기 때문이다. 생태 파괴로 생명정치가 일어날 때 몸은 세계에 포섭되기도 하고 저항하기도 하는데 이 글은 원폭2세 환우 김형률이 미국의 원폭투하와 일본의 식민주의가 21세기 자신의 몸을 지배함을 자각하고 몸의 사회화를 수행하는 과정을 탐색한다. 또한 인권, 생명·생존권을 복원하는 실천적 행위에 주목함으로써 훼손된 몸·로컬이 어떻게 주체화를 이루어 가는지 살핀다. 즉, 소수자에 대한 생명정치가 어떤 식으로 이루어졌는지 그리고 김형률과 부친 김봉대가 당사자성이 담보된 인권운동을 어떻게 주체적으로 실천해 왔는지를 소위 '형률의 방'을 재현한 설치영상 〈메아리-물〉과 전시된 사진을 통하여 고찰한다. 이 글에서 '형률의 방'은 히로시마의 다양한 물과 오버랩되어 나타나는데, 이 물의 은유적 표현은 소수자로서의 정체성 드러내기, 차별과 배제에 대한 저항을 함의하고 이러한 인권운동의 실천에도 불구하고 한국 원폭피해자에 대한 권리 보장이 아직까지 이루어지지 못하고 있음을 밝힌다.

「국제결혼여성의 사회생태적 실천과 연대」는 국제결혼여성이 한국 가부장사회로의 종속, 한국 사회와 문화의 강제적 습득과 수용, 이주민에 대한 차별적 처우, 거주지에서의 낯섦, 경제적 빈곤 등을 겪으면서 현재의 거주지에서 어떻게 존재하고 정착하는지를 살펴본다. 여기서 여성 문제는 남성과의 관계에서 배태되는 사회문제, 자녀들의 교육문제, 거주민으로의 생활문제, 인간의 권리보장에 대한 인권문제와 관련되기도 한다. 이 글은 국제결혼여성이 본격적으로 증가하고 한국 사회의 구성원이 된 지 20년이 지났지만 여전히 이들은 수동적 존재로 인식되고 있다고 비판한다. 여기에는 인간과 인간 사이의 지배와 피지배 관계, 국가 경제력 차이에서 비롯된 해당 국민에 대한 차별 등이 중요하게 작동하고 있다. 따라서 이 글은 머레이 북친의 사회생태주의를 바탕으로, 사회적 요인에 의해 생태위기에 직면하였거나 이러한 위기를 경험했던 국제결혼여성들이 생태위기를 극복하고 지역사회의 주체로 존재할 수 있는 실천적 삶은 '연대'를 통해 가능하다고 주장한다. 이들의 연대는 국제결혼여성에게로 한정되는 것이 아니라 선주민 여성, 지역사회 등 다양한 계층과 진행하고 있음을 보여준다.

「리질리언스와 재로컬화를 통한 생태주의적 전환」은 기후변화, 석유정점 그리고 신자유주의 세계화에 따른 불균형 발전 등 다양한 위기 국면에 처한 '로컬'에 주목한다. 사람들의 일상생활이 이루어지는 삶의 터, '로컬'이 생태적 경험과 실천의 거점이 될 수 있고 또한 주체적으로 새로운 변화를 모색할 수 있는 공간으로서의 가능성도 존재한다고 보는 것이다. 이 글은 영국 토트네스를 대상으로 리질리언스 사고, 전환 마을운동과 연계하여 로컬이 실천적 주체가 되어 내부의 구성요소, 체계를 재구성하는 과정을 살펴봄으로써 회복성과 지속성을 가진 로컬(커뮤니티)로의 전환을 위한 실천적 요인들을 모색한다. 토트네스 사례를 통해 주민, 집단 등의 구성요소와 이를 연결하고 피드백할 수 있는 주민(또는 집단) 간 사회적 관계망 등으로 리질리언스를 갖추어야 함을 보여준다. 그리고 로컬순환형 먹거리, 재생에너지, 로컬 머니, 친환경 주택 등을 통해 내생적 수요와 공급을 고려한 순환적·호혜적 생활체계가 뿌리내린 삶의 방식으로 전환할 때 생태적 전환이 이루어진다고 주장한다. 마지막으로 이 글은 삶의 터전인 로컬을 비판적으로, 혁신적으로 재구성함으로써 '생성의 로컬리티'를 이루어낼 수 있음을 밝힌다.

3부 '생태 담론과 대안적 상상력'은 탈식민주의, 페미니즘 등과 생태 담론을 접목하여 인간과 비인간적인 타자의 '다른' 관계 맺기, 젠더와 자연의 공유재적 가치 회복의 가능성을 고찰한다. 그리고 전지구적 의미에서 로컬의 재난 상황이 시사하는 대안적 가치를 살핀다.

「탈식민주의와 생태학의 접점에서」는 탈식민적 생태학의 이론적인 논의에 대해서 살펴보고 자메이카 킨케이드의 에세이적 글들에 대한 생태 비평적 분석을 시도한다. 이 글은 '탈식민적 생태학'이 생태 담론의 핵심 주제인 인간과 자연의 수평적 관계의 문제를 탈식민주의에서의 다양한 논의를 통해 응용하고 있다고 평가한다. 즉, 탈식민주의와 생태주의가 탈식민적 생태학을 통해 연결되는 지점에 놓인 핵심적인 문제의식은 '관계'에 대한 것이고, 탈식민적 생태학은 인간과 비인간적인 타자의 '다른' 가능성의 모색이라는 주제에 초점을 맞춘다고 해석한다. 다른 관계 맺기의 가능성을 모색하는 것은 인간이 세계의 중심적이고 지배적인 위치에 있다기보다는 자연의 다양한 존재들과의 수평적인 관계 안에 존재하며 그런 맥락에서 상호간에 긴밀한 영향을 주고받는 유기적인 관계라는 의식을 기반으로 한다고 강조한다. 이 글은 최근 생태 담론이 어떤 식으로 그 지평을 확대하고 있는지를 보여주며 또한 킨케이드의 글들에 대한 분석을 통해 생태 문제에 대한 인문학적 접근의 가능성과 한계 그리고 더 나아가 대안적 상상력의 필요성을 시사한다.

「재난과 생명, 그리고 신식민주의」는 후쿠시마에서 야기된 재난 상황이 전지구적 의미에서 어떠한 논의들을 촉발시키며 또 어떠한 대안적인 가치들을 발견하도록 시사하고 있는지를 살핀다. 일본은 지진이나 태풍과 같이 일상을 직접적으로 위협하는 천재지변을 겪으면서 자연과 대결하기 보다는 자연과 공생하는 방식을 모색해 왔다. 그러나 소위 3·11이라 불리는 동일본 대지진은 인간과 자연의 공생이라는 영역에 그치지 않고 초국가적인 논쟁거리들을 촉발시켰다. 이 글은 재난 내셔널리즘 담론이 횡행하는 가운데 재일조선인, 외국인 노동자, 원전 노동자가 타자화 되었다는 점, 인간 중심의 사태수습과정에서 동물이 가진 생명의 존엄성이 왜소화 되었다는 점을 강조한다. 그리고 방사능 유출 문제가 주변국과 지구적으로 확장되었으나 일본을 비롯한 세계 각국은 원전폐지 대신 원전을 관리할 테크노크라시를 재조직하고자 한다는 점을 비판한다. 마지막으로 대중적인 반핵운동이 3·11 직후 커다란 반향을 일으키며 사회적으로 주목받은 바 있지만 계속 이어지지 못한 추세를 언급하면서 일본의 동북지방에서 비롯된 재난 상황이 해당 지역에 국한되는 것이 아니라 전지구적으로 확장된 이상, 우리 모두는 재난 공동체의 일부이기도 하다는 점을 강조한다.

「공유재로서의 젠더와 자연」은 여전히 젠더 불평등이나 여성 억압이 중요한 문제이긴 하지만 공동체의 또 다른 토대인 자연환경도 동시에 위기에 처해있음에 주목한다. 이 글은 일리치의 젠더 논의에서 출발하여 과거의 젠더와 오늘날의 젠더가 어떻게 다른지를 살펴보고 그 차이를 자연과의 상관관계 속에서 논의함으로써 산업자본주의 이후 양자에게 닥친 변화의 접점을 찾는다. 자연이 처한 위기와 젠더가 처한 위기를 서로 연결하여 이해하려는 노력이 필요한 이유는 산업자본주의 시대 이전에는 젠더와 자연 모두가 공유재로서 존재했지만 자본주의의 발달과 함께 그 공유재적 특성을 상실하게 되었기 때문이라고 주장한다. 따라서 젠더의 상실과 자연의 상실이 같은 차원의 위기이며 양자의 공유재적 가치의 상실이 오늘날 두 영역에 공통 위기를 초래한 원인임을 강조한다. 미즈의 자급적 공동체의 토대로서 작동하는 상호보완적 젠더 논의가 전근대적인 것으로의 회귀처럼 보인다 하더라도 적어도 네그리가 제안하는 추상적인 탐미적, 쾌락적 공동체보다는 초국적 자본주의의 압력에 훨씬 더 구체적이고도 현실적인 저항이 될 수 있다고 평가한다.

이 책은 로컬에 주목하여 당면한 생태위기의 상황을 극복하고 공생의 로컬리티를 위한 대안적 가능성을 모색하기 위해 철학, 역사학, 문학, 언어학, 지리학, 도시계획학 전공연구자들이 공동으로 연구한 성과물이다. 생태 담론과 관련한 근원적인 접근에서 출발하여, 생태적 실천 사례를 통해 로컬(인)의 재구성을 고찰하고 공생의 토대로서의 로컬리티를 위한 대안적 가능성을 살펴보았다. 로컬의 생태 문제를 정치경제적인 방식으로 접근했던 기존의 연구방향을 인문학적으로 전환하고, 또한 문제를 다양하게 고찰하는 데 조금이나마 도움이 되기를 기대한다.

# 차례

## 3부 ― 생태 담론과 대안적 상상력

# 생태 사유와 체계

# 자연에 대한 지배에서 자연과의 연합으로
### 셸링과 블로흐의 생태담론과 그 극복을 중심으로

조영준

## 1. 현대 문명의 위기와 생태학적 세계관

약 반세기 전에 출간된 로마클럽의 보고서 『성장의 한계*The Limits to Growth*』(1972)와 그 속편 『한계를 넘어서*Beyound the Limits*』(1992)는 지구상의 성장이 이제 한계에 도달하였고 지금과 같은 방식으로는 인류의 존속이 더 이상 불가능하다고 경고한 바 있다. 이 진단과 경고 후 선진국을 중심으로 여러 환경정책의 변화와 친환경기술의 발달에도 불구하고 오늘날 생태계의 위기는 여전히 인류의 생존을 위협하는 절박한 문제로 간주되고 있다. 아직 대다수의 사람들은 프롬E. Fromm이 지적하듯이 '존재'양식보다는 '소유'양식을 삶의 목표로 삼아 안락하고 물질적으로 풍요로운 삶과 소비지향적인 생활을 통해 개인의 행복과 정체성을 획득하려고 한다. 그러나 이러한 생활양식은 끊임없는 성장과 개발의 논리를 전제하기 때문에 지구 자원의 무분별한 남용과 지구의 수용능력을 넘어서는 생태위기 현상을 야기하고, 또 다른 한편으로는 개인의 자아상실과 공동체의 해체 등 도덕위기를 초래하여 종국에는 인류의 자기 파괴와 절멸이라는 문명의 위기를 가져온다.

생태위기의 문제는 정치나 경제의 구조와 단순히 관련되는 것이 아니라, 인간의 사유방식과 밀접한 관계를 맺고 있다. 따라서 생태문제 해결을 위해서는 정치적, 경제적, 사회적 조건 등과 더불어 자연에 대한 인간의 관계 및 태도 문제가 심도 있게 다루어져야 한다. 이 점에서 최근 철학 주제로서 자연과 그에 대한 생태철학적 탐구는 현대 실천철학에서 새롭게 조명 받고 가치평가 되고 있으며, 또 이를 바탕으로 대안 사회나 공동체의 모델에 대한 다양한 탐색이 진행되고 있다.

생태위기의 근저에는 자연을 인간의 욕구충족 대상으로 파악하여 그것에 어떠한 고유성을 인정하지 않고 단순히 죽은 물질로 간주하는 기계론적 세계관 및 인간을 생태계의 중심으로 생각하는 인간중심적 세계관이 깔려 있다. 따라서 인간이 자연에 대한 인간중심적 사고를 버리지 않는 한, 생태위기의 문제를 해결할 수 있는 돌파구는 찾기 어려워 보인다. 여기에 생태위기의 극복운동이 환경을 관리하고 보호하는 행위의 차원에 머물지 않고, 생활양식과 가치관의 근본적 변화라는 이념의 차원에로 나아가야 하는 이유가 있다.[1]

---

1   생태담론에 있어서 '환경주의(environmentalism)'와 '생태주의(ecologism)'를 개념적으로 구분하는 것이 필요하다. 환경주의가 기존의 정치·사회적 생활양식을 그대로 유지하면서 과학기술을 이용해 환경을 잘 관리하고 개선하면 환경문제를 해결할 수 있다고 보는 반면에, 생태주의는 합리주의, 시장 자본주의, 산업주의 등 근대적 기획에 근본적인 이의를 제기하며 환경문제와 관련된 정치·사회적 생활양식의 근본적인 변화를 요구한다. 또 환경주의가 인간중심주의를 견지하고 과학기술을 신뢰하는 낙관적 입장이라면, 생태주의는 인간뿐만 아니라 모든 생명체가 다 동일한 가치와 권리를 갖는다고 주장하며 과학기술의 오남용을 경계하는 비판적 입장을 취한다. 생태주의는 인간중심적 관점을 벗어나 모든 생명체가 서로 긴

셸링의 자연철학은 생태위기에 책임이 있는 근대 과학의 기계론적 자연관의 대안으로서 이 시대의 문제를 풀어갈 풍부한 생태학적 상상력을 제공한다. 그는 기계론적 자연관에 반하여 자연을 하나의 살아있는 주체이자 거대한 유기체로 파악함으로써, 인간과 자연을 화해하고 통일할 수 있는 새로운 사유모델을 제시하고 있다. 또 셸링철학의 충실한 후계자로서 블로흐는 이러한 자연관을 적극적으로 수용하여 인간과 자연이 연대하고 공생할 수 있는 '제휴기술'과 '기술 유토피아'를 사회 실천적으로 제시함으로써, 오늘날 생태위기의 시대에 셸링과 더불어 새롭게 주목받고 있다. 이렇게 독창적인 셸링과 블로흐의 사유들을 발전적으로 결합시키는 차원에서 우리가 산업자본주의를 대체할 새로운 문명을 찾는 작업은 궁극적으로 인간 해방 및 인간과 자연의 화합을 한데 묶는 이념에서 출발해야 할 것이다.

이 글의 목적은 인간을 진보의 중심에 놓는 낡은 틀에서 벗어나 자연과 생태계를 포괄하는 새로운 진보담론으로 나아가기 위해 셸링의 자연철학과 블로흐의 기술철학을 중심으로 어떻게 인간이 자연과 공생하고 연합할 수 있는지를 살펴보고, 이를 통해 생태적으로 지속가능한 대안 사회모델을 로컬리티locality 차원에서 모색하는데 있다. 먼저 생태위기의 초래에 정신적 원인을 제공하는 근대 기계론적 자연관의 특징을 논의의 출발점으로 하여, 이에 맞서는 생태학적 패러다임으로서 유기

---

밀하게 연결되어 있다는 생태학적 인식을 갖고서 인간—자연—사회의 유기적 관계를 복합적인 관점에서 파악한다는 점에서 환경주의보다는 진일보한 사조라고 할 수 있다. 특히 환경정치학에서 돕슨(A. Dobson)은 생태주의를 '환경(개량)주의'나 '자연보전주의'와 본질적으로 구분되는 진보적 이데올로기라고 강조하고 있다(앤드루 돕슨, 정용화 역, 『녹색정치사상』, 민음사, 1993, 15~17쪽 참조).

체적-전체론적 자연관과 유기체 원리에서 도출되는 자연과의 공생 가능성을 셸링의 자연철학을 통해 살펴본 후, 마지막으로 시민주의(자본주의) 기술의 대안으로 제시되는 블로흐의 제휴기술과 기술 유토피아 문제를 현실 사회적 맥락에서 검토하고 이에 대한 비판적 관점에서 로컬리티에 근거한 새로운 생태 유토피아를 탐색하고자 한다.

## 2. 생태위기의 정신적 근원으로서 기계론적 자연관

인류의 생존을 위협하는 생태계의 위기는 인간의 무한한 발전과 번영을 꿈꾸어 온 근대 산업문명의 부산물이다. 따라서 우리는 서구 근대 과학과 기술을 바탕으로 하여 진행된 산업화에 대한 정확한 인식 없이는 오늘날 자연파괴와 환경오염의 근원적 원인을 규명하기 어렵다. 베이컨과 데카르트는 누구보다 이런 산업화를 가져온 근대 과학적 세계관을 대표하는 사상가이다. 특히 베이컨은 사회 구성원들의 재화 증대를 통해 인류의 삶을 개선하려는 근대 사회진보의 대표적 기획자로서 근대문명의 기본 틀을 형성하는데 기여했다고 할 수 있다. 그는 계몽주의적 기획 아래 과학과 기술 그리고 수량경제 등 전반적 측면에서 근대의 중요한 지적 설계를 한다. 특히 인류 삶의 개선 기획과 과학 발전의 의식적인 결합을 통해, 논쟁을 일삼는 지식일 뿐 생활 향상에 어떤 실제적 효과도 주지 못하는 고대 그리스철학과 중세 스콜라철학을 비판하면서 이론과 실제 운용, 지식과 효용성, 아는 것과 만드는 것의 일치를 강조한다. 따라서 그의 사상에서 '실험주의'와 '지식의 효용성', '지

식에 의한 자연의 지배력', 그리고 '박애'는 모두 불가분적인 요소를 이룬다고 하겠다.[2]

베이컨은 기계론적 자연관에 불을 지핀 사람으로서 과학을 모든 학문의 어머니라고 부르며, 사물을 이해할 수 있는 새로운 방법은 '객관적인 지식'을 가져다주는 '과학적 방법'에서 찾아야 한다고 주장한다. 그런데 과학적 방법의 핵심은 인간과 자연을 완전히 분리시키고 관찰자와 관찰되는 것 사이에 완전한 중립이 가능하다는데 있다. 다시 말해 과학적인 방법인 실험과 관찰을 통해 자연에서 발생하는 일들의 원인을 알게 되면, 그 지식을 이용해 자연을 통제하고 조종할 수 있다는 것이다. 따라서 베이컨의 유명한 '아는 것이 힘이다scientia est potentia'라는 격언은 이러한 사고와 태도 방식을 잘 보여 주는 것으로, 여기서 '아는 것'은 자연과학적 지식을 지칭하고 '힘'이란 자연을 변화시킬 수 있는 것을 의미한다. 이처럼 베이컨은 과학을 탐구하는 진정한 목적이 자연에서 많은 비밀을 찾아내어 자연에 대한 인간의 지배를 확립하는데 있다고 봄으로써 자연을 인간의 부와 복지를 위한 기술적인 이용대상으로 간주한다. 따라서 베이컨에 있어서 자연을 지배하려는 과학적 행위에는 양심의 가책이 있을 수 없고, 지식의 존귀성은 유용성과 지배력의 작용에 의해 유지되며, 또 지배의 원리는 지식과 힘이 유용성을 위해 서로 합치됨을 의미한다.[3]

우리가 베이컨의 자연지배 담론에서 빠뜨릴 수 없는 또 한 가지는 그의

---

2    정화열, 박현모 역,『몸의 정치』, 민음사, 1999, 183쪽 참조
3    프랜시스 베이컨, 진석용 역,『신기관─자연의 해석과 인간의 자연 지배에 관한 잠언』, 한길사, 2001, 39쪽 이하 참조.

미완성 유고『시간의 남성적 탄생』(1603)에서 등장하는 '박애philanthropia'
라는 개념이다.[4] 박애는 베이컨에 있어서 단적으로 인간중심적인 개념으
로, 우선적으로 하느님에 대한 숭배를, 나아가서는 기독교적 의무와 자선
행위의 실행을 의미한다. 그는 성서적 명령[5]에 따라 자연에 대한 인간의
절대적 지식과 지배를 정당화하면서 박애 개념을 도출해 내고 있는데,
여기서 박애란 곤경에 처한 인류를 구제하려는 고상한 목적을 위해 인간
이 생명 없는 물질 덩어리에 불과한 자연을 마음대로 개발하고 이용하는
것을 뜻한다.[6]

　베이컨의 자연에 대한 견해에서 알 수 있듯이, 주체로서 인간과 객체
로서 자연을 나누는 이분법 및 이에 근거한 자연지배사상은 데카르트
의 철학에서도 발견된다. 인간과 자연을 대립적으로 파악하는 근대의
기계론적 자연이해는 특히 데카르트의 자연개념에서 전형적으로 나타
난다. 주체성의 새로운 형식을 통해 근대 철학의 새 지평을 연 데카르
트는 '방법적 회의'라는 자신의 고유한 철학적 방법을 통해 외부 대상
세계로부터 해방된 사유하는 자아를 모든 확실성의 근거이자 출발점으

---

**4**　F. Bacon, "The Masculine Birth of Time", ed. and trans. by Benjamin Farrington, *The Philosophy of Francis Bacon*, Chicago, 1966, pp.61～72 참조.

**5**　"하나님이 그들에게 복을 주시며 하나님이 그들에게 이르시되 생육하고 번성하여 땅에 충만
하라, 땅을 정복하라, 바다의 물고기와 하늘의 새와 땅에 움직이는 모든 생물을 다스리라 하
시니라."(창세기 1장 28절,『성경전서』, 대한성서공회, 2003) : 여기서 자연은 신에게서 영
성을 부여받은 인간이라는 대리자에 의해 다스려지고 관리되는 부차적 존재로 파악된다. 이
점에서 신의 창조물 가운데 정점에 있는 인간이 신성시되는 데 반해 자연은 신성하지 않은
것으로 간주되어, 결국 인간에 의해 지배 받고 파괴될 수 있는 하찮은 존재로 전락할 수 있다.
이런 맥락에서 인간중심적인 기독교사상이 생태위기의 주요 원인이라고 주장하는 학자들
(L. White Jr., C. Amery, K. Löwith, V. Hösle 등)이 있는데, 특히 미국의 중세사학자 화이트는
「생태학적 위기의 역사적 기원(The Historical Roots of Our Ecological Crisis)」(1967)이라는
논문을 통해 이 주장을 대중화시키는 데 결정적 기여를 한다.

**6**　정화열, 앞의 책, 184～186쪽 참조.

로 삼아, 여기서 세계를 '사유res cogitans'를 속성으로 하는 정신적 실체와 '연장res extensa'을 속성으로 하는 물질적 실체로 구분한다. 그리고 이 두 실체는 속성상 서로 독립적인 세계를 형성하기 때문에 양자 사이에는 엄격한 존재론적 구별이 존재한다. 다시 말해 정신은 물체로부터 파생되는 것이 아니고, 물체도 정신으로부터 파생되는 것이 아니다. 이런 이원론적 입장에서 데카르트는 자연과학을 수학적 원리를 통해 설명되는 연장의 세계에 국한시키고, 연장 속성을 지닌 물체, 즉 자연을 순수 수학의 대상으로 규정한다.[7]

이런 방식으로 자연을 연장이라는 기하학적 관념에 귀속시키고 인간을 사유하는 존재로만 파악한다면, 이것은 결국 인간과 자연 양자에 적대적 상황을 초래하게 된다. 데카르트는 인간의 주체성을 정당화하려는 의도로 정신과 신체를 대립시켜 신체를 포함한 물질세계를 탈정신화하는 문제를 일으킨다. 다시 말해 그는 스스로 성찰할 수 있는 나 자신 이외의 물질세계에 어떠한 정신적 원리나 목적을 부여하지 않기 때문에, 인간의 신체를 연장으로 이해할 뿐만 아니라 인간 이외의 모든 생물체 또한 정신을 갖지 않는 자동기계에 불과하다고 설명한다.[8] 따라서 자연은 이제 질적 영역으로서의 내적 세계를 상실하고 오직 수학적 방법을 통해 기계론적으로 이해됨으로써, 자신의 주체성과 고유한 가치를 박탈당하고 인간에 의해 조작 가능한 낯선 존재로 전락하고 만

---

7   르네 데카르트, 이현복 역, 『성찰』, 문예출판사, 1997, 91~122쪽 참조 데카르트에서 물체 (물질)는 딱딱함이나 무게 또는 색깔과 같은 감각적 질료가 아니라, 넓이와 깊이 그리고 길이를 가진 기하학적 대상에 불과하다. 따라서 그는 수학적인 것이야 말로 진리이고 진리는 수학적인 것이라고 역설한다. 이렇게 수학적 원리를 통해 자연을 이해하는 기계론적 자연관은 갈릴레이를 거쳐 데카르트에 의해 그 기본 방향이 세워지고 뉴턴에 이르러 더욱 강화된다.
8   르네 데카르트, 이현복 역, 『방법서설』, 문예출판사, 1997, 216쪽 이하 참조

다. 결국 데카르트에 있어서 연장된 사물로서의 자연은 주체성이 결여된 존재로, 사유를 본질로 하는 인간은 자연을 이용하고 지배할 수 있는 "자연의 주인이자 소유자"[9]로 간주됨으로써, 양자 사이에는 지배와 피지배의 관계가 성립한다. 이와 같이 사유와 연장의 이원론에 근거하여 인간과 자연을 대립적으로 바라보고, 자연을 기계론적으로 파악하는 데카르트의 자연관은 베이컨의 자연관처럼 전형적인 인간중심주의로서 오늘날의 자연파괴와 생태위기를 초래한 출발점이 되었다.


## 3. 생태학적 패러다임으로서
### 유기체적-전체론적 자연관


사실 인간에게 자연으로부터 자유로운 측면과 자연에 의존하는 측면이 있듯이, 자연에도 기계적인 측면과 유기체적인 측면이 함께 있다. 만일 자연에 기계적인 측면이 없다면, 인간은 기계론적 자연관에 기인한 자연지배 덕분으로 자연으로부터 좀 더 자유로워질 수도 물질적 풍요를 누릴 수도 없을 것이다. 그런데 근대 과학은 이 두 측면 중에서 자연의 기계적인 측면을 중시하고 유기체적인 측면을 무시함으로써, 자연을 수학화하고 양화Quantifizierung하여 자연의 질적인 요소를 배제하는 결과를 초래하였다.[10] 따라서 자연은 내재적 원리에 따라 스스로 활

---

9   위의 책, 220쪽.
10  이 점에서 근대 과학의 특징은 한마디로 자연의 수학화와 양화에 기초한다고 하겠다. 한편
    ― 영국 과학자 버널(J. D. Bernal)이 근대 과학과 자본주의가 같은 뿌리를 가진다고 주장하
    듯이 ― 자연과학의 수학화와 양화는 자본주의 산물이라고 볼 수 있다(J. D. 버널, 김상민 역,

동하는 생명체가 아니라 일정한 역학적 법칙에 따라 생기 없이 작동하는 죽은 물질로 전락하고 말았다. 이렇게 자연이 죽은 것으로 간주된다면 죽은 자연에 대한 인간의 정복과 착취는 아무 양심의 거리낌 없이 정당화 되어 결국 무차별적인 자연파괴와 환경오염이라는 생태학적 위기를 가져오는 것이다. 자연파괴에 대한 근대 과학의 불감증은 여기에 그 뿌리가 있으며 이에 대한 반성으로서 지금까지 대안적인 자연관들이 철학사적 맥락에서 다양하게 모색되어 왔다.

정신으로서의 인간과 물체로서의 자연을 구분하는 데카르트의 이원론은 바로 뒤에 등장한 스피노자에 의해 인간과 자연의 새로운 관계 정립으로 이어진다. 이것은 데카르트가 정신과 물체를 독립적인 실체로 규정하면서 서로 간의 근원적인 관계를 충분히 설명하지 못했다는 철학적 반성에서 나온 것이다. 스피노자는 정신과 물체를 일원론적으로 한 실체의 두 양태로 파악하면서 인간과 자연의 이원론적 대립을 극복한다. 사실 근대 독일철학은 기계론적 자연관이 근대 과학과 문화를 지배하고 있는 가운데서도 인간과 자연, 정신과 물질, 주체와 객체의 대립이라는 이원론적 대립을 극복하려는 일련의 끊임없는 시도라고 해도 과언이 아니다.

특히 라이프니츠, 셸링, 헤겔은 데카르트주의의 기계론적 자연관에 맞서 의미심장한 철학적 시도를 감행한다. 이들은 자연을 인간과 대립

---

『과학의 역사』제2권, 한울, 1995 참조). 왜냐하면『자본론』제1권 제1장의 '상품' 분석에서 밝혀졌듯이, 자본주의가 등장하면서 비로소 상품의 (질적으로 구분되는) 사용가치가 (양적인 관계로 나타나는) 교환가치로 전환되는 경제의 일반적 메커니즘이 창출되었기 때문이다. 따라서 질을 양으로 전환시키는 근대 과학의 논리는 자본주의 경제체제에 그 뿌리를 갖고 있다고 할 수 있다.

시키지 않고, 자연에 고유한 존엄성과 주체성을 부여한다. 정신적 실재이며 불가분의 단위인 '모나드Monad'를 우주 생명활동의 원리로 간주한 라이프니츠는 외부 대상의 내면세계를 직접적으로 경험할 수 없다는 사실로부터 데카르트와는 정반대의 결론을 도출한다. 그는 활동하는 것만이 참된 존재라고 주장하면서 자연을 포함한 존재자들을 정신화하고, 그들의 내면세계 존재를 인정한다.[11] 여기서 더 나아가 셸링은 자연 자체의 고유한 생산성에 주목하면서 자연에 내적 본질인 주체성을 부여하고, 헤겔은 자연을 정신의 '타재Anderssein' 형식 속에서 파악하면서 정신의 발전과정에서 인간을 매개로 한 자연과의 화해를 강조한다. 이것들은 모두 인간과 자연의 대립을 극복하려는 시도로서, 그 발전적 형태가 현대에서는 인간주체와 자연주체가 매개된 상태에서 이루어지는 '공동생산성Mitproduktivität'과 '제휴기술Allianztechnik' 개념을 제시한 블로흐에서 나타난다.

서양 철학사에서 셸링은 어느 누구보다도 인간의 주체성을 절대화하는 사고방식의 위험에 주목하고 자연에 고유한 가치와 주체성을 부여한 사상가로서 오늘날 생태위기의 시대에 새롭게 주목받고 있다. 그는 근대적 자연관의 한계를 뛰어 넘는 탁월한 안목을 가지고 인간과 자연을 통일할 수 있는 적극적인 사유, 즉 인간중심적 자연관을 벗어나 자연생태계 전체를 고려하는 전체론적ganzheitlich 자연관에로의 인식전환을 촉구한다. 따라서 오늘날 셸링의 사유는 모든 생명의 일체성, 다양한 현상들의 상호 의존성, 변화와 변형의 순환성 등을 특징으로 하는

---

11  V. Hösle, *Philosophie der ökologischen Krise*, München, 1994, S.56 참조.

생태학적 사유의 패러다임으로 해석될 수 있다.[12]

셸링은 진리개념을 현실계 일반의 근본 원리인 주체성과 객체성의 통일로 이해한다. 이것은 그의 자연철학에서 정신과 자연의 통일 또는 동일 원리로서 나타나고, 그 원리에 따라 "자연은 가시적인 정신"으로, "정신은 비가시적인 자연"으로 파악된다.[13] 따라서 셸링은 주체와 객체의 분리를 전제하는 기계론적 패러다임과 이로부터 인간 우위로 귀결되는 기계론적 자연관을 결코 수용하지 않는다. 그는 기계론적 자연관에서 "자연의 죽음과 인간에 있어 정신적 원리의 독존이라는 낯선 이원론적인 견해"[14]를 발견하고, 이를 통해 자연이 "그 자체 생기 없는 것 그리고 오직 기계적인 복합작용에서 가상적 생명을 산출하는 것"[15]으로 드러남을 간파한다. 이 점에서 셸링은 자연을 역학적 법칙에 따라 작동하는 죽은 기계로 간주하는 데카르트주의의 기계론적 자연관을 "극단으로 치달아 나아가는 균열 시대"[16]의 지배적 철학이라 비판하고, 그 대안으로 자연 고유의 '잠재적 활력Potenz'에 근거해 자연의 생성, 자기산출, 유기적 조직화 등을 설명하는 유기체적–전체론적organisch-ganzheitlich 자연관을 제시한다.

---

12  셸링의 자연철학을 생태학적 관점에서 해석하고 이로부터 생태위기를 극복할 사유의 단초를 이끌어내는 저술로는 W. Schmied-Kowarzik, *"Von der wirklichen, von der seyenden Natur". Schellings Ringen um eine Naturphilosophie in Auseinandersetzung mit Kant, Fichte und Hegel*, Stuttgart-Bad Cannstatt, 1996; Y.-J. Cho, *Natur als Subjekt. Schellings Naturphilosophie und ihre ökologische Bedeutung*, Saarbrücken, 2008; 조영준,「생태위기의 대안으로서 셸링 자연철학」,『칸트연구』제20집, 한국칸트학회, 2007, 285~316쪽을 참조 바람.

13  F. W. J. v. Schelling, *Ideen zur einer Philosophie der Natur*, in : F. W. J. v. Schellings sämmtliche Werke, Abteilung 1, Bd. 2, hrsg. von K. F. A. Schelling, Stuttgart / Augsburg, 1856~1861, S.56. 이하 셸링전집은 SW로 표시하며, 저서는 제목 또는 그 약어, 원본의 I, II부 / 권수와 쪽수만을 기입함. 그리고 인용문의 굵은 글자는 셸링에 의해 강조된 것임.

14  F. W. J. v. Schelling, *Über das Wesen deutscher Wissenschaft*, SW I / 8, S.5.

15  Ibid., SW I / 8, S.6.

16  Ibid., SW I / 8, S.5.

인간(정신)과 자연(물체)을 별개의 존재로 보는 데카르트와는 달리 양자를 유기체적-전체론적 관점에서 통일적으로 파악하는 셸링은 자연을 그 전체와의 유기적 관련 속에서 스스로 생성하고 조직하는 하나의 유기체로 간주한다. 따라서 셸링에 있어 자연은 칸트나 피히테에서처럼 자아에 의해 일방적으로 구성되거나 산출되는 대상이 아니라, 그 자체에 내재된 대립적 경향(양극성, 이원성)을 통해 끊임없이 스스로를 생성하는 것으로 파악된다. 이렇게 그가 활동성의 개념을 정신뿐만 아니라 자연에도 적용한다는 점에서, 실재하는 자연은 전체적인 생산과정에서 무한한 생산성을 지닌 살아있는 주체로 간주된다. 여기서 근대 이후 우리에게 익숙한 인간과 자연 간의 주객도식을 깨뜨리는 **주체로서의 자연**Natur als Subjekt"[17] 개념이 등장한다. 이 개념은 자연을 인간적 주체로 양식화하거나 낭만주의에서처럼 신비적으로 영성화 내지 의인화하는 것이 아니라,[18] 자신의 고유한 생산력으로부터 파악하는 것을 의미한다. 즉 자율적이고 자족적인autonom und autark 생산주체로서 "스스로 조직되고 또 스스로 조직하는 하나의 전체"[19]로서의 자연을 말한다.

이러한 "하나의 **전체**로서의 자연이념"[20]은 주객분리라는 이분법적 인

---

17  F. W. J. v. Schelling, *Einleitung zu dem Entwurf eines Systems der Naturphilosophie*, SW I / 3, S.284.

18  근대 낭만주의자들은 인간과 자연, 주체와 객체를 분리함으로써 인간을 포함한 유기적 전체로서의 자연의 신비와 통일성을 훼손하는 당대의 자연과학적 고찰과 태도에 반대하였다. 따라서 그들은 자연 전체에서의 단절로부터 다시 자연 전체 질서에로 귀속하려는 열망을 가지고 '자연의 영성화'와 '인간의 자연화'라는 세계관을 추구함으로써 인간과 자연의 건전한 관계를 회복하려 했다. 이런 유기적이고 전체론적인 사고방식은 당시 그들의 낭만주의적 국가 구상과 역사상 등에 영향을 미쳤으며 — 자연개념에 대한 본질적 차이에도 불구하고 — 셸링에게도 수용되었다.

19  F. W. J. v. Schelling, *Erster Entwurf eines Systems der Naturphilosophie*, SW I / 3, S.17.

20  F. W. J. v. Schelling, *Von der Weltseele*, SW I / 2, S.348.

식론에 근거하여 자연을 지배대상으로 파악하는 근대 자연과학의 패러다임이 여전히 우세한 오늘날, 인간과 자연을 근원적으로 고찰함으로써 양자의 대립적 관계를 철폐하고 서로 화해·통일할 수 있는 사유의 단초를 제공한다. 따라서 생태윤리학 입장들 중 '생태중심주의$^{Ökozentrismus}$'와 상통하는 셸링의 유기체적-전체론적 자연관은 기계론과 인간중심적 세계관으로부터 벗어나 생태계 전체를 고려하는 생태중심적 세계관에로의 근본적인 변화가 절박한 현 상황에서 새롭게 주목을 받고 재평가되고 있다.[21] 왜냐하면 이것이 생태계를 구성하는 각 요소들의 내재적 가치를 인정하고, 또 그 요소들의 불가분의 공생관계와 그 보존을 중시하기 때문이다.


## 4. 유기체 원리의 응용으로서 자연과의 공생

근대 과학 발달의 사상적 배경이자 근대적 세계관의 핵심적 특징이라 할 수 있는 기계론적 사고는 갈릴레이를 거쳐 데카르트에 의해 그 기본 방향이 세워졌고 뉴턴에 이르러 강화되었으며 그 후 열역학, 상대성이론, 양자역학 등의 성과로 보강되면서 서구 자연관의 주류가 되었지만, 생태문제와 직결되는 생명현상을 해명하는 데는 아직 한계를 지

---

21  셸링의 유기체적-전체론적 자연관과 유사한 견해는 오늘날 기계론적 자연관, 실체개념, 심신이원론의 극복을 시도하고 독자적인 유기체 철학을 전개한 화이트헤드(A. N. Whitehead), 기계론적 사고로부터 시스템적 사고에로의 전환을 주장하는 카프라(F. Capra), 자기조직화(Selbstorganisation) 이론을 전개한 프리고진(I. Prigogine), 하켄(H. Haken), 마뚜라나(H. R. Maturana), 더 나아가 가이아(Gaia) 가설을 제시한 러브록(J. Lovelock) 등에서 발견된다.

니고 있다. 따라서 생태위기를 초래한 기계론적 사고에 대한 반성과 비판으로서, 새로운 패러다임을 모색하는 생태담론에서 유기체적 사고는 하나의 대안으로 떠오르고 있다. 특히 전체론적 관점에서 자연 내지 세계를 독립적인 부분들의 단순한 집합이 아닌 상호의존적 관계의 총체로 보는 유기체적 세계관은 그 특성상 인간과 자연의 공생과 연대라는 동반자 윤리를 유추할 수 있는 요소를 함축하고 있다.

유기체는 그 구성부분들이 전체와 서로 유기적으로 연결되어 있기 때문에 전체 안에서 합목적적으로 함께 작용하고 동시에 이 작용을 통하여 자신과 전체를 생산하는 유기적 통일체이다. 따라서 유기체는 식물에 있어서 잎과 뿌리의 상호관계처럼 서로 의존적으로 연결되어 있는 부분들의 전체적인 역동적 상호작용을 통해서 생성되는 것이지, 부분들의 임의적인 합성을 통해서 생성되지 않는다. 달리 말해서, 전체로서의 유기체는 "상호 연관된" 부분들의 "역동적인 그물망"이기에,[22] 어떤 부분이 이 그물망에서 분리된다면 그것은 자신의 동일성을 잃어버리고 마는 것이다.[23] 이러한 전체론적 사고방식은 카프라에 의해 어떤 현상을 보다 큰 전체의 맥락 속에서 이해하는 "시스템적 사고" 또는 "맥락적 사고", 더 나아가 "환경적 사고"로 불리며,[24] 생태학적 세계관

---

22  프리초프 카프라, 김용정·김동광 역, 『생명의 그물』, 범양사출판부, 1999, 62쪽.
23  유기체는 이러한 특징 외에도 자신의 구조 안에 원인과 결과의 연속이 자기 자신에게로 되돌아가는, 즉 '순환적 인과형태'로서 스스로를 재생산하는 과정을 본질적 특징으로 지닌다. 이것은 역동적 조직으로서의 유기체가 그 속에서 스스로 완결적이고, 원인과 결과들이 전체적으로 서로 균형을 유지하는 인과구조를 지니고 있음을 말하는 것으로서, 마치 오늘날의 생명의 자기조직화 과정을 연상시킨다. 이런 의미에서 유기체는 내적인 완결성에 근거하여 환경의 영향을 자율적으로 유리하게 이용할 줄 아는 하나의 완결된 체계이기도 하다. 유기체 개념에 대한 상세한 논의에 대해서는 필자의 논문, 「셸링 유기체론의 생태학적 함의」, 『헤겔연구』 제24집, 한국헤겔학회, 2008, 285~290쪽을 참조 바람.
24  프리초프 카프라, 앞의 책, 59쪽.

의 기본원리가 된다.

그러면 이러한 유기체의 특징과 원리를 응용해 인간이 자연과 공생할 수 있는 가능성을 도출해보자. 먼저, 인간과 자연이라는 각 주체가 공생하는데 근거가 되는 '공통 주체성eine gemeinsame Subjektivität'에 대해 살펴보자. 이미 언급했듯이 셸링은 유기적 전체성의 차원에서 인간을 포함한 자연에 근원적인 생산성과 주체성을 부여함으로써, 자연을 인간에 의해 대상화될 수 없는 '고유한 타자das eigene Andere'로 간주한다. 따라서 그가 제시하는 주체로서의 자연개념은 자연을 단순한 객체가 아닌 자립성을 가진 하나의 고유한 주체로 파악함과 동시에, 오랫동안 자연과학의 기계론과 객관주의에 의해 잃어버린 자연의 가치와 권리를 자연에게 되돌려줌을 의미한다. 이 점에서 셸링은 자연을 인간에 종속된 존재가 아니라 스스로 고유한 합목적성과 존엄성을 지닌 주체적 존재로 파악하고, 더 나아가 인간과 자연의 심층에 유기체적 차원의 공통적 주체성이 놓여 있음을 시사하고 있다.

한편, 여기서 말하는 공통 주체성은 서로 의존하지 않고 각각 독립기반을 가진 한 주체(여기에 있는 인간 존재)와 또 다른 주체(저기에 있는 자연존재) 사이에 성립하는 상호 주체성Intersubjektivität을 의미하지는 않는다. 그것은 인간과 자연 존재들을 유기적으로 연결하는 전체의 근저에 놓이는 '**근원적** 주체성'을 의미할 뿐만 아니라, 또한 인간주체의 좁은 범위를 벗어나 자연 전체의 넓은 범위로 확장되는 '**포괄적** 주체성'을 의미한다.

다음으로, 이런 특성을 지닌 공통 주체성을 유기체 체계에서 자신의 존속을 위해 서로를 필요로 하는 인간과 자연 존재에 적용해보자. 그러

면 이 공통 주체성의 원리에 의해 각각 층위가 다른 인간과 자연 존재
들이 주체성과 고유성을 가지고 공생할 수 있는 '공동주체' 개념이 성
립한다. 그리고 이 개념은 셸링에 있어서 자연 전체에로까지 확장되어
있다고 볼 수 있다. 이런 맥락에서 "자연은 무제약적 실재성을 가지며"
"스스로를 조직하는 하나의 전체"[25]라는 셸링의 자연개념은 자연생태
계 전반을 포괄하는 네스A. Naess의 "대자아Self",[26] 장회익의 "온우리",[27]
그리고 "인격·비인격, 생명·무생물을 막론하고 모두가 우주적 주체
라는"[28] 김지하의 "우주적 공동 주체"[29] 개념과 일맥상통한다. 결국 셸
링에 있어 전체로서의 자연은 그 자체의 발전과정에 따라 비유기체와
유기체 및 인간(정신)을 그 속에 포함하는 근원적이면서도 포괄적인 주
체이며, 우리가 소속감과 연대감을 느낄 수 있는 가장 큰 공동주체라고
할 수 있다.

한편, 주체개념이 이렇게 자연 전체를 포괄하는 가장 큰 공동주체에
로 확장된다고 하더라도 작은 주체들(인간을 비롯한 유기적 내지 비유기적 존
재들)이 해소되거나 의미를 상실하는 것은 아니다. 유기체에서 상호 의

---

**25** F. W. J. v. Schelling, *Erster Entwurf eines Systems der Naturphilosophie*, SW I / 3, S.17.

**26** 네스는 이기적 특성을 지닌 개인의 차원에 국한된 '소자아(self)'와 후천적 — 공감에 기초한
심리학적 — 확장의 결과물로서 자연 전체로 확대된 '대자아(Self)'를 구분한다. 그의 '확대자
기실현론'에 따르면 인간 자아의 범위는 고정불변한 것이 아니라 사회화와 개인의 인격성숙
을 통해 가족과 친한 친구로 확대되며, 또 동료 인간을 넘어서 동식물로, 더 나아가 자연 전체
로까지 확장될 수 있다고 한다. 따라서 그는 생태철학의 궁극적 규범 차원에서 개체에 국한된
'소자아 실현(self-realization)'이 아닌 자연생태계 전반을 포괄하는 '대자아 실현(Self-reali-
zation)'을 강조한다(Arne Naess, translated and revised by David Rothenberg, *Ecology, Commu-
nity, and Lifestyle : Outline of an Ecosophy*, Cambridge, 1989, 제7장 참조).

**27** 장회익,『물질, 생명, 인간 — 그 통합적 이해의 가능성』, 돌베개, 2009, 192쪽. 이 개념은 그가
세 층위로 설명하는 '개인으로서의 나'와 '함께 사는 사람들로서의 우리'를 넘어서 있는 '온생
명으로서의 우리'를 간단히 줄여 지칭한 것이다.

**28** 김지하,『흰 그늘의 미학을 찾아서』, 실천문학사, 2005, 274쪽.

**29** 위의 책, 247쪽.

존적인 부분들이 전체와의 필연적 관계 속에서 작용하듯이, 작은 주체는 공동주체의 한 부분으로서 그 나름대로의 의미와 역할을 가지며, 또 공동주체와 함께 생성의 주체로서 인식되기에 우리의 세계를 다차원적으로 이끌어 간다. 다시 말해 작은 주체들이 모두 공동주체, 즉 공생자로서 주체성을 인정받는다면 각자가 고유성과 다양성을 지니는 다원론적 세계관이 성립하고, 더 나아가 이를 바탕으로 자연 전체에서 생태중심적 차원의 '**존재론적** 평등'이 실현되고, 전체 체계는 '역동적인 균형'을 유지한다. 궁극적으로는 셸링이 의도하는 가장 큰 공동주체 내지 공동체로서의 자연이 완전히 내 몸과 같이 느껴질 때, 자연은 우리의 동반자 내지 이상적 공동체로 다가올 것이다.[30]

## 5. 제휴기술을 통한 자연과의 연합

인간과 자연 관계의 문제는 생태위기에 직면한 인류가 해결해야 할 중요한 시대적 과제인 만큼, 우리는 지금까지 '인간이 자연을 어떻게 바라보고 다룰 것인가?'라는 자연관의 문제를 중점적으로 살펴보았다. 오늘날의 관점에서 볼 때, 고대 원시인처럼 자연을 두려워하여 자연에 순종하는 대도, 고대 희랍인처럼 자연을 이용하기보다는 관조하는 태도, 그리고 근대인처럼 자연을 지배하는 태도도 바람직하지 않다면, 앞으로 어떤 것이 자연에 대해 취해야 할 인간의 이상적인 태도인가?

---

30 조영준, 「인간과 자연의 통일, 그리고 생태학적 상상력 – 셸링철학에서 인간과 자연관계에 대한 고찰」, 『시대와 철학』 제23권 2호, 한국철학사상연구회, 2012, 230~232쪽 참조.

이 점에서 자연의 주체적 측면보다는 객체적 측면을 보려는 시대 흐름에 반하여 자연의 양 측면을 동시에 보려고 한 셸링은 정신과 자연을 본질적으로 동일한 것으로, 또 자연을 고유한 가치를 지닌 주체로서 파악함으로써 근대적 한계를 넘어 자연을 사유하였다. 따라서 그의 견해는 오늘날 생태위기의 시대에 자연에 대한 기존 태도를 넘어 인간과 자연이 화합하고 공생할 수 있는 사유의 실마리를 제공한다. 그러나 셸링의 자연철학이 자연지배 극복과 공생의 윤리를 정초할 수 있는 실마리를 준다고 할지라도, 그것에는 아직 역사와 정치·사회적 차원에서 자연과 공생하고 연대할 수 있는 구체적 논의, 즉 '사회적 노동과 실천의 범주'가 빠져있다. 이에 반해 마르크스는 의식적인 사회적 실천을 통해 '자연의 인간화'와 '인간의 자연화'라는 인간과 자연의 동일성이 실현되는 상태를 지향하고, 블로흐는 한걸음 더 나아가 인간주체와 자연주체가 매개되는 '제휴기술'을 언급하면서 인간과 자연이 서로 동반자적 관계 속에서 평화롭게 공존할 수 있는 '기술 유토피아'를 제시한다.

블로흐는 일반적으로 희망의 철학자, 유토피아 사상가, 마르크스주의 사회철학자 등으로 알려져 있지만, 이미 약 70년 전에 근대 사회와 자연 관계의 문제에 관심을 가지고 요나스[H. Jonas]보다 앞서 생태학적 문제를 깊게 사유한 사상가이다. 또한 그는 사회 실천적 맥락에서 셸링과 마르크스를 적극적으로 재수용하면서 인간과 자연 간의 연결 문제를 사유한 사상가로서 그의 근본사상(유토피아론)은 본질적으로 자연철학[31]에

---

31 블로흐의 자연철학은 물질에 관한 체계적이면서도 사변적인 연구서인『물질론 문제의 역사와 실체(*Das Materialismusproblem, seine Geschichte und Substanz*)』에서 본격적으로 다루어진다. 블로흐는 유토피아론의 존재론적 근거인 물질을 좌파 아리스토텔레스주의의 질료우위 해석에 따라 자기 생산적인 것으로 파악하고, 또 유토피아론의 역사철학적 근거를 위해

기초하고 있다. 블로흐는 주저 『희망이라는 원리*Das Prinzip Hoffnung*』에서 베이컨의 유토피아적 기술 낙관주의 및 갈릴레이와 데카르트의 수학적-기계론적 세계관에서 드러나는 '시민주의 기술*bürgliche Technik*'의 추상성과 자연 파괴적 특성을 비판하면서, 그 대안으로 자연 친화적인 '제휴기술' 개념을 제시한다.[32] 즉 제휴기술을 통해 자연을 착취하고 기만하는 시민주의 기술과 탈유기체화에 의한 자본주의적 소외를 극복하려고 한다. 따라서 그가 기술 유토피아론에서 제시하는 제휴기술 개념과 주체로서의 자연이해는 우리에게 자본주의 기술과 생산방식을 넘어서 기술의 생태학적 전환을 위한 풍부한 상상력을 제공한다.

블로흐는『희망이라는 원리』제37장「인간 의지와 자연, 기술 유토피아」에서 생태학적 재난에 대해서는 직접 언급하고 있지는 않지만, 산업혁명 이후 기술 발달이 자연을 파괴하거나 소외시킴으로써 인간의 생존 조건을 위협하고 있다고 경고하면서, 인간의 기술사용 문제를 비판적으로 다루고 있다. 그는 최대이윤 창출을 목표로 하는 자본주의 사회에서 기술은 자연을 착취하는데 이용되기 때문에 시민주의 기술, 즉

과정적-변증법적 물질 개념을 제시한다. 또 그는『튀빙엔 철학입문(*Tübinger Einleitung in die Philosophie*)』에서 물질과 유토피아의 상관관계를 설명하고,『희망이라는 원리(*Das Prinzip Hoffnung*)』에서는 자연주체, 제휴기술, 기술 유토피아 개념 등을 언급하면서 자연문제를 기술철학 및 사회철학과의 연결구조 속에서 다루고 있다.

32 블로흐는『희망이라는 원리』에서 제휴기술의 전형적인 예를 구체적으로 명시하지는 않는다. 그러나 블로흐철학 전문가인 찜머만(R. E. Zimmermann)이 제휴기술의 적절한 예를 알맞은 공간 배치를 통해 자연의 암호와 인간의 목적을 조화롭게 연결하는 정원조성술(Gartenbaukunst)에서 찾을 수 있다고 설명하듯이(R. E. Zimmermann, *Subjekt und Existenz. Zur Systematik Blochscher Philosophie*, Berlin / Wien, 2001, S.220 참조), 우리는 정원을 가꾸는 일에서 인간과 자연이 서로 조화롭게 살아가는 제휴기술의 실례를 발견할 수 있다. 정원사는 정원을 가꾸는 일에서 나무와 덤불을 자기가 원하는 형태로 만들기 위해 구부리고 비틀어 버릴 단순한 재료로 보지 않는다. 그는 나무와 덤불이라는 자연의 잠재력을 알고 있으며 그것에 경외감을 갖고서 자기가 생각하는 미적 기준에 따라 자연의 내재적인 속성을 유도해 나가는 것이다.

자본주의 기술은 자연을 기만하는 기술이라고 설명한다.

시민주의 기술은 전체적으로 볼 때 마구 술수를 부리는 유형(Über-lister-Typ)이다. 이른바 자연력에 대한 착취는 인간에 대한 착취와 마찬가지로 착취당하는 것들의 구체적인 재료와 우선적으로 관련이 없거나, 그 재료들을 그곳에서 고유하게 존재하게 하는 데 관심을 기울이지 않는다.[33]

시민주의 기술은 기본적으로 자연과 소원한 관계에 있기 때문에 자연을 우리의 동반자로서 살아있는 주체가 아니라, 기만하고 착취할 수 있는 대상으로 다루는 것이다. 블로흐는 이 시민주의 기술 개념의 전형을—자연 활용을 인간의 지적 술수인 간지List 차원에서 해석하는—헤겔의 기술 개념에서 찾는다.[34]

이윤추구의 경제제도인 자본주의에서 생산은 오직 '간지-기술List- Tech-nik'에 의해서 발전한다. 이 기술이 발전하면 할수록 인간과 자연의 비매개성Unvermitteltheit은 증가하고 양자의 관계는 더욱더 추상적으로 된다. 그리고 인간과 자연을 분리시키는 기술의 탈유기체화 현상, 즉 자연과 깊이 매개되지 않는 기술로부터 기술적인 사고가 일어나며, 이것은 결정적인 비매개성으로서 위협적인 무das bedrohende Nichts를 함축하고 있다.[35] 시민주의 기술은 나름대로 발전하고 있지만 결코 돌발적 사고를 막을 수 없으며, 궁극적으

---

33  E. Bloch, *Das Prinzip Hoffnung*(이하 PH로 약칭), Frankfurt / M 1977, S.783 f.
34  PH, S.781 f. 참조; 헤겔의 자연 파악에 있어서 이성의 간지의 역할에 대해서는 G. W. F. Hegel, *Jenenser Realphilosophie II*, hrsg. von J. Hoffmeister, Leipzig, 1931, S.198 이하 및 *Enzyklopädie der philosophischen Wissenschaften I*, in : Ders., *Werke* in 20 Bänden, Bd. 8, hrsg. von E. Moldenhauer und K. M. Michel, Frankfurt / M 1970, S.365 참조.
35  PH, S.812 참조

로 인간과 자연의 소외를 지양하지 못한다. 따라서 블로흐는 마르크스주의적 관점에서 자본주의 체제에서는 진정한 기술의 발전이 불가능하다고 비판하면서, "더 이상 신화적이지 않는 생산적 자연natura naturans과의 매개"[36]로 이루어지는 제휴기술을 대안으로 제시한다.

여기서 블로흐가 시민주의 기술을 비판하면서 제시하는 제휴기술은 기술의 발전을 중단하고 단순히 과거나 자연으로 돌아가는 것을 의미하지 않는다. 이것은 마치 생태위기를 초래한 과학과 기술 만능주의가 문제라고 해서 인류가 성취한 과학과 기술의 성과를 송두리째 무시하는 우를 범하는 것과 같기 때문이다. 우리는 산업사회 속에서 자연과 관계하며 살아가기 위해서 결코 기술 그 자체를 포기할 수 없다. 오히려 자연파괴라는 산업기술의 재앙적 성격에 맞서 생태학적으로 지속가능한 생산방식을 영위하기 위해 새로운 방식으로 인간과 자연 사이를 매개하는 기술이 필요하다. 다시 말해 생태학적으로 적정한 기술로의 전환을 위하여 종래의 기술과는 질적으로 다른 새로운 기술 개념이 요구되는 것이다.[37] 이러한 맥락에서 제휴기술 개념은 자연에 대한 보다

---

36  PH, S.815.

37  여기서 새로운 기술이란 종래의 자연환경을 파괴하거나 자원을 낭비하는 기술을 대신해 인간과 자연이 조화롭게 공생할 수 있는, 즉 대안적 양식의 기술을 가리킨다. 이러한 기술은 일반적으로 '대안기술(alternative technology)'로, 경우에 따라서는 '적정기술(appropriate technology)' 혹은 '중간기술(intermediate technology)', '연성기술(soft technology)', '녹색기술(green technology)' 등으로 불리며 의미상으로 서로 작은 차이가 있지만, 기존 기술의 대안으로서 지속 가능한 삶을 추구하도록 돕는다는 점에서 공통성을 지닌다. 블로흐는 이런 기술을 자신의 고유한 표현으로 '제휴기술(Allianztechnik)'이라 명명하고 있다. 한편 오늘날의 환경문제는 복잡한 정치·경제적 상황과 얽혀있기 때문에 극단적인 기술 의존이나 기술 거부 행위를 통해서 해결 될 수 있는 것이 아니다. 그래서 과학기술의 발달에 따른 인간 권력의 증대가 생태위기의 원인이라고 진단하면서 생태문제의 기술적 접근에 반대하는 '기술 비관주의' 입장에 서 있는 요나스에 비하여, 새로운 대안기술을 통해 새로운 유토피아가 건설 가능하다는 '기술 낙관주의' 내지 '기술 지향주의' 입장을 취하는 블로흐가 생태위기에 보다 현실성 있는 대안을 제시하고 있다고 하겠다.

심오한 통찰에 근거하며, 또 자연을 기만하지 않고 ─ "적의 나라에 주둔해 있는 점령군 같은"[38] 태도와는 달리 ─ 자연과 친밀한 공생관계를 유지하는 것을 의미한다.

따라서 블로흐가 제시하는 제휴기술은 자연에 대한 인간의 태도와 관계의 근본적인 변경을 기초로 한다. 이것은 자연을 착취하는 '기만기술Überlistertechnik'과는 반대로 자연 친화적 기술로서, 인간과 자연의 대립이 아닌 양자의 친숙한 동반자적 관계, 즉 연합을 전제로 해서만 성립한다고 할 수 있다. 그러므로 여기서 인간과 자연은 서로 관계하며 작동하는 개개의 주체라고 할 수 있으며, 자연은 더 이상 지배와 착취의 대상으로 평가절하 되는 것이 아니라 하나의 고유성을 지닌 주체로서 인간과 대등한 존재로 간주된다.[39] 또한 블로흐는 인간주체와 "가능한 자연주체의 공동생산성"[40]이 도입되는 구체적 제휴기술에서 자본주의적 사물화가 계속되는 것을 막을 수 있다고 주장한다. 이것은 기계적 동력과 같은 "외형적인 기술 대신에 자연의 공동생산성과 매개된 제휴기술이 가능하게 되면 될수록, 얼어붙은 자연의 형성력은 더욱더 새로이 자유로워질 것이 분명하다"[41]는 이치와 같다.[42]

---

38  PH, S.814.
39  블로흐는 제휴기술의 성립에 필수 불가결한 주체로서의 자연 개념을 아리스토텔레스 좌파, 뵈메(J. Böhme), 스피노자, 셸링 등의 철학적 전통에 따라 '생산하는 자연(natura naturans)' 개념을 통해 설명한다. 이것은 '지배된 자연(natura dominata)'과 '생산된 자연(natura naturata)'에 대립되는 개념으로서 스스로를 창조하고 생산하는 자연을 의미한다. 따라서 주체로서의 자연 개념은 기계론적 자연관을 통해서는 도저히 파악될 수 없는 자연의 근원적이고 절대적인 생산성을 함축하고 있다.
40  PH, S.802.
41  PH, S.807.
42  조영준, 「블로흐의 유토피아론에 대한 자연철학적 고찰─생태학적으로 정향된 실천적 자연철학의 정립을 위하여」, 『시대와 철학』 제26권 1호, 한국철학사상연구회, 2015, 408~411쪽 참조

한편 제휴기술을 통한 자연과의 연합Naturallianz은 인간과 자연의 화해라는 의미에서 평화의 원리일 뿐만 아니라, 본질적으로 자연과 연대하면서 행동하는 인간의 창조력, 즉 생산성의 범주이기도 하다. 이러한 관점에서 인간과 자연을 함께 아우르는 고향으로서의 기술 유토피아 실현은 기술적 행위에 새로운 질Qualität을 부여하는 인간과 자연의 생산성이 결합 내지 통일되는 경지를 말한다. 이것은 청년 마르크스가 말하는 "완성된 인간과 자연의 본질적 통일, 자연의 참된 부활"[43] 상태를 의미하며, 블로흐는 이러한 상태를 지향하는 사회구성이 마르크스주의적 지평에서 가능하다고 설명한다.

> 세상에는 단순히 술수를 부리는 자나 착취자로서의 행동하는 기술자 대신에 구체적인 측면에서 사회적으로 자기 자신과 매개되는 주체가 서서히 자리를 잡게 된다. 이 주체는 자연주체의 문제와 함께 성장하면서 스스로를 매개하는 자이다. 마르크스주의는 노동하는 인간 속에서 실제적으로 자신을 창출하는 역사의 주체를 발견했다. 그것은 현대에 이르러 사회주의적으로 비로소 완성되는 주체를 발견해 냈고, 그로 하여금 자신을 실현하게 했다.[44]

결론적으로 말해, 우리가 제휴기술을 통해 변화된 인간과 자연 관계를 실현하기 위해서는 — 블로흐는 물론이고 북친M. Bookchin, 마로R. Bahro 같은 사회생태론자들이 주장하듯이 — 기존 사회관계의 근본적인 변경,

---

**43** K. Marx, *Ökonomisch-philosophische Manuskripte aus dem Jahre 1844*(Marx-Engels-Werke, Ergänzungsband I), Berlin 1974, S.538.

**44** PH, S.787. 강조 표시는 블로흐에 의한 것임.

즉 "사회적 혁명"[45]이 우선적으로 요구된다. 왜냐하면 그러한 제휴기술은 사회가 자연 파괴적인 자본주의 기술의 구속으로부터 해방될 때야만 비로소 실현될 수 있기 때문이다. 블로흐는 인간과 자연이 서로 소외되지 않고 동반자적 관계를 유지할 수 있는 기술 유토피아와 그 실현기회를 — 역사에 존재했던 국가사회주의 모델이 아닌 — 이상적 마르크스주의 모델을 통해 찾고 있다.[46]


## 6. 로컬리티에 근거한 생태 유토피아

우리는 오늘날 사회주의적 유토피아가 붕괴된 이후 블로흐가 제시하는 마르크스주의적 기술 유토피아가 대안적 생태사회 모델로서 타당성을 지닐 수 있는지 신중히 검토해볼 필요가 있다. 실제적으로 자본주의 국가는 물론이고 인간과 자연의 소외 극복이라는 마르크스주의 이념을 따랐던 사회주의 국가들 역시 많은 환경문제를 갖고 있었음을 고려해볼 때, 블로흐가 제시하는 대안사회 모델이 현실 적합성을 가진다고 보기는 어렵다. 블로흐는 시민주의 기술의 대안으로 자연 친화적인 제휴기술을 제시하는데서 알 수 있듯이, 근본적으로 기술을 통한 생산력의 발달에 의해 유토피아가 건설될 수 있다는 '기술낙관주의' 입장에서 있다. 그는 이 입장에서 사회주의적 노동을 통하여 자연을 가공하고

---

45  PH, S.813.

46  조영준, 「블로흐의 유토피아론에 대한 자연철학적 고찰 — 생태학적으로 정향된 실천적 자연철학의 정립을 위하여」, 『시대와 철학』 제26권 1호, 한국철학사상연구회, 2015, 416쪽 참조

변형함으로써 자본주의적 소외를 극복하고 인간의 진정한 본성과 자유를 실현할 수 있다는 마르크스주의적 기획을 갖고 있다. 그러나 그는 — 하버마스가 비판하듯이[47] — 유토피아를 언급하기는 하지만, 다른 사회에서는 다른 기술이 **어떻게** 실현될 수 있는지에 대한 구체적 언급은 하지 않는다. 따라서 블로흐가 자본주의 기술과 사회를 극복하는데 있어 제휴기술과 기술 유토피아라는 대안을 제시하고 있지만, 이것은 여전히 **추상적**일 뿐이며 또 기본적으로 이상적 마르크스주의 모델에 따른 생산양식과 산업체계에 근거하고 있는 것으로 보아야 할 것이다.

그런데 문제의 핵심은 요나스가 갈파하듯이 자본주의든 사회주의든 이념 그 자체가 문제라기보다는 산업화를 무분별하게 추구하는 기술문명 자체에 생태위기의 근원이 있다는 사실이다.[48] 실제로 현실 사회주의 국가들은 자본주의 국가와 마찬가지로 생산력증강과 개발위주의 성장정책 강박에 걸려 있었고, 사회주의 국가 역시 과학기술과 국민국가의 복합체라고 할 수 있는 거대 산업체계에 불과하였다. 따라서 현실 사회주의 국가들에서도 환경과 공해 문제가 심각하였고 이제 종래의 사회주의적 유토피아가 더 이상 유효하지 않다는 점을 고려해볼 때, 우

---

**47** J. Habermas, "Ernst Bloch. Ein Marxistischer Schelling (1960)", in : Ders., *Philosophisch-politische Profile*, Frankfurt / M 1984, S.156 이하 참조. 여기서 하버마스는 블로흐가 유토피아에 대한 과도한 태도를 취함으로써 유토피아 실현의 객관적 가능성을 구체적으로 설명하지 않는다고 비판한다. 또 그는 『이데올로기로서의 기술과 과학』에서 마르쿠제의 대안적 자연관을 비판하면서, 마르쿠제 내지 블로흐가 바라는 — 자연과의 연대와 제휴가 가능한 — 유토피아는 "사람들이 서로 자유롭게 의사를 소통할 수 있고, 각자 다른 사람을 통해 자신을 인식할 수 있을 때에만 비로소" 실현될 수 있다면서, 무엇보다 사람들 간의 억압 없는 소통이 동물이나 식물 등 자연과 연대할 수 있는 소통도 가능하게 한다고 주장한다(J. Habermas, *Technik und Wissenschaft als Ideologie*, Frankfurt / M 1971, S.57 참조).

**48** H. Jonas, *Das Prinzip Verantwortung. Versuch einer Ethik für die technologische Zivilisation*, Frankfurt / M, 1984 참조.

리가 추구할 수 있는 생태적으로 지속가능한 사회는 과연 어떤 공동체이어야 하는가?

이제 중앙집권적인 국민국가를 넘어선 지역공동체, 즉 지역에 기초하고 철저히 풀뿌리 민주주의에 입각한 생태적 공생사회가 필요한 것이다. 왜냐하면 현대사회의 성장 중심적 산업체계를 근본적으로 바꾸기 위해서는, 성장정책과 과학기술관료주의에 의존할 수밖에 없는 중앙집권형 국가보다는 친환경적인 삶을 경험할 수 있는 생활 터전으로서 로컬화된 장소가 바로 생태학적 전환을 위한 실천적 거점이 될 수 있기 때문이다.[49] 이렇게 로컬리티에 근거한 생태 유토피아는 정치·사회적으로는 분권화와 소형화된 공동체를, 경제적으로는 절약과 자원 재활용 그리고 의식주 및 에너지를 자급자족하는 공동체를 지향한다. 여기서 중요한 것은 '거대화-집중화-획일화'가 아니라 '소형화-분권화-다양화'이며, '경제적 합리성'이 아니라 '생태적 합리성'이다.

결국 우리가 건설해야 할 생태 유토피아는 생태위기를 초래하는 중앙집권적 국민국가가 아니라 지역에서 여론을 통한 의사결정과 주민참여가 보장되는, 즉 풀뿌리 민주주의에 기초한 자치적 소규모 공동체이다. 이런 방향과 관점에서 우리는 인간을 공경할 뿐 아니라 모든 생물

---

**49** 이런 맥락에서 전체 생명체들이 살아 숨 쉬는 공동체를 복원·유지하기 위해 인간과 자연의 공생을 자율적 생존의 측면에서 탐색하는 사상(문화운동)인 '생명지역주의(bioregionalism)'는 로컬리티 차원의 생태학적 실천 모델을 탐구하는 우리에게 많은 시사점을 준다. 생명지역주의는 근대 산업사회 세계관의 토대가 되는 절대적 시공간관에 대한 강한 도전으로서, 인간과 자연의 관계를 다시 생각하고 양자를 조화하기 위해서 산업사회 발전과 함께 상실된 '장소 감각'을 되찾아야 한다고 강조하며, 이를 통해 단절된 인간과 자연, 인간과 인간의 유기적 관계를 재결합하려고 시도한다. 이 점에서 생명지역주의는 레오폴드(A. Leopold)의 '대지 윤리(land ethic)' 및 지역자치라는 아나키즘의 특색을 지닌 북친의 '사회생태론'과 상통한다고 할 수 있다. 생명지역주의에 대한 상세한 논의에 대해서는 송명규, 『현대 생태사상의 이해』, 따님, 2004, 204~220쪽과 문순홍, 『생태학의 담론』, 아르케, 2006, 327~362쪽을 참조 바람.

도 공경하는 평화로운 소규모 자율적 생태공동체들과 그 공동체들의 네트워크로서의 새로운 사회를 구현할 수 있다. 특히 국가에 의한 중앙집권제 및 자본주의를 강하게 비판하는 아나키스트이자 사회생태론자인 북친은 "억압적인 산업 자본주의의 세계를 반위계적인 사회관계에 근거한 탈중심적-민주적 공동체로 변형"[50]하기 위해 연방형태의 정치체제를 제시하며, 탈중심적 사회 건설을 통해서만 생태적 지속성이 가능하고 자연도 자유롭게 된다고 주장한다 : "'자유로운 자연'이 확보되려면 도시들이 탈중심화되어 주변 자연환경에 최적화된 공동체들의 연방으로 바뀌어야 한다. 상보성의 윤리에 따라, 각종 친환경 기술은 물론이고, 태양, 풍력, 메탄과 같은 재생 가능한 에너지 자원들, 유기농, 그리고 인간적 규모로 설계되고 연방 공동체들의 지역적 수요에 맞게 설계된 다용도 산업 시설 등, 이런 여러 가지가 생태적으로 건강한 세계를 형성하는데 모두 동원되어야 한다."[51] 이러한 맥락에서 그는 자연과의 동반자적 관계를 강조하는 블로흐처럼 태양 또는 풍력 에너지 같은 친환경적 테크놀로지를 사용하는 '코뮌주의적 생태공동체'를 대안 사회모델로서 제시하고 있다.[52]

결론적으로 말해서 정치의 분권화와 자급자족의 경제 시스템을 가진 지역사회는 폐쇄된 것이 아니라 서로 느슨하게 연대하는 열린 지역사회일 필요가 있으며, 이런 연방형태의 자치적 지역사회의 실현이야말로 국가에 의한 지방의 식민지화는 물론이고, 인간과 인간 그리고 인간과

---

50  M. Bookchin, *Remaking Society : Pathways to a Green Future*, Boston, 1990, p.155.
51  머레이 북친, 서유석 역, 『머레이 북친의 사회적 생태론과 코뮌주의』, 메이데이, 2012, 60쪽.
52  위의 책, 57~67, 111~174쪽 참조.

자연 사이의 지배도 극복하며 서로 공생할 수 있는 지속가능한 유토피아일 것이다. 여기서 우리는 이런 아나키즘적 특성을 지닌 생태사회 모델이 현실적으로 세계를 지배하는 자본과 국가의 권력을 어떻게 해체하고 대안적 생태사회를 구성할 것인가에 대한 **구체적 전략**을 제시하지 않는다고 비판할 수 있지만,[53] 원리적으로는 그것이 국가 주도의 산업체계가 초래하는 생태위기를 극복할 **근본적 대안**임을 인정해야 할 것이다. 자본주의와 산업주의를 넘어서는 이런 생태 유토피아 실현은 우리에게 너무 오래 걸리고, 또 험난한 여정으로 보인다. 그렇기에 이것은—"모든 고귀한 것은 드물고도 힘들다Sed omnia praeclara tam difficilia, quam rara sunt"[54]는 격언처럼—더욱 가치 있고 고귀한 이상으로 여겨진다.

---

[53] 에코아나키즘을 비롯한 대안적 생태사회(공동체) 모델에 대한 비판과 생태사회적 발전전략에 대해서는 이시재 · 구도완 · 오용선 외, 『생태사회적 발전의 현장과 이론』, 아르케, 2010, 500~510쪽을 참조 바람.

[54] B. d. Spinoza, *Die Ethik*. Lateinisch-Deutsch, übers. von J. Stern, Stuttgart, 1990, S.700.

# 참고문헌

김지하, 『흰 그늘의 미학을 찾아서』, 실천문학사, 2005.

데카르트, 이현복 역, 『방법서설』, 문예출판사, 1997.

_____, 『성찰』, 문예출판사, 1997.

돕슨, 정용화 역, 『녹색정치사상』, 민음사, 1993.

문순홍, 『생태학의 담론』, 아르케, 2006.

버낼, 김상민 역, 『과학의 역사』 제2권, 한울, 1995.

베이컨, 진석용 역, 『신기관―자연의 해석과 인간의 자연 지배에 관한 잠언』, 한길사, 2001.

북친, 서유석 역, 『머레이 북친의 사회적 생태론과 코뮌주의』, 메이데이, 2012.

송명규, 『현대 생태사상의 이해』, 따님, 2004.

이시재 · 구도완 · 오용선 외, 『생태사회적 발전의 현장과 이론』, 아르케, 2010.

장회익, 『물질, 생명, 인간―그 통합적 이해의 가능성』, 돌베개, 2009.

정화열, 박현모 역, 『몸의 정치』, 민음사, 1999.

조영준, 「생태위기의 대안으로서 셸링 자연철학」, 『칸트연구』 제20집, 한국칸트학회, 2007.

_____, 「셸링 유기체론의 생태학적 함의」, 『헤겔연구』 제24집, 한국헤겔학회, 2008.

_____, 「인간과 자연의 통일, 그리고 생태학적 상상력―셸링철학에서 인간과 자연관계에 대한 고
　　　찰」, 『시대와 철학』 제23권 2호, 한국철학사상연구회, 2012.

_____, 「블로흐의 유토피아론에 대한 자연철학적 고찰―생태학적으로 정향된 실천적 자연철학의
　　　정립을 위하여」, 『시대와 철학』 제26권 1호, 한국철학사상연구회, 2015.

카프라, 김용정 · 김동광 역, 『생명의 그물』, 범양사출판부, 1999.

『성경전서』(개역개정판), 대한성서공회, 2003.


Bacon, F., "The Masculine Birth of Time", ed. and trans. by Benjamin Farrington, *The Philosophy of
　　　Francis Bacon*, Chicago, 1966.

Bloch, E., *Das Prinzip Hoffnung*, Frankfurt / M, 1977.

Bookchin, M., *Remaking Society : Pathways to a Green Future*, Boston, 1990.

Cho, Y.-J., *Natur als Subjekt. Schellings Naturphilosophie und ihre ökologische Bedeutung*, Saarbrücken,
　　　2008.

Habermas, J., *Technik und Wissenschaft als Ideologie*, Frankfurt / M, 1971.

_____, "Ernst Bloch. Ein Marxistischer Schelling(1960)", *Philosophisch-politische Profile*, Frankfurt / M, 1984.

Hegel, G. W. F., *Jenenser Realphilosophie II*, hrsg. von J. Hoffmeister, Leipzig, 1931.

_____, *Enzyklopädie der philosophischen Wissenschaften I ~ III*, Ders., *Werke* in 20 Bänden, Bd. 8 ~ 10, hrsg. von E. Moldenhauer und K. M. Michel, Frankfurt / M, 1970.

Hösle, V., *Philosophie der ökologischen Krise*, München, 1994.

Jonas, H., *Das Prinzip Verantwortung. Versuch einer Ethik für die technologische Zivilisation*, Frankfurt / M, 1984.

Marx, K., *Das Kapital I*(Marx-Engels-Werke, Band 23), Berlin, 1975.

_____. *Ökonomisch-philosophische Manuskripte aus dem Jahre 1844*(Marx-Engels-Werke, Ergänzungsband I), Berlin, 1974.

Naess, A., translated and revised by David Rothenberg, *Ecology, Community, and Lifestyle : Outline of an Ecosophy*, Cambridge, 1989.

Schelling, F. W. J., Sämmtliche Werke, hrsg. von K. F. A. Schelling, I. Abteilung : 1 ~10 Bände, II. Abteilung : 11 ~14 Bände, Stuttgart/Augusburg, 1856 ~1861(= SW).

_____, *Ideen zu einer Philosophie der Natur als Einleitung in das Studium dieser Wissenschaft*(SW I / 2).

_____, *Von der Weltseele, eine Hypothese der höheren Physik zur Erklärung des allgemeinen Organismus*(SW I / 2).

_____, *Erster Entwurf eines Systems der Naturphilosophie*(SW I / 3).

_____, *Einleitung zu dem Entwurf eines Systems der Naturphilosophie oder über den Begriff der spekulativen Physik und die innere Organisation eines Systems dieser Wissenschaft*(SW I / 3).

_____, *Über das Wesen deutscher Wissenschaft*(SW I / 8).

Schmied-Kowarzik, W., *Von der wirklichen, von der seyenden Natur. Schellings Ringen um eine Naturphilosophie in Auseinandersetzung mit Kant, Fichte und Hegel*, Stuttgart-Bad Cannstatt, 1996.

Spinoza, B. d., *Die Ethik. Lateinisch-Deutsch*, übers. von J. Stern, Stuttgart, 1990.

Zimmermann, R. E., *Subjekt und Existenz. Zur Systematik Blochscher Philosophie*, Berlin / Wien, 2001.

# 로컬리티의 생태학과 생태적 로컬인

조명래

## 1. 지구와 몸의 환경문제

오늘날 환경문제는 크게 두 가지로 대표된다. 하나는 거시적 스케일의 지구적 환경문제로서 지구온난화에 따른 기후변화(변동)라면, 다른 하나는 미시적 스케일의 몸 환경문제로서 환경질환을 꼽을 수 있다. 이 두 상징적 스케일의 환경문제는 별개의 것이 아니라 생태계의 순환 망을 통해 서로 연결되어 총체적인 생태·생명문제를 만든다. 이중 지구온난화는 화석연료의 과도 사용에서 발생한 이산화탄소 등이 오존층을 파괴해 지구 복사열이 대기권에 갇혀 지구의 평균 온도가 높아지는 현상을 말한다. 우리가 목도하는 지구의 평균온도[1] 상승은 어떤 지역에

---

[1]  지구의 평균온도는 14.73도다. 수많은 기후변동을 겪었지만 그 변동 폭은 고작 1∼6도 내외다. 그래서 몇 도만 올라도 그 파장은 엄청나다(조명래, 『녹색토건주의와 환경위기』, 한울, 2013, 283쪽).

선 온도가 급격하게 오르는 반면, 어떤 지역에선 급격하게 떨어지는 등 다양한 로컬 기후변동의 총합적 결과다. 우리 몸의 평균 온도가 올라가면 생명이 위태롭듯이, 지구의 평균 온도 상승은 그 자체로서 다양한 생명체를 품고 있는 지구의 생태·생명적 기능을 위태롭게 한다. 하위 지구적sub-global 스케일로 내려오면 기후변동은 다양한 지역 편차를 만들어 로컬화된 생명체들의 존속을 위협한다. 지구적 환경문제는 이렇듯 지구의 문제이면서 지역과 로컬의 문제다.

　지구 온난화는 단순히 기후변동이란 지구환경의 외적 변화로 끝나지 않고 지구생태계의 교란 및 파괴에 따른 지구환경의 내적 변화와 깊숙이 맞물려 있다. 지구온난화는 산업적 생산과 소비에 수반된 화석연료의 과다 사용에서 생겨난 이산화탄소가 주된 원인으로 간주된다. 하지만 범지구화 되고 있는 자본주의적 생산 및 소비활동은 화석연료를 포함한 다양한 에너지와 자원을 자연(생태계)으로부터 끌어와 사용하고, 사용 뒤엔 엄청난 양의 폐기물을 자연(지구생태계)으로 방출한다. 이산화탄소는 그 일부에 불과하다. 그밖에 환경호르몬과 같은 유·무형의 유해물질들이 방출되어 로컬 생태계의 흐름을 타고 지구전역으로 확산되고 있다. 생태계의 수용역량을 넘어선 유해 폐기물은 물질순환을 통해 우리 몸속으로 들어와 퇴적되면 각종 생명 교란(예, 내분비계 교란)을 일으킨다. 지구적 생태계와 상호작용하면서 '수용체인 몸의 생태계가 일으킨 교란'은 만성질환, 신체장애, 불임 등과 같은 생명적 단절을 동반한다.

　오늘날 환경문제는 이렇듯 가장 작은 스케일의 몸이 갖는 생태계의 교란에서 가장 큰 스케일의 지구가 갖는 생태계의 교란이 하나로 이어져 있는 전일성을 띠고 있다. 그동안 우리는 환경문제를 후자의 것으로만 인식해 왔고 환경매체 혹은 객체의 환경문제로 다루어 왔다. 반면, 근자의 환경문제는 점차 전자의 것으로 인식되면서 환경 수용체의 문제 혹은 주체의 환경문제로 인지하기 시작했다. 환경문제는 더 이상 객체의 문제로 외부화 되어 있는 게 아니라, 주체의 문제로 내부화되어 있을 뿐 아니라, 양자는 서로 연동되어 있다. 객체와 주체가 함께 겪는 혹은 상호 연동된 환경문제는 생명·생태계의 교란을 통해 서로 이어져 있는 생명의 문제, 나아가 존재의 문제를 재규정하고 있다. 이 이음은 로컬리티에 의해 이뤄진다. 몸의 생태계는 로컬리티 순환생태계의 유기적인 한 부분이고, 지구적 생태계는 로컬리티 순환생태계가 초지역적, 초국가적으로 연결된 것에 다름 아니다. 객체와 주체는 로컬리티 생태계를 통해 만나고 연결된다.

## 2. 사이공간interstitial space으로서 로컬리티

로컬리티는 전체 공간의 흐름과 상호작용 속에서 오랜 세월에 걸쳐 특정 하위 공간단위 내로 구획된 시공간의 성질, 즉 국지성局地性으로 지칭된다. 로컬리티의 성질은 전체의 시스템과 상호작용 속에서 상대적으로 부분화된, 그러면서 로컬리티의 장소에 국한된 성질을 갖는다. 로컬리티는 그래서 유동성과 상대적 관계성을 특징으로 하고, 그 경계는 다른 스케일과의 관계가 스며들거나 확장될 수 있도록 열려 있다.

공간으로서 로컬리티는 전체 공간으로 환원될 수 없는 상대화된 자율성을 가지는 데, 이는 로컬리티 속에 시간으로 구축되어 뿌리를 내린 토속성vernacular을 기반으로 한다. 로컬리티는 전체 공간과 사회를 떠받치는 '구조'가 발현되는 현장이면서 객체와의 상호작용을 통해 '주체'가 발화하는 위치의 장이기도 하다. 공간으로서 로컬리티는 주체의 '지각과 체험의 공간'이면서 주체를 중심으로 생명적, 사회적, 자연적 관계가 맺어지는 '관계공간'이기도 하다. 르페브르[2]에 의하며, '지각 perception'에 기초한 공간적 실천은 전前이성, 즉 인간의 본성에 따른 삶의 공간적 전개를 의미한다. 이는 존재being가 설정되는 토대이면서 방식이다.

로컬리티의 본질은 '지금, 여기'서 주체를 중심으로 한 본성적이면서 역사적인 존재의 관계망이 구획된(국지화된) 것에 있다. 로컬리티의 중심으로서 주체의 본질은 그래서 자연과 호흡하는 본성적인 인간이면서, 동시에 자연에 순응하는 사회적 인간으로 특징에 있다. 자연과 사회로 확장되면서 동시에 양자를 연결하고 통합하는 로컬리티의 주체는 몸body으로서 사람이라는 뜻이다.[3] 현실로서 로컬리티는 그래서 주체인 사람(몸)을 중심으로 사람과 사람, 사람과 사물, 사람과 사회, 나아가 사람과 자연의 관계가 만들어져 구획된 영역으로 존재한다. 이러한 성질의 로컬리티 공간은 몸을 떠나de-corporal 전체의 구조와 그 외피인 시각(성)이 권력으로 지배하는 '추상적abstract 공간'과는 다르다.[4] 로컬리티가 인공적이면서 권력적인 공간으로 현현한다 해도, 이는 욕망과

---

2    신승원, 『앙리 르페브르』, 커뮤니케이션북스, 2016, 58~60쪽. 르페브르, 양영란 역, 『공간의 생산』, 에코, 2011, 제8장.
3    르페브르, 위의 책, 558~560쪽.
4    조명래, 『공간으로 사회읽기』, 한울, 2013, 95~98쪽.

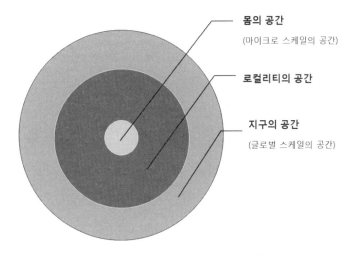

몸의 공간
(마이크로 스케일의 공간)

로컬리티의 공간

지구의 공간
(글로벌 스케일의 공간)

〈그림 1〉 사이공간으로서 로컬리티의 위상

권력에 의해 물신화되고 스펙터클화 된 것에 불과한 것이다.

로컬리티 속의 사람 주체는 몸으로 설정된다. 로컬리티 공간locality space은 미시적 스케일의 공간으로서 몸(육체적)의 공간corporal space과 거시적 스케일의 글로벌리티 공간globality space 사이에 구획된 공간de-marcated space이다. 글로벌리티의 공간은 추상공간으로서 구조와 시스템에 의해 생산된 권력이 지배하는 공간이라면, 로컬리티 공간은 로컬 주체와의 상호작용을 통해 구조와 시스템 혹은 글로벌리티가 로컬화되는 현장이다. 몸의 공간은 르페브르가 말하는 '구체와 차이의 공간'으로서 본성적 주체(생물적인 인간이면서 사회적 인간인 주체)의 지각, 감성, 욕망에 의해 존재의 행위가 구체적으로 일어나는 곳이다. 로컬리티는 이러한 몸의 작용이 글로벌화 하는 구조와 시스템과의 상호작용을 통해 로컬화(즉, 몸의 로컬화, 몸의 사회공간화)가 이루어진다. 따라서 로컬리

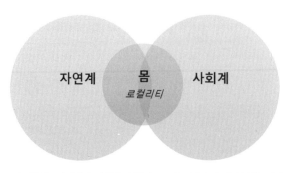

〈그림 2〉 자연계와 사회계의 접변으로서 로컬리티 내의 몸(body)

티는 몸과 사물, 몸과 사회, 몸과 자연이 상호작용하는 반복적 관계가 구획되어(국지화) 드러난다. 로컬리티의 생태계는 이러한 관계망으로 구성된다.

한편 로컬리티는 몸을 중심으로 자연계와 사회계(인간계)가 만나는 관계가 구축되어 국지화되는 영역이기도 하다. 로컬리티 속에서 자연의 한 요소로서, 즉 생물적 주체로서 몸을 매개로 자연과 다양한 만남과 교류 작용이 이루어진다. 자연으로부터 직접 획득하거나 혹은 자연으로부터 채취한 것을 사회적으로 생산된 물질을 생존과 생명지탱의 수단(예, 산소, 물, 먹거리, 주택 등)으로 활용하고, 또한 사회적 과정(생산과 소비활동)을 통해 폐기물을 자연으로 돌려보낸다. 반면, 몸이 사회적 역할로 포장되면 사회적 주체social person가 되어 사회화된 다른 몸(구성원, 타자 등)과 사회화된 일상관계를 만들고, 심지어 몸을 지배하는 사회의 권력 시스템을 만들거나 이로부터 거꾸로 지배를 받는다. 로컬리티의 생태계는 몸을 매개로 하는 자연과 사회의 관계가 구획된 것으로 구성된다. 로컬리티를 구성하는 자연계와 사회계는 로컬리티 밖의 전체(지역, 국가, 지구적 차원의 자연계와 사회계, 지구적 스케일의 자연과 사회)의 것과 연결되어 있는 하나의 부분 및 하위 체제를 이룬다.

## 3. 생태체제로서 로컬리티

　로컬리티는 몸을 매개로 하여 로컬의 자연계와 로컬의 사회계가 유기적으로 결합되어 있는 구성과 영역성을 가진다. 이는 로컬리티가 하나의 로컬화(국지화)된 생태체제임을 말해준다. 즉, 로컬리티는 몸의 자연적 확장으로 자연계와 몸의 사회적 확장으로 사회계(혹은 인간계)로 구성되는 로컬 생태체제를 이룬다. 사회계는 사람들이 사는 생활체계 (예, 소비생활, 법제도 등)와 이를 담아내는 인공구조물(예, 주택, 도로, 건물, 에너지 소비체계 등)로 구성된다면, 자연계는 생물종과 이들의 상호의존 망(예, 비오톱, 먹이사슬 등)과 공기, 물 등과 같은 무기물의 순환영역(예, 물 순환 체계)으로 구성된다. 생태체제로서 로컬리티는 몸을 매개로 하여 사람과 자연이 연결된 채 순환하는, 그래서 양자가 공존하는 의존적 관계망을 내부화한다. 로컬리티의 자연은 사람중심의 사회적 삶을 담아내는 틀이면서 그 용량이다. 자연의 용량을 벗어나는 사회적 삶이 이루어진다면, 로컬리티 밖의 자연으로 물질 순환이나 제도를 통해 확장된다. 따라서 이념형으로서 로컬리티는 자연의 용량 내에서 사람의 삶의 방식이 구축되는, 그래서 자연과 사람의 공존적이면서 호혜적인 관계망이 오랜 세월에 거처 구축된(국지화된) 생태체제로 기능한다.[5]

　도시를 로컬리티의 한 전형으로 보고, 생태체제 개념을 적용하면, 이

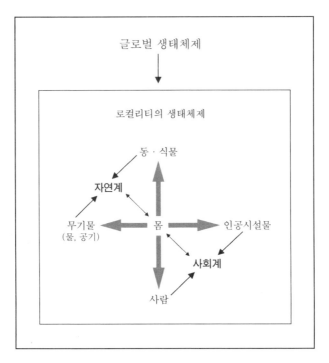

글로벌 생태체제

로컬리티의 생태체제

동 · 식물

자연계

무기물
(물, 공기)

몸

인공시설물

사회계

사람

〈그림 3〉 생태체제로서 로컬리티의 구성

는 곧 생태도시eco-city를 말한다.[6] 생태도시는 '도시를 하나의 유기적 인 복합체로 보고 다양한 도시활동과 공간구조가 생태계의 속성인 다양성, 자립성, 순환성, 안정성을 띠도록 함으로써 인간과 자연이 공존하는 도시'로 정의된다. 도시에 관한 전통적인 접근은 도시란 사람과 이를 담아내는 인공구조물로 구성되는 것을 암묵적으로 상정했다면, 사람과 자연의 공존을 전제로 하는 생태도시에서는 사람에 대칭되는

---

5    조명래, 「환경수도의 개념과 전략」, UNEP 한국위원회 편, 『초록 눈으로 세상읽기』, 한울, 2007, 215~218쪽.
6    이하 위의 글에서 발췌한 것임.

생물종, 인공구조물에 대칭되는 물·대기 순환계를 설정하고, 이 네 부문이 하위 생태체계를 이루면서 상호 균형을 이루는 상태를 전제한다.

〈그림 3〉에서 보듯이, 로컬리티의 생태체제는 몸을 중심으로 하여 사회계의 사람(사회적 사람)과 대칭하여 자연계의 동식물, 그리고 사회계의 인공시설물(사회적 삶의 하부구조)과 이에 대칭하여 자연계의 무기물(물, 공기와 같은 물질순환 영역)의 관계로 구성된다. 따라서 로컬리티는 자연계와 사회계를 구성하는 네 가지 묶음 요소들이 서로 맞물려 돌아가는 순환 생태계를 이룬다. 즉, ① 식물과 동물들로 구성된 생물서식체계, ② 대기, 하천, 지하수, 우수 등의 흐름으로 구성된 대기 및 수문환水文環체계(혹은 순환체계), ③ 주택, 공장, 상업시설, 교통시설 등으로 구성된 인공시설물체계, ④ 사람들의 일상 사회적 활동들로 구성된 사회체계가 전체로서 조화적인 관계를 이루면서 순환하는 생태체제로 구성된다. 로컬리티의 생태체제는 광역적 생태체제의 하위 단위이면서 일정한 권역 내에서 순환의 상대적인 완결성을 갖는다. 생태체제란 개념은 이렇듯 환경체제란 개념보다 사람과 자연 간의 관계에서 자연상태의 속성과 중요성을 더 강조할 뿐 아니라 인간의 활동체계(예, 도시적 활동)가 전체 체제의 한 단위로 생태계의 다른 부문과 상호 호혜적인 관계를 가져야 함을 강조한다.[7]

하지만 로컬리티를 하나의 생태체제로 규정한다고 해서, 모든 로컬리티가 동일한 생태계로 구성되고 동일한 생태환경 문제를 야기하는 걸 뜻하지 않는다. 개별 로컬리티의 생태계가 작동하는 방식과 결과는

---

7    위의 글, 215~219쪽.

로컬리티의 스케일, 자연계와 인간계 사이의 물질대사 관계, 인간계 내의 인간활동 밀도, 생태계의 지배종으로서 사람의 환경의식 및 행태(몸의 생태성), 로컬 생태역사와 문화 등에 따라 상이하다. 로컬리티 스케일의 크고 작음은 내부에 담기고 작동하는 생태계의 작용방식을 상이하게 규정하지만, 로컬리티의 스케일 자체가 단일한 것이 아니다. 몸 생태계의 미시적 스케일로부터 지구 생태계의 거시적 스케일 사이에 위치한 로컬리티는 내부적으로 다양한 스케일이 중층적으로 겹쳐있는 다중 스케일multi-scale을 이루고 있다. 다양한 스케일의 생태계에서 기원한 생태환경의 변수[8]들이 맞물리고 접변하는 것으로 구성되고 작동하는 게 로컬리티 생태계의 중요한 특징이다. 다중 스케일은 다양한 하위 생태영역과 생태요소들의 집합을 이루면서 로컬리티 생태계의 복잡성을 만들어낸다. 생태적 복잡계를 구성하는 하위영역(중범위적 스케일)인 자연계와 인간계 사이 자원과 에너지가 어떻게 순환하느냐에 따라 로컬리티 생태계의 지속가능성(생태계의 건강성)은 달라진다. 이 흐름을 개입하고 영향을 주는 핵심인자는 생태계의 지배종으로서 인간종의 생명적, 생태적 활동이 갖는 관계적 밀도relational density[9]다. 이 활동의 기본 단위가 곧 미시적 스케일로 몸의 생태계다. 자연계와 사회계로 확장하면 양자를 잇고 순환시켜주는 미시적 스케일로서 몸의 생태적 작용이 곧 생태체제로서 로컬리티를 작동시키고, 그로 인한 생태환경 문제를

---

8   가령, 지역의 대기오염은 개별가구들의 과도한 에너지소비의 지역적 결과라면 기온상승은 지구적 기후변화의 지역적 결과에 해당한다. 전자는 로컬리티 생태계 속에 내포된 미시적 스케일의 예라 하면, 후자는 거시적 스케일의 한 예가 된다.

9   프랑스 사회학자 뒤르켕(Durkeim)은 근대도시의 사회적 관계를 특징짓는 유기적 연대(organic solidarity)를 설명하면서 '도덕적 밀도(moral density)'란 용어를 사용한 바 있다(조명래, 『현대사회의 도시론』, 한울, 2002, 62~68쪽).

일으켜 내는 진원지가 되는 것이다.


## 4. 로컬리티의 환경문제 – 도시적 로컬리티를 중심으로

로컬화 된 생태체제로서 로컬리티는 사회계와 자연계 사이의 물질
대사를 바탕으로 하는 사람중심의 '생존의 망web of life'으로 구축된다.
이 물질대사[10]가 안정적으로 이루어지는 로컬리티 생태계 내의 사람의
생명적 삶은 그 만큼 건강하고 지속가능하다. 그러나 오늘날 도시적 로
컬리티urban locality일수록 생존의 망은 '사회화된 몸의 일상과정' 중심
으로 인간계(사회계)를 급격하게 확장시키면서 자연계에 대한 높은 부
하 량을 거는, 그래서 물질대사의 점증하는 불균형을 만들어 낸다. 그
것은 로컬리티 내에 구축되는 도시적 삶의 방식이 갖는 특징에서 연유
한다. 도시는 본래 인간의 생존을 위해 자연환경의 제약과 한계를 극복
하면서 삶의 편리를 위해 필요한 도구, 시설, 제도, 질서 등을 담고 있
다. 따라서 도시란 정주지定住地는 로컬리티 생태계 내에 사람 중심의
(문명화된 사회적) 삶을 규칙화하고 제도화한 인공시스템으로 작동한다.

---

10  생물체 내에서 일어나는 물질의 분해나 합성과 같은 모든 물질적 변화를 물질대사 혹은 신진
   대사라 부른다. 모든 생물은 주위 환경으로부터 흡수한 물질을 합성하거나 분해해 생명활동
   에 필요한 에너지를 얻고, 또한 그러한 과정에서 부산물이나 노폐물을 배출한다. 물질대사
   는 크게 동화작용과 이화작용으로 나뉜다. 동화작용은 주위로부터 흡수한 저분자 유기물이
   나 무기물을 이용해 고분자 화합물을 합성하는 과정을 말한다면, 이화작용은 반대로 고분자
   화합물을 저분자 유기물이나 무기물로 분해하는 과정을 말한다. 녹색식물이 이산화탄소와
   태양에너지를 이용해 고분자 화합물인 녹말을 만드는 과정은 동화작용의 예라면, 산소를 이
   용해 고분자 화합물을 이산화탄소와 같은 저분자 물질로 분해하고 에너지를 얻는 것은 이화
   작용의 예다.

도시가 발전하면 할수록 도시적 로컬리티 내의 인공시스템은 확장하면서 도시를 둘러싼 자연계와 마찰과 긴장을 낳는다. 근대도시는 과도한 인구집중, 화석연료와 과학기술을 이용하는 각종 생산 및 소비시설들이 집적되어 있으며, 이를 통해 대량 생산과 소비가 지속적으로 이루어진다. 이렇게 해서 근대도시는 그 자체로서 거대한 체계를 이루어 엄청난 양의 투입물을 끌어다 쓰고 이를 다양한 노폐물의 형태로 자연계에 방출한다. 이러한 시스템의 작용과정에서 산출물이 투입물의 양을 초과하여 도시 생태체제 내에 누적되면 대기오염, 수질오염, 폐기물, 소음, 분진 등과 같은 '환경문제'를 일으킨다. 환경문제는 이렇듯 도시적 로컬리티 내의 도시적 삶의 확장 혹은 도시화의 심화와 깊은 상관관계를 가지고 있다. 도시를 환경문제의 생산 공장으로 일컫는 것도 이러한 이유 때문이다.[11]

### 도시의 크기와 환경문제 발생하는 상관성

• 도시의 크기 증가는 폐기물의 양적 증가뿐 아니라 유독성이 높은 성분의 증가를 필연적으로 가져온다.

• 도시의 크기와 대기오염의 증가와는 강한 상관관계를 보인다.

• 도시크기의 증가는 소음공해와 면밀한 상관관계를 보인다.

• 도시크기의 증가와 통근시간의 증가는 상관관계가 있어 그 만큼 에너지 소비가 높아진다.

• 도시크기의 증가와 교통사고 증가 간에는 상관관계가 있다.

11  조명래, 「환경수도의 개념과 전략」, UNEP 한국위원회 편, 『초록 눈으로 세상읽기』, 한울, 2007, 212~215쪽.

• 도시크기의 증가는 토양을 포함한 미기후의 인공적 변화를 초래하는 상관관계가 있다.

• 도시크기가 증가함에 따라 사망률이 높아지는 경향이 있다. 그 까닭은 환경오염물질의 유동성과 농도가 증가함으로써 도시인들의 인체에 복합적인영향을 주기 때문이다.[12]

오늘날 도시적 로컬리티에서 삶(생존)의 방식은 도시 안과 밖의 자연계로부터 많은 생명의 자원과 에너지를 끌어다 쓰고, 그 결과 많은 노폐물을 자연계로 방출하는 물질대사의 급속한 팽창을 수반하고 있다. 그것은 도시적 삶이 로컬리티의 생태계가 수용할 수 있는 범위, 즉 생태용량을 훨씬 넘어서는 것으로 영위되고 있음을 의미한다.[13] 소비중심의 도시적 삶이 풍부화에 따른 생태용량의 초과는 해당 로컬리티를 넘어 원격의 로컬리티 생태계에까지 '사람의 생태 발자국ecological footprint'을 남기게 된다. 오늘날 글로벌라이제이션globalization의 생태적 과정은 도시적 삶을 중심으로 물질대사의 과정이 지역적, 국가적 생태계를 넘어 지구전역의 생태계로 확장되는 현상에 다름 아니다.[14] 대도시일수록 저러한 생태적 확장은 더 현격하다. '메가로폴리스화megalopolitanization'로 불리는 초거대도시화는 그래서 글로벌 생태계를 파괴하고 교란시키는 실질적 주범으로 간주되고 있다.[15] 집중화된 도시적 삶의 전지구적

---

12 위의 글, 213~214쪽.
13 가령, 생태발자국 지수로 측정되는 서울시민들의 소비수준은 생태용량의 700~800배를 초과하고 있다.
14 조명래, 『지구화, 되돌아보기와 넘어서기 – 공간환경의 모순과 극복』, 환경과생명, 2009, 제3장.
15 지구온난화의 주범인 온실가스의 70% 이상은 도시에서 방출되고 있는데, 그 대부분이 초거

확장은 자본주의적 생산과 소비가 전지구적으로 조직되는 방식으로 이루어진다.[16] 그 방식은 사람에 의한 사람의 착취[17]와 함께 사람에 의한 자연(잉여가치 생산의 확장된 원천)의 착취를 함께 포함한다. 도시적 삶의 지구적 확장으로 인한 지구 생태계의 황폐화는 결국 인간계를 넘어 자연계에까지 뻗어간 '사람에 의한 사람의 자연 착취'[18]에 의해 초래된 것이다. 인간계 내의 '사람-사람 착취'[19]가 자연계 내의 '사람-자연 착취'로 확장된 것은 사람(자본)에 의한 사람의 착취가 '사람(노동)을 매개로 한 사람(자본)에 의한 자연의 초과착취'로 확장된 것이다. 우리는 이를 '자본주의의 이중적 착취'라 할 수 있다. 가령, 천연의 강을 노동투입을 통해 인공 물길로 바꾸고 유료화한다면, 이는 하천 혹은 강이란 자연이 화폐로 사고팔며 소비하는 상품(교환가치의 담지자)으로 변질되는 것을 의미한다.

오늘날 환경문제는 '자연의 상품화 혹은 자본화'가 수반한 필연적 결과라 할 수 있다. '환경의 상품화'는 환경이란 상품을 구매하고 소비할 수 있는 계층 간, 집단 간, 개인 간 역량 차이를 만들어낸다.[20] 이 차이는 곧 생명의 기원인 자연의 가치를 향유할 수 있는 사회적 기회의 차등화를 의미한다. 로컬리티의 맥락에 놓일 때 이는 일상과정을 통해 가치재인 환경재의 접근과 배분을 중심으로 하는 새로운 불평등을 만들어내는

---

대 도시의 단위 당 높은 에너지 사용에 의한 것이다.

16 조명래, 앞의 책, 제3장.
17 이는 잉여가치 생산의 원천으로서 노동에 대한 자본의 착취를 가리킨다.
18 이를 사람에 의한 사람의 착취와 이의 연장으로 사람에 의한 자연의 착취가 합쳐져 있는 것으로 '이중적 착취'라 할 수 있다.
19 이는 '자본주의적 착취'라 할 수 있다.
20 조명래, 『녹색토건주의와 환경위기』, 한울, 2013, 제1장.

것으로 작용한다. 즉, 환경의 편익(예, 환경서비스의 향유)은 사회적, 생물적 강자에게로 편중되는 반면, 환경의 비용(예, 환경오염의 피해)은 약자에게 상대적으로 집중하는, 그래서 '환경을 통한 불평등'이 깊어지는 현상이 생겨난다. 이를 '환경 부정의environmental injustice'라 부른다.[21] 오늘날 인간계 내에서 환경을 매개로 하여 사회적, 생물적 약자가 겪는 환경 불평등은 자연계로 넘어가 사람(종)에 의한 자연의 전면적 지배와 착취에 따라 생물종이 겪는 불평등으로까지 확장되고 있다. 이 점에서 '환경 부정의'는 '생태 부정의ecological injustice'이기도 하다.[22]

로컬리티의 생태계를 벗어나 글로벌 생태계로까지 뻗어간 사람 종에 의한 물질대사의 가속화는 인간계(사회계)에 의한 자연계의 광범위한 착취와 파괴를 수반한다. 글로벌 스케일의 기후변화에서 마이크로 스케일의 환경질환에 이르는 일련의 환경문제는 이의 총체적인 결과에 해당한다. 문제는 지구의 생태계 교란(예, 범지구적 환경오염)이 물질대사의 흐름을 타고 몸의 생태계 내로 들어와 다양한 생명적 교란(예, 내분비계 교란)을 일으켜내고 있다는 사실이다. '자연의 역습'으로 불리는 이 현상은 하딘Hardin의 '공유지 비극'을 닮아 있다. 생명의 지속을 위한 자원을 공동으로 경작하는 공유지commons로서 자연이 이기심으로 가득한 사람종이 과도하게 사용하고 파괴함으로써 다양한 생물종이 더불어 살아갈 수 없는 반생명적 터전으로 바뀌게 된 것이다.[23] 지구적 공유지로서 지구

---

21 이상헌, 『생태주의』, 책세상, 2011; 조명래, 『녹색사회의 탐색』, 한울, 2001, 제8장; 조명래, 「개발국가의 환경정의 – 한국적 환경정의론의 모색」, 『환경법 연구』 제35권 제3호, 2015, 69~111쪽; 최병두, 『비판적 생태학과 환경정의』, 한울, 2009; Soja, E., *Seeking Spatial Justice*, University of Minnesota Press, 2010.
22 이상헌, 위의 책; 조명래, 위의 글, 69~111쪽; 최병두, 위의 책.
23 곽노완, 『도시정의론과 공유도시』, 라움, 2016.

생태계의 파괴는 로컬리티 생태계 내의 몸의 주체인 사람 종의 이기심에서 비롯된 것이다. 다시 말해, 자본주의적 일상과정에 휩싸임으로써 로컬리티 속 사람종의 몸은 욕망의 기계로 변했고, 범지구적 환경문제는 욕망의 기계로서 몸의 확장적 작용으로부터 발원하고 있다. 오늘날 로컬리티 속 몸의 욕망은 자본주의적 욕망을 속성으로 한다.

자본주의적 욕망을 바탕으로 함으로써 로컬리티 내의 인간계-자연계 간 불균형은 욕망의 무한정 충족에 추동되는 범지구적 생태 불균형의 형태로까지 발전하고 있다. 범지구적 스케일로 확장된 환경문제는 지구 생태계의 교란으로 나타나면서, 그에 따른 생태·생명적 위해危害가 지구 생태계의 복잡한 흐름을 타고 로컬리티 생태계로까지 들어와 몸의 생명적 교란을 일으키고 있는 것이다. 환경호르몬의 섭취에 따른 내분비계 교란(잉태능력의 감소), 유해물질의 과도한 침투에 따른 세포의 돌연변이(암 등), 원인불명의 환경질환(아토피 등) 등은 몸의 생태·생명적 교란을 보여주는 새로운 양상의 환경문제다. 이렇게 보면, 로컬리티의 환경문제는 자연에 터한 본성적인 삶의 터전으로 로컬리티가 자본의 욕망과 권력에 의해 물신화 된 스펙터클(시각적 기호로 포장된 상품)의 공간으로 변화한 모습이라 할 수 있다. 그 구조를 들여다보면, 이는 로컬리티의 구성적 토대인 자연과 본성에 대한 사람 권력과 이성의 지배에 더해 글로벌화 하는 자본주의 구조와 시스템 권력이 로컬리티 내 주체와 그들의 일상에 대한 지배가 포개진 양상이다. 로컬리티의 탈자연화로서 생태문제로는 그래서 '글로벌리티에 의한 로컬리티의 식민화'가 초래한 결과물인 셈이다.

## 5. 로컬리티의 생태적 복원

로컬리티의 환경문제는 본질적으로 생태·생명의 문제다. 이의 극복은 '즉각적 환경immediate environment'의 문제 해결을 넘어 로컬리티를 생태·생명적 삶이 가능한 터전으로까지 복원될 때 비로소 가능해진다. 그것은 일차적으로 로컬리티의 생태용량에 맞게 사람중심의 삶, 즉 탈자연화 된 생산 및 소비활동 전반을 재자연화 하는 것으로 접근되어야 한다(예, 녹색소비, 녹색교통, 녹색건축, 녹색거버넌스 등). 재자연화 된 삶이란 자연용량에 맞는 혹은 자연의 물질흐름에 맞춘 삶으로서 로컬리티 내 인간계와 자연계 사이 단절된 물질 순환을 자연스럽게 회복하기 위한 방식의 삶이다. 이 순환의 회복은 사람과 사람은 물론 사람과 자연 사이 공생관계 회복까지 포괄한다. 생태도시는 인간계와 자연계 사이의 물질·에너지의 순환적 흐름과 사람과 자연 사이의 공생적 관계의 회복을 위한 로컬리티의 구성을 갖춘 도시를 말한다.[24] 이 순환과 공생관계 회복은 로컬리티 인간계 내 일상생활의 인프라와 방식을 점차 자연 순응적인 것 바뀌는 것으로(녹색화로) 시작된다(〈그림 4〉 참조). 이어 자연계 내 물질과 에너지 순환을 매개하는 공기나 물의 생태적 순환을 회복하고, 나아가 생태종을 복원하고 다양화해 사람종과 공생·공존이 로컬리티 생태계 내에서 이루어지도록 해야 한다. 이러한 생태복원과 물질 대사가 되살아난 생태계를 내부화한 로컬리티가 생태도시다.

현실적으로 로컬리티의 생태적 복원은 결코 쉬운 일이 아니다. 그렇다

---

24 조명래, 「환경수도의 개념과 전략」, UNEP 한국위원회 편, 『초록 눈으로 세상읽기』, 한울, 2007, 215~219쪽.

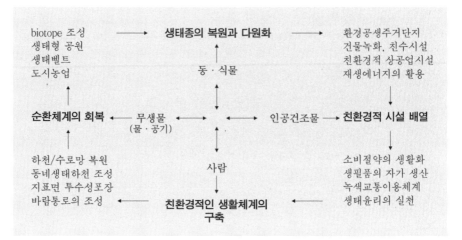

〈그림 4〉 생태체제로서 로컬리티의 순환구조 : 예시

(출처 : 조명래, 「환경수도의 개념과 전략」, UNEP 한국위원회 편, 「초록 눈으로 세상읽기」, 한울, 2007, 221쪽)

고 불가능한 것도 아니다. 그것은 현실의 제도와 관행을 이용해 로컬리티 내 사람중심(인간계)의 일상 삶과 그 시스템의 녹색화를 어느 정도 급진적으로 이끌어내느냐에 관한 전략 선택의 문제일 수 있다. 생태복원이 이루어진 도시적 로컬리티를 생태도시라 한다면, 이에는 현실의 반환경적인 제도와 행태를 바꾸어가면서 도시전반에 녹색성을 점진적으로 회복해가는 '약한 유형'이 있는가 하면, 도시환경의 개조나 사회제도의 개혁을 통해 도시 전역에 생태성을 단시일에 광범위하게 회복해내는 '강한 유형'도 있다. 전자는 환경 친화적 시설을 집약적으로 설치하여 오염물질 배출의 저감, 자원순환, 생태종 복원 등이 일정하게 실현되는 '녹색도시'나 '환경집약도시'와 같은 유형의 생태도시라 할 수 있다. 반면, 후자는 사람종과 함께 생물종이 공존하고 에너지·물·대기의 흐름(투입과 산출의 흐름)이 상대적으로 완결되는 생태체계를 내부화한 '생물공간

biospace' 혹은 '에코토피아ecotopia'와 같은 유형의 생태도시라 할 수 있다. 여기서 유형의 차이는 단순한 정태적 형태의 차이가 아니라 생태적 복원의 목적, 방식, 절차 등을 망라하는 동태적 과정의 차이를 반영한다.

로컬리티 생태복원의 문제는 생태도시의 건설과 같은 공학적 문제가 아니라 로컬리티 인간계 내에서 반자연적 삶을 얼마만큼 생태·생명적 삶으로 바꾸어내느냐의 인문학적 문제다. 왜냐하면, 자연보호, 서식지 복원, 오염의 사후처리 등과 같이 '사람에 의한, 사람을 위한 자연(종)의 보호와 회복'이 아니라 욕망의 억제, 소비의 녹색화, 생물종을 위한 인간이익의 양보, 생태권의 대변 등과 같이 '사람 중심 삶 자체가 자연율에 따라가고 자연(종)이 스스로 회복하는 것으로 생태복원이 돼야 하기 때문이다. 이렇게 해서 로컬리티 내에서 약자인 생물종들의 생태·생명적 가치가 사람종의 그것과 대등하게 인정받고 또 양자 간의 호혜로운 공존이 로컬리티의 생태계 내에 자연스럽게 재현되어야 한다. 사람이익을 우선으로 하는 현재의 삶을 생태·생명적인 것으로 전환은 그 자체로서 인문학적 삶으로의 전환이다. 반생태적 삶의 변환을 위해서는 로컬인의 생태적 감수성이 드높아지는 환경친화적 삶의 방식으로 전환만 아니라, 탈자연화를 강제하는, 그러면서 로컬리티를 넘어서는 자본주의 삶의 방식을 하나하나 바꾸어가는 것이 병행되어야 한다. 로컬리티 인간계 내에 구축된 시장(사적 이익의 추구영역)으로부터 '사회(더불이 살아가는 영역)'를 복원하고, 체제에 의해 식민화된 생활세계와 주체를 복원하며, 국가에 포섭된 공동체를 복원하고, 이성의 지배로부터 감성과 감각의 지배로 전환을 도모하며, 추상공간에 의해 묻힌 구체공간을 복원·재현하는 등이 곧 로컬리티의 생태적 복원에 이르는 인문학적 길들이다. 로컬리티 인간계 내의 사회적 불평등 구조를 따라 환경재가 불공평하게 배분되는 환경 불평등의 문제도 환경약자의 환경권 혹은 생태권 복원을 통해 해소되어야 하는 바, 이 또한 인문학적 생태복원에 중요하게 포함되어야 한다.

인문학적 생태복원을 어떻게 현실화할 수 있느냐는 해당 로컬리티 내에서 허용될 수 있는 녹색정치 여하에 달려 있게 된다. '사람중심에 의한 자연지배의 로컬리티'를 '사람과 자연이 공존하는 로컬리티'로 얼마만큼, 어떻게 전환해 낼 수 있느냐의 문제는 기울어진 자연의 가치와 이익 복원을 로컬리티의 권력정치가 얼마만큼 현실적으로 수용하고 실현해 내느냐의 문제와 결부된다. 이 반영과 대변의 정도는 생태·생명적 가치를 어떻게 해석하고 제도정치 속에서 이를 어떻게 실체적 권력으로 만들어내느냐에 의해 달라진다. 이러한 권력적 작용은 생태·생명적 가치의 해석을 둘러싼 반녹색 세력(예. 개발주의자)과 녹색세력(예. 환경주의자, 생태민주주의자) 간 역학을 의미한다.[25] 녹색정치의 핵심은 녹색의 권력화와 이를 옹호하고 대변하는 진정한 녹색주체의 설정에 있다.[26]

## 6. 생태적 로컬인, 생태적 재현공간

인간계의 자연성 복원을 통한 로컬리티의 생태적 복원에서 중심이자 핵심은 몸(자연적 몸, 사회적 몸)의 주체로서 로컬인이 생태적 주체로 거듭

---

25  조명래, 『개발정치와 녹색진보』, 환경과생명, 2006, 제5장.
26  위의 책, 제7장.

나는 것에 있다. 환경문제는 결국 사람의 문제로 돌아온다. 환경위기 시대를 맞이하여, 지구상의 모든 국가와 사회는 사람과 자연의 상생, 자연의 복원을 지향하는 정책적 실천을 시도해 왔지만, 정작 사람 자신은 자연과 공생하는 생태적 인간으로 변하지 못함으로써 현실의 환경문제는 날로 악화되고 있다. 마찬가지로 로컬리티의 환경문제는 로컬리티의 생태성 결핍, 즉 사람중심 삶의 반자연화에서 근본적으로 발원하고 있다.

　로컬리티는 사람의 몸으로 지칭되는 주체의 생태계와 지구의 몸으로 지칭되는 객체의 생태계가 만나고 접변하는 생태계로 구성됨을 앞서 살펴보았다. 동시에 로컬리티는 추상적 자연계와 구체적 인간계가 로컬 주체로서 몸의 지각과 행동을 통해 연결되는 생태계를 기반으로 함도 살펴보았다. 이를 이념형적 로컬리티로 본다면, 로컬리티 내에서 몸은 생물적 주체로서 자연계의 한 형성적, 관계적 요소이면서, 동시에 사회적 주체로 인간계의 형성적, 관계적 요소로서, 자연계와 인간계를 생태적으로 연결하는 고리가 된다. 따라서 몸의 생태·생명적 실천을 통해 로컬리티 생태체제 내의 자연계와 인간계 사이의 순환이 복원되고, 나아가 사람과 자연의의 공생관계까지 복원된다. 몸은 또한 글로벌리티로 상징되는 시스템과 그 권력이 일방적으로 로컬화(식민화)되는 것을 생명적이고 생태적인 것으로 해석하고 순화시키는 조절자이기도 하다.

　환경위기의 시대 '자연의 역습'으로 몸이 겪는 환경질환은 로컬리티 생태계를 통해 접합되는 범지구적 자연계로부터 유입된 환경 유해물질이 몸으로 수용되어 몸의 생태계에 누적된 결과다. 로컬리티 생태계 속에서 주체인 몸이 어떻게 생태적 순환을 스스로 회복하느냐는 몸의 환경문제 해결로부터 지구의 환경문제에 이르는 환경문제 전반을 해결하는 것의 출발점이 된다. 이는 사람 몸이 진정한 생태적 주체로 될 때 가능하다. 이러한 주체를 우리는 '생태적 로컬인ecological local man'이라고 부른다. 환경문제의 진정한 극복은 로컬리티 속의 몸의 주체인 사람이 생태적 로컬인으로 거듭날 때 가능하다는 뜻이다.

생태적 로컬인은 생태적 감수성을 몸으로 수용하고 사람 중심의 삶을 자연과 공생하는 삶으로 재해석하며 이를 일상문화로 만들고 소프트 권력으로 만들어내는 생태적 인문인人文人이기도 하다. 생태적 인문인으로서 로컬 주체는 니체, 헤겔, 르페브르 등이 말하는 '총체적 인간total man'에 가깝다.[27] 총체적 인간은 존재를 규정하는 요소와 관계적 맥락을 총체적으로 읽고 해석할 수 있으며, 이를 기반으로 이데아의 절대정신을 실천으로 옮겨내는 철학인과 같다. 로컬인이 로컬리티의 구체세계로 들어와 존재의 의미와 그 관계성을 총체적으로 읽고 모순을 해석한다면, 그 무대는 사람과 자연, 인간계와 자연계가 순환하고 공생하는 생태적 세계다. 그 세계에서 이데아의 실천은 생태·생명적 가치를 일상과정으로 옮기는 것이 된다. 이러한 로컬리티의 주체가 곧 생태적 로컬인이다.

생태적 로컬인은 그 자체로서 하나의 완결된 생태계를 이룬다. 생명을 생산하고 지탱하는 수많은 장기들 사이에 생명적 에너지가 흐르는 상호의존적 결합체로서 구성된 몸의 생태계다. 이 결합은 하나의 조화리듬(예, 맥박)을 이루며 몸 생태계의 건강성을 표현한다(르페브르, 2013).

---

27  신승원, 앞의 책, 5·10·42쪽; Lefebvre, H., *Right to the City*, Kofman, E. / Lebas, E.(trans., eds., 1996), Writings on Cities, Blackwell, 1968, p.12; Merrifield, Andy, *Metromaxism : a Marxist Tale of the City*, New York : Routledge, 2002, p.78.

이 건강성은 몸으로서 사람의 생명적 존재를 나타난다. 몸의 생태계가 갖는 안정성은 몸 밖으로부터 생명 에너지가 지속적으로 취하고 또한 생명작용의 결과를 배출하는 관계를 유지할 때 가능하다. 몸의 생태계가 하나의 자율성을 갖지만, 이는 몸 밖의 큰 생태계에 유기적으로 결합되어 하나의 하위 구성체를 기능하는 한 가능한 것이다.

　로컬리티는 바로 몸 밖의 생태계를 구성하는 일차적 영역이면서, 이는 몸을 중심으로 하여 몸의 본성과 지각이 작용하는 범위 내에서만 구성된다. 그런 면에서 보면, 로컬리티 생태계는 몸이 공간으로 확장된 생명적 물질로 구성되어 국지화된 하나의 생태체제다. 이 체제를 구성하는 사물성은 몸이 지각하고 행위하는 대상물의 집합으로 되어 있다.[28] 몸 자체가 로컬리티 생태계의 한 축소판이라면, 로컬리티 생태계는 몸의 확장판이라 할 정도로 서로는 유기적으로 연결되어 있다. 로컬리티에서 '로컬'은 몸의 생명적 작용, 즉 몸의 지각, 인지, 체험, 행동이 직접적으로 일어나는 공간으로 구획된 것을 의미하며, 로컬리티는 그래서 몸의 작용공간 내에서 자연과 인간의 직접 관계가 구성되는 생태계를 이룬다. 생태적 로컬인 몸의 작용에 의해 (재)구성되는 로컬리티는 그 자체로서 르페브르가 말한 '재현의 공간'이 생태화된 것에 해당한다. 즉, 주체의 생태적 자각과 실천(체험)을 통해 로컬리티는 생태적 기의記意가 공간적 기표記標로 재현된 '생태적 재현의 공간ecological space of representation'인 것이다.

　하지만 자연으로서 로컬리티는 몸이 생성되기 전부터 존재했던 것

---

**28**　신승원, 앞의 책, 66~69쪽; 르페브르, 양영란 역, 『공간의 생산』, 에코, 2011, 294~305쪽.

이지만 몸과 생명적 관계를 맺게 될 때(관계적 공간으로 설정될 때), 주체 subject로서 몸이 생성된 이후 구성되어 대상화된 객체object로 설정된 다. 몸이 있고, 몸의 생명적 존재를 위해 외부와의 관계를 맺으면서 비로소 로컬리티는 몸과 이어진 생태계로 설정된다. 생태적 로컬인은 바로 이러한 로컬리티 생태계의 주체로서 몸이 설정되는 사람을 지칭한다. 생태적 로컬인의 몸은 그 자체로서 생태계로서 존재의 건강성을 표시할 뿐 아니라, 몸과 연결된 몸 밖 생태계의 건강성을 또한 투영해내고 있다. 말하자면, 생명적 존재로서 몸이 건강하다는 몸의 생태계가 건강하다는 건 만 아니라, 몸을 에워싼 로컬리티의 생태계가 건강하다는 것을 동시에 표식한다. 르페브르[29]의 표현대로, 몸은 그래서 몸의 생명적 리듬, 몸과 이어진 환경(로컬리티)의 생명적 리듬을 동시에 측정할 수 있는 '메트롬'과 같다. 생태적 로컬인은 로컬화 된 몸과 로컬화 된 환경(로컬리티)의 생태·생명적 흐름과 그 리듬을 측정할 수 있는 메트롬을 몸으로 갖고 있는 셈이다.

생태적 로컬인을 철학적 존재인 '총체적 인간'에 비유했던 것은 바로 생명의 생태계를 몸으로 전체를 측정하고(해석하고) 표현하는(재현하는) 생태적 능력의 담지자로 간주하기 때문이다. 총체적 인간으로서 생태적 로컬인은 자연의 생명적 의미와 가치를 몸의 지각으로 받아들이고 몸의 감수성으로 내면화한다. 몸의 지각과 감수성은 자연의 리듬과 흐름과 동화되는 생태적 몸의 생명적 작용기제들이다. 이는 이성이나 형이상학적 사유와는 다른 것이다. 따라서 현대의 주체를 생태적 로컬

---

**29** 르페브르, 위의 책, 248~262쪽; 르페브르, 정기헌 역, 『리듬분석』, 갈무리, 2013, 제2장.

인으로 재설정한다는 것은 현대의 도시적 로컬리티에서 겪는 환경위기를 생명력을 담지한 자연의 리듬과 흐름이 왜곡되거나 억압된 표식으로 읽게 된다. 자연의 가치를 복원하고 일상영역으로 끌어들이는 자의적 실천을 하는 동안, 생태적 로컬인은 반자연화 된 일상방식을 녹색화하고 오염된 환경을 재자연화 하는 등의 작은 녹색변혁을 몸소 실행한다. 뿐만 아니라 생태적 로컬인은 자본주의 삶의 방식에 순응하는 의식과 사유를 생태적인 것으로 전환하고, 물질적 삶보다 영성적 삶을 더 우선하며, 사람만 아니라 자연과 공존하는 일상과 그 환경을 복원하는 데로 사람의 권력과 자원을 최대한 집중시키고자 한다. 이를 통해 생태적 로컬인은 현대문명의 핵심 구성요소인 사람종의 특권을 내려놓고, 사람의 권력정치 내에 자연종의 권리(생태권)를 대변하고 옹호하는 새로운 정치를 추구한다.[30] 따라서 생태적 로컬리티에서 정치는 자연스럽게 녹색정치가 주류정치가 되고 국가도 녹색국가로의 전환이 적극 모색된다.[31] 로컬리티는 이렇게 해서 자본논리의 지배를 받는 추상공간으로서 재현, 즉 '반자연적 공간으로 재현'에서 자연이 재현되는 공간, 즉 '생태적 재현의 공간'으로 탈바꿈하게 된다.

요컨대, 생태적 로컬인은 로컬화 된 생태적 주체다. 이들이 실천주체가 되어 로컬리티의 생태적 복원을 이끈다면, 이는 '글로벌리티에 의해 식민화된 로컬리티의 해방', 즉 권력과 시스템이 지배하는 '추상공간'에 포섭된 로컬리티란 공간을 주체들의 생태·생명적 삶을 구현하는 '구체

---

30 강현수, 『도시에 대한 권리─도시의 주인은 누구인가?』, 책세상, 2010, 116~117쪽; 이상헌, 앞의 책, 152~161쪽; 조명래, 『개발정치와 녹색진보』, 환경과생명, 2006, 제14장.
31 조명래, 위의 책, 제7장.

와 차이의 공간'으로 복원하고 재현하는 것이 된다.[32] 로컬리티의 복원은 생태적으로 구체화되고 차이를 이루는 삶이 체험되는 생태공간으로의 재현에 다름 아니다.[33] 여기서 제기되는 질문은, 이념형에 불과한 생태적 로컬인을 현실에서 어떻게 찾고 반생태적인 현대인을 어떻게 생태적 로컬인으로 바꾸어낼 수 있느냐다. 문명의 역사로 본격 접어들기 전까지 사람은 오랫동안 생태적 로컬인이었다. 비록 희석되긴 했지만, 현대인도 생태적 로컬인이란 원형성을 여전히 내부화하고 있다. 잠재된 '생태적 로컬인'의 복원 가능성은 크게 보면 '교육과 정치'에 달려 있다. 생태적 인문에 관한 새로운 교육과 생태적 가치와 권리를 복원하는 새로운 정치는 인류세Anthropocene 시대[34] 인류의 공멸을 뚫고 나갈 수 있는 두 개의 전략적 루트에 해당한다.

---

**32** 신승원, 앞의 책, 66∼76쪽; 르페브르, 양영란 역, 『공간의 생산』, 에코, 2011, 제6장.

**33** 르페브르, 위의 책, 제6장.

**34** 지구환경위기가 전면화 되고, 이 위기를 극복하면서 생존을 영위해야 하는 시대를 인류세(人類世, Anthropocene)라 부른다. 네덜란드의 대기화학자로 1995년 노벨화학상을 받은 크뤼천(Paul Crutzen)이 2000년에 제안한 용어다. 시대 순으로 보면 신생대 제4기의 홍적세(洪積世)와 지질시대 최후의 시대인 충적세(沖積世)에 이은 전혀 새로운 지질시대이다. 학문적으로 완전히 정립된 개념은 아니지만 인류세는 크뤼천이 제안한 2000년 안팎으로 하여 시작된 것으로 본다. 따라서 인류세는 환경훼손의 대가를 치러야만 하는, 현재 인류 이후의 시대를 가리킨다. 인류로 인해 빚어진 시대란 뜻에서 인류세라 부르는 것이다. 인류세의 가장 큰 특징은 인류에 의한 자연환경 파괴로 지구의 환경체제가 급격하게 변하고 있는 점이다. 문명을 이룩하는 동안 지속적으로 훼손하고 파괴한 결과, 인류는 이제까지 진화해 온 안정적이고 길들여진 환경과는 전혀 다른 환경을 직면하게 되었다. 엘니뇨, 라니냐, 라마마와 같은 해수의 이상기온 현상, 지구온난화 등 기후 변화로 인해 물리·화학·생물 등 지구의 환경체계가 근본적으로 변하고 있다. 과학자들은 기후 변화에 따른 전 지구적 재앙을 일으키는 가장 치명적인 지역으로 사하라사막, 아마존강 유역의 삼림지대, 북대서양 해류, 남극 서부의 빙원, 아시아의 계절풍 지대, 지브롤터해협 등을 꼽고 있다.

# 7. 로컬리티의 재자연화를 위하여

이 글은 로컬리티를 몸과 지구 사이의 공간이면서, 양자의 접변이 로컬화되는 생태계를 이루고 있는 것으로 간주했다. 로컬리티를 하나의 생태체제로서 간주하는 것은 용어와 개념으로 표현되는 것 이상의 많은 분석적 요소와 설명적 함의를 내포하고 있다. 말하자면, 로컬리티를 몸의 생태적 작용이 확장된 영역으로, 그러면서 지구적 생태계가 몸의 생태계와 연결되는 장으로 설정할 때, 로컬리티의 생태계는 몸의 생명적 작용영역으로 구성된 만큼, 그 사물성과 의식성은 일반적인 생태계와 근본적으로 다르다. 이 글은 그 다름을 당연한 것으로 간주하면서, 그 속성을 개략적으로 설명하는 데 그쳤다. 분석적 특성은 앞으로의 논구거리로 남겼고, 또한 그로부터 추출될 새로운 생태이론화도 미래의 가능성으로 남겼다.

이 글이 또 다른 새로운 개념이면서 키워드로 사용했던 것은 '생태적 로컬인'이다. 생태적으로 해석한 '총체적 인간' 개념이다. 니체, 헤겔, 르페브르 등으로 이어진 '총체적 인간'은 일종의 이념형적 개념이다. 그러나 이 개념은 현대사회가 직면한 근본문제, 가령 자본주의의 문제, 존재의 문제, 소외의 문제, 해방의 문제, 자아실현의 문제 등을 풀 수 있는 열쇠 말이 되기에 충분하다. 복잡한 구성을 이루고 있는 생태·생명의 문제를 사람이 진정한 주체가 되어 풀기 위해선 현대인의 반자연적인 역할상을 근본적으로 재설정하는 것으로부터 시작해야 한다. 총체적 로컬인은 바로 이러한 요구에 부응하기 위해 창안된 개념이다. 자연(의 가치)을 내면화하고 자연의 흐름과 호흡하는 삶의 방식을 자연스럽게 받아들이며, 인간의 권리를 자연의 권리 일부로 재정의하고, 사람 중심의 정치를 자연중심의 정치로 재설정하는 주체로 생태적 로컬인의 개념이 제시되었다. 이러한 주체가 특히 로컬인이 되어야 하는 것은 몸의 생명적 작용이 일어나는 '로컬리티' 내에서 삶의 재자연화가 이루어져야 하기 때문이다. 로컬리티의 재자연화를 도모하는 새로운 실천주체로 생태적 로컬인을 설정하고 있지만, 문제는 현대의 반생태적 사람을 생태적 로컬인으로 어떻게 바꾸어낼 수 있느냐다. 새로운 교육과 새로운 정치를 이에 대한 답으로 제시했다. 그렇다면 생태적 로컬인을 위한 새로운 교육과 새로운 정치는 어떻게 해야 하나? 이에 대한 즉답을 주는 대신, 이 글은 '생태적 로컬인'이 누구이고 왜 필요한 것에 관한 물음을 우리 모두에게 다시 한 번 던지는 것으로 끝을 맺으려 한다.

# 참고문헌

강현수, 『도시에 대한 권리―도시의 주인은 누구인가?』, 책세상, 2010.

곽노완, 『도시정의론과 공유도시』, 라움, 2016.

르페브르, 양영란 역, 『공간의 생산』, 에코, 2011.

_____, 정기헌 역, 『리듬분석』, 갈무리, 2013.

신승원, 『앙리 르페브르』, 커뮤니케이션북스, 2016.

이상헌, 『생태주의』, 책세상, 2011.

조명래, 『녹색사회의 탐색』, 한울, 2001.

_____, 『현대사회의 도시론』, 한울, 2002.

_____, 『개발정치와 녹색진보』, 환경과생명, 2006.

_____, 「환경수도의 개념과 전략―생태도시 모델을 중심으로」, UNEP 한국위원회 편, 『초록 눈으로 세상읽기』, 한울, 2007.

_____, 『지구화, 되돌아보기와 넘어서기―공간환경의 모순과 극복』, 환경과생명, 2009.

_____, 『공간으로 사회읽기』, 한울, 2013.

_____, 『녹색토건주의와 환경위기』, 한울, 2013.

_____, 「개발국가의 환경정의―한국적 환경정의론의 모색」, 『환경법 연구』 제35권 제3호, 2015.

최병두, 『비판적 생태학과 환경정의』, 한울, 2009.

하비, 한상연 역, 『반란의 도시』, 아이도스, 2012.

Lefebvre, H., Kofman, E. / Lebas, E.(trans., eds., 1996), *Right to the City*, Writings on Cities, Blackwell, 1968.

Merrifield, Andy, *Metromaxism : a Marxist Tale of the City*, New York : Routledge, 2002.

Soja, E., *Seeking Spatial Justice*, University of Minnesota Press, 2010.

# 다중심적 사회-생태체계와 로컬리티

박규택

## 1. 인간과 자연의 상호작용 이해의 필요성

21세기의 인류는 상이한 공간적 규모들, 개인과 가정, 이웃, 농촌과 도시, 국가, 대륙, 지구에서 일어나고 있는 다양한 환경문제에 직면하고 있다. 고체성 폐기물, 수질과 토양 오염 등과 같이 특정한 시·공간 규모에 한정되어 발생하는 환경문제는 해결책도 상대적으로 어렵지 않다. 이에 반해 기후변화, 핵(방사능) 폐기물, 해양오염 등과 같이 장기적이고 지구적 규모와 관련된 환경문제는 해결 방안을 찾기가 쉽지 않다. 특히 후자의 환경문제는 지정학, 로컬·국가·세계의 사회·정치·경제와 복잡하게 얽혀있기 때문에 해결하기 대단히 어려운 문제이다. 본 연구는 현실적인 환경문제를 해결하는 데 도움을 줄 뿐만 아니라 로컬리티 연구의 지평을 확대하는 데 기여하고자 수행한다.

연구의 첫 번째 문제의식은 인문학적 로컬리티 연구가 '인간에 관한'

혹은 '인간의 관점'에서 로컬리티를 고찰함에 따라 '인간과 자연의 관계'에 대한 고찰을 소홀히 하고 있다는 점이다. 로컬리티는 본질적·초월적·객관적으로 주어진 실체 또는 성질이 아니라 '지금, 여기'에 기반을 둔 다양한 힘, 즉 인문, 사회, 자연(물질, 생태)과 관련된 힘들이 지속적이고 역동적으로 상호작용함에 따라 생성·변화하는 것으로 이해된다. 따라서 인문학적 로컬리티는 인간과 자연의 상호작용을 깊이 고찰할 필요가 있다. 인문학은 전통적으로 개별적 혹은 집단적 인간의 인식과 실천을 통해 로컬리티의 다양성, 역동성을 연구해 왔다. 그러나 인간과 자연의 역동적 상호관계의 측면에서 로컬리티를 고찰한 연구는 많지 않다. 언어, 기호, 상상 속에서만 존재하는 로컬리티가 아닌 이상 물질 혹은 자연을 고려하지 않은 인문학적 로컬리티는 이론과 경험 그리고 실천의 측면에서 불완전하다. 이러한 비판은 1980년대 이후 서구 인문학에서 폭넓게 논의되어 온 탈(후기) 근대화론·구조주의·식민지론에 대한 비판과 연관되어 있다. 이들 이론은 인간의 인식과 행위, 조직, 제도를 "이성(합리성), 과학성(객관성), 고정된 구조 혹은 체계에 의존하는 것이 아니라 언어 혹은 기호를 매개한 복잡하고 역동적인 재현, 담론, 서사를 통해 지속되거나 변화하는 것"으로 해석 혹은 설명하였다. 또한 이들은 상이한 담론, 서사, 재현이 서로 충돌하면서 생성·변화하는 사회·문화·정치의 장field에 관심을 보였다. 그러나 이러한 관점에 대해 근본적인 질문이 제기될 수 있다. "존재와 인식 그리고 실천의 관점에서 인간의 몸, 물질, 사회·경제·정치 조직과 제도가 언어 혹은 기호로 표현된 재현, 담론, 서사와 일치하는가?"란 의문이다. 예를 들면, 사람들의 인식과 실천, 자연적 조건 변화, 상이한 조직과 제도의 실천에 의해 지속적으로 생성되고 변화하는 해운대 혹은 부산이 언어 혹은 기호를 매개로 이루어진 다양한 담론, 재현, 서사와 일치하는가? 인간과 자연의 역동적 상호관계는 현상학적 몸과 물질이 직접적으로 접촉하면서 이루어지는 경우도 있고, 기호·언어·도구를 매개로 이루어질 수 있다. 따라서 로컬리티와 생태는 인간과 자연이 무매개적으로 혹은 매개적으로 상호관계를 맺는 장field 혹은 지대zone에 주목할 필요가 있다.

두 번째, 로컬리티 연구는 다양한 형태의 환경오염 혹은 생태계 파괴에 관심을 갖고 실천적 대안을 제시할 필요가 있다. 이것은 로컬리티의 지향점, 즉 "이론과 실천이 결합된 관점"의 수립에 도움이 될 것이다. 로컬리티와 생태의 관계 연구는 현실의 다양한 환경 문제를 해결하는데 도움을 줄 뿐만 아니라 생태적 관점[1]에서 로컬리티 이론과 방법론을 풍부하게 할 수 있을 것이다.

이 글은 두 가지의 문제의식을 갖고 2009년 노벨경제학상을 수상한 오스트롬E. Ostrom과 동료들이 발전시킨 다중심성과 사회-생태체계를 고찰한다. 다중심성은 상수도, 치안, 교육 등의 공공 서비스 영역에서 단일하고 통일적 제도보다 다원화된 의사결정 체제가 보다 효과적임을 강조하고 있다. 이러한 관점에 대해 '상이한 혹은 초월적 스케일'에서

---

1 여기서 생태적 관점이란 '인간이 포함된 유기체와 환경의 상호 관계적 작용과 영향'을 의미한다. 그리고 유기체와 환경은 고정되어 있지 않고 상호 위상을 변화시킨다. 예를 들면, 도시 내부를 흐르는 하천은 도시민에게 자연적 환경이 되지만 하천에 살고 있는 물고기의 생존과 활동의 관점에서 볼 때 인간은 환경으로 위상이 변화한다. 생태학 용어는 "1869년에 처음으로 독일의 생물학자인 헥켈(Haeckel)에 의해서 제창된 것"으로 알려져 있으며, "생태학은 생물과 그 환경과의 관계, 또는 생물과 생물 사이의 상호작용을 연구하는 학문으로 정의하고 있다"(김준호 외, 『현대생태학』, 교문사, 1997, 3쪽).

작동하는 인간과 생태계의 역동적 상호관계에서도 타당한가?'란 의문이 제기될 수 있다. 또한 "다원적 의사결정 제도와 실천, 즉 이웃, 도시 / 농촌, 국가, 지구 단위에서 의사결정과 실천이 갈등을 일으킬 경우 누가 / 무엇이, 어떻게 해결할 것인가?"란 물음도 제기될 수 있다. 다중심적 사회-생태체계는 하나의 통일된 이론 혹은 모형이 아니라 다양한 상황에 적용하면서 변화시킬 수 있는 개방적이고 발전적인 개념적 틀이다.

## 2. 공유재 문제와 공유자원의 개념

국민, 시민, 주민 등의 불특정 다수에 의해 이용 혹은 관리되는 공유재the commons와 관련된 시각들, 공유재의 비극, 집합적 행위론, 죄수의 딜레마 등이 존재한다. 특히 "1968년에 개릿 하딘Garrett Hardin이 『사이언스science』잡지에 「공유지의 비극」이라는 도전적 논문을 발표한 후, 이 표현은 다수의 사람들이 희소자원을 공동으로 이용할 때 예측되는 환경의 악화를 상징하게 되었다."[2] 즉, 자연적 조건 속에서 (재)생산되는 목초지를 이기적 인간이 자신의 욕망을 최대한 만족시키는 방향으로 이용하면 궁극적으로 목초지가 황폐화되고, 나아가 공동체의 비극이 발생한다. 따라서 이러한 비극을 막기 위해 정부가 개입하거나 사적소유권 하에서 작동하는 시장에 맡겨야 한다. 이에 반해 오스트롬은 이기적인 인

---

2 엘리너 오스트롬, 윤홍근·안도경 역,『공유의 비극을 넘어─공유자원 관리를 위한 제도의 진화』, 랜덤하우스코리아, 2010, 23쪽.

〈표 1〉 네 가지 유형의 재화

| | | 사용에 의한 감소성(subtractability) | |
|---|---|---|---|
| | | 높음(high) | 낮음(low) |
| 잠재적 혜택으로부터 배제의 어려움 | 높음(high) | 공유자원 (common-pool resources) 지하수계, 호수, 관개, 어류, 산림 등 | 공적재화(public goods) 커뮤니티의 평화와 안보, 국방, 지식, 소방, 일기예보 등 |
| | 낮음(low) | 사적재화(private goods) 식품, 의류, 자동차 등 | 톨재화(toll goods) 사적 클럽, 주간보호센터 |

자료 : Ostrom, E., "Beyond markets and states : polycentric governance of complex economic systems", *American Economic Review* 100(3), 2010a, p.645.

간행위와 이에 근거한 '공유지 비극' 가설을 비판한 뒤 특정한 맥락(환경, 조건) 하에서 작동하는 조직 혹은 집단이 자율적으로 공유재를 효과적으로 관리할 수 있다고 주장하였다. 우선 오스트롬은 재화goods의 전통적 분류, 즉 배제와 경쟁의 이분법(사적재화와 공적재화)을 비판하고, 배제와 사용에 의한 자원감소라는 기준에 의해 재화를 새롭게 분류하였다. 이러한 분류에 의해, 공유자원common-pool resources이란 새로운 개념이 고안되었다(〈표 1〉).

〈표 1〉은 전통적으로 재화를 분류하는 기준으로 배제와 경쟁이 아닌 배제와 감소성을 택한 뒤, 높음과 낮음의 정도에 따라 4가지 유형의 재화를 보여주고 있다. 전통적으로 재화는 배제exclusion와 경쟁rival의 기준에 따라 사유재와 공공재로 구분되었다.[3] 전자는 배제와 경쟁의 특성을 지닌 반면에 후자는 이와 반대의 특성을 지니고 있다. 이러한 재화의 이분법적 구분은 부케난Buchanan(1965)에 의해 비판을 받게 되었

---

3   Samuelson, P. A., "The pure theory of public expenditure", *Review of Economics and Statistics* 36(4), 1954, pp.387~389.

고, 제3의 재화로 명명된 '클럽재화club goods'가 첨가되었다. 클럽재화는 재화의 이분법 체계에 따른 사유재와 공공재의 특성을 혼합하여 만들어진 새로운 개념이다. 이것은 사유재의 경쟁성과 공공재의 비배제성이 결합된 형태이며, 특정집단에 한정된 '사교클럽'이 하나의 예이다. 사교클럽의 회원은 클럽에 진입하기 위해서는 사유재의 특성에 따라야 하지만 회원으로 가입된 이후에는 클럽이 제공하는 모든 혜택을 공공재의 비배제성 특성을 누리게 된다. 클럽재화의 특성을 갖는 많은 재화들이 사적 연합체private associations 뿐만 아니라 소규모 공적집단에 의해서도 제공되기 때문에 '클럽재화'는 '톨재화toll goods'로 명칭이 변경되었다.[4] 마지막으로 오스트롬은 앞서 언급한 3개 재화와 다른 '공유자원common-pool resources'의 개념을 도입하였다. 오스트롬의 재화분류 방식은 과거의 것과 두 가지 측면에서 차이가 있다. 재화는 '배제와 경쟁'이 아닌 '배제와 사용에 따른 감소'란 기준에 의해 그리고 존재와 부재라는 이분법이 아닌 높고 낮음의 정도에 의해 분류되었다. 공유자원은 사용에 따라 부존량이 감소하는 사유재의 특성과 비배제의 공유재의 특성을 포함하고 있으며, 산림, 수자원, 어류, 대기 등을 포함하고 있다. 이들은 인간생존에 대단히 중요한 자원이다.[5]

---

4 Ostrom, E., "Beyond markets and states : polycentric governance of complex economic systems", *American Economic Review* 100(3), 2010a, p.645.

5 Ibid., pp.644~645.

# 3. 다중심성, 제도분석 그리고 사회-생태체계

오스트롬은 1960년대 이후 시작된 자신의 학문적 여정, 즉 정치(공
공 혹은 국가 영역), 경제(시장 영역) 그리고 정책(의사결정과 실천 영역)의 상
호관계, 개별적 혹은 집단적 인간의 제도와 행위, 지속가능한 자원관리
등의 주제를 다양한 분야의 동료학자들과 수많은 이론적·경험적·실
천적(정책적) 연구를 진행하였다. 오스트롬은 독자적으로 혹은 동료들
과 수행한 연구 결과물을 통해 '다중심성polycentricity' 혹은 '다중심주의
적 거버넌스polycentric governance', '제도분석과 발달institutional analysis and
development, IAD', '사회-생태체계socio-ecological system, SES'란 매우 다양
한 분야에서 활용될 수 있는 개념(이론)적 틀을 발전시켰다.[6] 이러한 틀
을 만든 목적은 탈맥락적 이론 혹은 정책적 대안을 수립하는 데 있지
않고, 특정한 사회·물리적 시·공간에 기반을 둔 다양한 유형의 이론
혹은 정책을 생산하는 데 있다. 그리고 이들은 개방 체제open system와
발달론적 관점developmental perspective에 토대를 두고 있다.

---

6  안성호, 「다중심거버넌스와 지방자치체제의 발전방향」, 『행정논총』 49, 2011, 59~89쪽;
   이명석, 「거버넌스의 개념화─'사회적 조정'으로서의 거버넌스」, 『한국행정학보』 36(4),
   2002, 321~338쪽; 이명석, 「네트워크 거버넌스와 정부의 역할─복잡계이론을 중심으로」,
   『국정관리연구』 6(1), 2011; 정수용·이명석, 「대안적 사회조정양식으로서의 네트워크 거
   버넌스─홍도 유람선 좌초사고 민간자율구조 사례를 중심으로」, 『한국행정학보』 49(3),
   2015, 25~49쪽; Aligica, P. D. and Tarko, V., "Polycentricity : from Polanyi to Ostrom, and
   beyond, Governance : An International Journal of Policy", *Administration, and Instituions*,
   25(2), 2012; Aligica, P. D. and Tarko, V., "Co-procuction, polycentricity, and value hetero-
   geneity : the Ostroms' public choice institutionalism revisited", *American Political Review*
   107(4), 2013, pp.726~741; McGinnis, M. D., "Networks of Adjacent Action Situations in
   polycentric governance", *The Policy Studies Journal* 39(1), 2011, pp.51~78; Ostrom, V.
   Tiebout, C. M. and Warren, R., "The organization of government in metropolitan areas : a
   theoretical inquiry", *American Political Science Review* 55, 1961, pp.831~842.

제도가 '시장'과 '국가'의 도식적인 이분법에서처럼 완전히 사적이거나 완전히 공적인 경우는 거의 없다. 많은 성공적인 공유자원 제도는 사적인 것처럼 보이는 제도들과 공적인 것처럼 보이는 제도들의 풍부한 혼합물이기 때문에 경직된 이분법의 틀에 들어맞지 않는다. (…중략…) 사적 제도의 전형이라 할 수 있는 시장은 그 자체가 공공재다. (…중략…) 어느 시장도 공적인 제도의 뒷받침 없이는 존속할 수 없다. 실제 상황 속에서 공적인 제도와 사적인 제도는 별도의 세계에 있기보다는 서로 얽혀서 상호의존적으로 존재한다.[7]

남부 캘리포니아의 경우 캘리포니아 주정부는 지하수 분쟁과 관련하여 다양한 당사자들이 민사법정을 통해서 소송을 할 수 있는 권리를 인정하고, 때로는 그 소송비용의 일부를 부담하였다. 주정부의 수자원 조사국, 연방정부의 지질조사청 등은 지하수 분지의 상태와 관련한 정보, 특히 당사자들이 스스로 획득하기에는 그 비용이 너무 비싼 정보를 제공하여 당사자들이 문제에 대한 공유된 인식을 확보할 수 있도록 도왔다. 또한 캘리포니아의 자치적 전통은 이후 당사자들이 수자원 관리와 관련된 특별구special district를 수립하는 것을 가능하게 해주었다.

---

7   엘리너 오스트롬, 윤홍근, 안도경 역, 2010, 앞의 책, 43~44쪽.

## 1) 다중심성과 제도분석의 틀

다중심성은 빈센트 오스트롬[8](1961)에 의해서 처음으로 공공정책 분야에 소개되었다. 이 개념은 독립적으로 의사결정을 하는 여러 중심들을 의미한다. 이것은 공공재가 분산된 다양한 사회조직들, 정부, 시민, 거주자, 이해집단이 독립적으로 의사결정에 능동적으로 참여함에 따라 효과적으로 관리될 수 있다는 것이다. 다양한 가치 혹은 이해interests를 갖고 있는 조직들이 의사결정 과정에 민주적이고 능동적으로 참여하는 다중심성에서 이들을 조정하는 메커니즘, 즉 (비)공식적 규칙들의 수립, 실행, 감시와 처벌이 필요하다.[9] 이들 규칙은 제도분석에서 핵심적 위치를 차지하고, 역할을 수행한다. 상이한 가치, 지식, 관습, 규칙의 얽힘과 역동적 상호작용 속에서 이루어지는 다중심적 거버넌스는 기존의 정부정책, 시장의 원리, 사회 조직과 제도와는 상이한 새로운 조직과 제도를 창조할 가능성을 내포하고 있다.[10] 즉, 이질적인 두 요인 혹은 힘(A, B)이 부딪혔을 때, 세 가지 경우의 수가 발생한다. 첫째, A 혹은 B가 다른 하나를 억압하거나 지배하는 경우이다. 둘째, A와 B 간에 갈등이 일어날 때 협상 혹은 타협으로 문제를 해결한다. 셋째, A와 B 간에 갈등이 일어날 때 해결책으로 A도 B도 아닌 새로운 대안 C를 창

---

8  오스트롬의 남편이자 연구 동반자였다.
9  Aligica, P. D. and Tarko, V., "Polycentricity : from Polanyi to Ostrom, and beyond, Governance : An International Journal of Policy", *Administration, and Instituions* 25(2), 2012, p.245.
10  Aligica, P. D. and Tarko, V., "Co-procuction, polycentricity, and value heterogeneity : the Ostroms' public choice institutionalism revisited", *American Political Review* 107(4), 2013; Brandsen, T. and Pestoff, V. "Co-production, the third sector and the delivery of public services", *Public Management Review* 8(4), 2006.

조하는 것이다. 다중심적 거버넌스가 공유자원의 효율적 관리 혹은 지속가능성을 유지하기 위해 셋째 경우에 주목할 필요가 있다.

치안, 교육, 복지와 같은 전통적 공공재보다 공유자원은 더욱 복잡한 문제가 발생한다. 특히 이것은 정부의 관할 영역과 생태계(하천, 지하수, 산림, 대기) 영역이 일치하지 않기 때문이다. 예를 들면, 국가하천은 실제적으로 분산된 여러 지방정부와 지역사회의 영토를 관통하고 있다. 그러나 법률에 근거하여 국가가 소위 '국가하천'이란 명목으로 독점적으로 소유·관리하고 있다. 이러한 국가하천에서 상류에 댐이 건설되거나 오염물질이 방출되어 중류 혹은 하류에서 살고 있는 지역사회가 물 부족 혹은 수질 오염으로 피해를 입어 분쟁이 발생하면 누가, 어떻게 해결할 것인가? 이 문제를 국가정책에 의해 혹은 시장의 원리에 의해서 해결할 수 있을까? 이러한 문제는 중앙과 지방정부 그리고 지역사회의 협력에 의해서 가장 효과적으로 해결될 수 있을 것이다. 즉, 다중심성은 국가하천의 사용과 관련하여 발생할 수 있는 분쟁을 효과적 해결책을 찾는 데 길잡이 역할을 할 수 있다. 오스트롬은 지역 혹은 국가 경계를 넘어 작동하는 지구적 공유자원과 관련된 기후변화climate change와 이에 따른 다양한 사회·생태적 문제를 다중심적 거버넌스로 접근하고 해결책을 제시하려고 노력하였다.[11] 다중심적 거버넌스는 기후변화가 지구적 차원에서 다루어져야 할 문제이지만 물리적 공간으로 분산된 로컬 혹은 로컬인이 능동적 참여하지 않고 문제를 해결하기 어렵다고 보고 있다.

---

11  Ostrom, E., "Nested externalities and polycentric institutions : must we wait for global solutions to climate change before taking actions at other scales?", *Economic Theory* 49, 2012.

2009년에 오스트롬은 이론과 실험 그리고 현실과 실천을 결합한 수많은 연구업적을 인정받아 경제학자가 아닌 더욱이 여성으로 노벨경제상을 수상하였다. 그녀의 수많은 연구들의 핵심에는 다중심성 혹은 다중심적 거버넌스가 위치하고 있다. 즉, 분산된 혹은 다중심적 의사결정의 주체들이 (비)공식적 규칙들에 근거하여 민주적 방식으로 협력하는 것이 공유자원을 효과적으로 관리하고, 지속가능하게 한다. 이러한 관점은 오스트롬의 노벨경제학상 수상 연설을 바탕으로 발표된 논문의 제목, 「시장과 국가를 넘어─복잡한 경제체제들의 다중심적 거버넌스 beyond markets and states : polycentric governance of complex economic systems」에서 잘 나타나 있다.[12]

〈표 2〉의 제도분석의 틀은 정책분석의 복잡성을 체계적으로 처리하기 위해 만들어진 것이다.[13] 이것은 1980년대 초반에 처음으로 소개되었고,[14] 이후 지하수, 관개, 산림자원, 개발정책 등의 주제를 미시적으로 분석하는 데 유용하게 활용되어 왔다. 이 틀은 "제도 분석가들이 다양한 제도적 환경을 검토하기 위해 사용할 수 있는 가장 일반적인 변수들을 포함하고 있으며, 시장 내에서 작동하는 인간의 상호작용, 기업, 가족, 공동체 조직, 입법부, 정부기관 등이 제도적 환경에 속한다. 그리고 이것은 학자들이 특정 이론을 논의하거나 이론들을 비교할 때 거대

---

12 Ostrom, 2010a.
13 McGinnis, M. D., "Networks of Adjacent Action Situations in polycentric governance", *The Policy Studies Journal* 39(1), 2011; Ostrom, E., Background on the institutional analysis and development framework, *The Policy Studies Journal* 39(1), 2011.
14 Kiser, L. L and Ostrom, E., "The three worlds of action : a metatheoretical synthesis of institutional approaches", ed. Elinor Ostrom, Beverly Hills, in *Strategies of Political inquiry*, CA : Sage, 1982.

〈표 2〉 제도분석의 틀

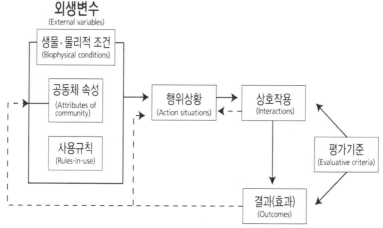

자료 : Ostrom, 2010a, p.646

이론적 언어를 제공할 것이다."[15]

　제도분석은 일련의 관계적 실천 속에서 이루어지고 있는 데, 이 가운데 가장 중요한 부분이 행위상황이다.[16] 이 속에서 개별적 혹은 조직적 행위자들이 상호작용을 하며, 이에 대한 결과가 나타난다. 여기서 행위자들은 제한적 합리자이다. 즉, 이들은 자신과 공동체의 목표를 추구하며, 이는 사회적 갈등, 자연적 제약, 인지적 한계, 문화적 편향성 등 맥락 하에서 이루어진다.[17] 제도분석의 틀 속에 위치한 행위자들의 의사결정과 그 결과에 대한 평가와 피드백은 사회-문화적, 제도적, 자연적

---

15　Ostrom, 2010a, p.646.

16　McGinnis, M. D., "Networks of Adjacent Action Situations in polycentric governance", *The Policy Studies Journal* 39(1), 2011.

17　McGinnis, M. D. and Ostrom, E., "Social-ecological systems framework; initial changes and continuing challenges", *Ecology and Society* 19, 2014.

맥락 속에서 동적이고 체계적으로 분석된다.

맥락 혹은 외부적 변수 속에서 이루어지는 행위 상황은 내적 요인들의 관계적 행위와 이와 관련된 사용규칙rules-in-use으로 구성되어 있다(표 2). 우선 행위자는 특정한 위치에 놓이게 되며, 이는 의사결정 행위들과 연관되어 있다. 그리고 행위자는 자의적으로 위치를 점한 뒤 의사결정 행위들을 선정하지 않는다. 행위자는 경계규칙boundary rules에 의해서, 위치는 지위규칙position rules에 의해서 그리고 의사결정 행위들은 선택규칙choice rules에 의해서 지배를 받는다. 이들 규칙에 의해 특정한 위치와 의사결정 해위들에 연관된 행위자들은 정보와 통제의 제약 속에서 상호작용을 하고, 이에 따른 결과는 비용-편익분석cost-benefit analysis에 의해 평가를 받는다. 그리고 평가의 결과는 외생변수와 행위상황으로 피드백 된다.[18]


## 2) 사회-생태체계

오스트롬은 '사회-생태계의 지속성'을 종합적이고 발전적으로 분석하기 위한 개념적 틀을 제시하였다.[19] 이것은 제도분석의 중요 아이디어를 계승함과 동시에 다학제적 접근, 특히 사회・경제・정치체계와 생태체계를 결합시키고 있다. 사회-생태계의 개념적 틀을 만들게 된

---

18 Ostrom, E. and Cox, M., "Moving beyond panaceas : a multi-tiered diagnostic approach for social-ecological analysis", *Environmental Conservation* 37(4), 2009.

19 Ostrom, E., "A diagnostic approach for going beyond panaceas", *Proceedings of the National Academy of Sciences* 104, 2007.

이유는 복잡하고 역동적으로 변화하는 현상과 이와 관련된 문제를 단순한 이론으로 설명하고, 해결책을 제안하는 방식을 비판하고 대안을 제시하는 데 있다.[20] 그리고 사회와 자연 과학은 복잡한 사회-생태계를 기술 혹은 설명하는 데 상이한 개념과 언어를 사용하기 때문에 학제 간 소통이 어렵고, 각 분야의 지식이 축적되기도 어렵다. 따라서 상이한 분야가 공유할 수 있는 개념적 틀이 필요하다. 사회-생태계 개념적 틀은 개방성, 복잡성, 비선형성, 중층적 관계성에 토대를 두고 있다.

사회-생태계 개념적 틀은 일반적으로 외생변수와 내생변수로 구성되어 있다(표 3). 전자는 사회·경제·정치 환경과 생태계이며, 각각은 하위 변수들을 포함하고 있다. 후자는 사회-생태계의 핵심 요소들, 즉 자원 체계, 거버넌스 체계, 자원단위, 사용자 그리고 이들 간의 상호작용과 결과를 포함하고 있다(그림1). 핵심요소와 상호작용은 각각의 하위 변수들로 구성되어 있다. 개념적 틀 속의 외생변수와 내생변수는 서로 영향을 주고받는다. 또한 내생변수들 간에도 지속적으로 상호작용하며, 이의 결과는 내생변수들에게 피드백되고 있다. 사회-생태계의 지속가능성은 외부의 힘, 즉 정부 혹은 시장이 아닌 특정한 사회·경제·정치 환경과 생태계 속에 위치한 사용자들의 자율적 조직과 실천에 의해서 유지될 수 있다. 이러한 자율적 조직은 자원체계와 거버넌스 체계와 관계를 맺고 있다.

사회-생태계 분석의 개념적 틀 속에 포함된 외부적 환경과 핵심 변수들(사용자, 자원과 거버넌스 체계)는 고정된 것이 아니라 분석 대상 혹은

20 Ostrom, E., "A diagnostic approach for going beyond panaceas", *Proceedings of the National Academy of Sciences* 104, 2007.

〈표 3〉 사회-생태계 분석을 위한 개념적 틀

| 사회적, 경제적, 정치적 기반(settings)(S) | |
| --- | --- |
| S1 경제발전 S2 인구변동 S3 정치안정 S4 정부의 자원정책 S5 시장유인책 S6 미디어 조직 | |

| 자원 체계(Resource System, RS) | 거버넌스 체계(Governance System, GS) |
| --- | --- |
| RS1 섹터(예 : 물, 삼림, 목초지, 어류) | GS1 정부조직 |
| RS2 체계경계의 명확성 | GS2 비정부조직 |
| RS3 자원체계의 규모* | GS3 네트워크 구조 |
| RS4 인공시설 | GS4 재산권 체계 |
| RS5 체계의 생산성* | GS5 작용규칙 |
| RS6 균형성 | GS6 집합적 선택 규칙* |
| RS7 체계역동의 예측성* | GS7 입헌적 규칙 |
| RS8 저장특성 | GS8 감시와 제제(벌칙) 과정 |
| RS9 입지 | |
| | |
| 자원단위(Resource Units, RU) | 사용자(Users, U) |
| RU1 자원단위의 유동성* | U1 사용자 수* |
| RU2 성장 혹은 대체율 | U2 사용자의 사회경제적 속성 |
| RU3 자원단위 간 상호작용 | U3 사용 역사 |
| RU4 경제적 가치 | U4 입지 |
| RU5 단위들의 수 | U5 지도력/기업가정신* |
| RU6 특징적 표식 | U6 규범/사회적 자본* |
| RU7 공간적 · 시간적 분포 | U7 사회-생태체계의 지식/심적 모형* |
| | U8 자원의 중요성* |
| | U9 사용 기술 |

| 상호작용-(interactions, I)　　　　→ | 결과(outcomes, O) |
| --- | --- |
| I1 다양한 사용자의 경작수준 | O1 사회적 수행도(효율, 균등, 회계, 지속성) |
| I2 사용자 간의 정보공유 | O2 생태적 수행도(초과경작, 생물다양성 |
| I3 전달(배달)과정 회복성(탄성), | O3 다른 사회-생태계에 대한 외부성 |
| 　생물다양성, 지속가능성) | |
| I4 사용자 간 갈등 | |
| I5 투자활동 | |
| I6 로비활동 | |
| I7 자치조직 활동 | |
| I8 네트워크 활동 | |

| 관련 생태계(Related ecosystems, ECO) | |
| --- | --- |
| ECO1 기후형태 ECO2 오염형태 ECO3 핵심 사회-생태체계와 연관된 유동(유입과 유출) | |

\* 자치조직과 관련된 변수들
　자료 : Ostrom, 2009a, p.421.

현실적 문제 상황에 따라 변화한다. 특히 사용자와 관련된 공유자원이
특정 지역에 국한되어 있지 않고 지역 혹은 국가경계를 초월한 경우인
국제하천은 고려해야 될 변수들이 복잡하며 서로 충돌을 일으킬 수 있

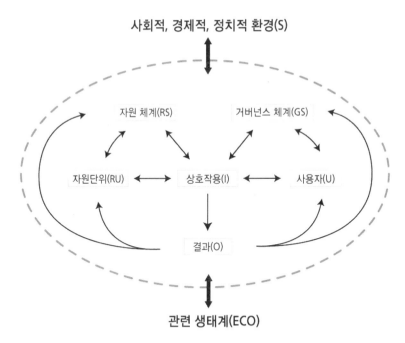

다. 그리고 거버넌스 체계에 속한 조직들과 관계망, 규칙, 감시와 처벌은 더욱 복잡해질 것이다. 예를 들면, 지구적 기후변화와 관련된 로컬의 가뭄과 농작물 피해를 분석하기 위해 고려되어야 할 변수들 그리고 이들의 상호작용은 특정 로컬에 국한된 사회-생태계 문제와는 크게 다를 것이다. 오스트롬도 상이한 변수들이 복잡하게 얽혀 변화하고, 시·공간을 횡단하는 스케일의 사회-생태계 분석에 많은 관심을 갖고 있었지만 이들에 대한 이론, 경험, 실천이 결합된 연구를 심도 있게 수행하지는 못하고 미래의 연구과제로 남겨 두었다.

## 4. 사회-생태체계에 대한 고찰

### 1) 다원(분산)화된 자율적 거버넌스

하딘이 주장한 '공유지 비극' 논리는 상호 호혜적 관계 속에서 자율적으로 조직된 시민 혹은 주민이 특정한 사회-생태체계를 지속가능하게 할 수 있다는 점을 간과하고 있다. 이와 관련하여 제기될 수 있는 질문은 "누구(무엇)에 의해 그리고 어떻게 공유자원이 자율적으로 관리될 수 있는가?"이다. 오스트롬은 「현대의 복잡한 환경 속에서 자율적 거버넌스의 도전」이란 논문(2010b)에서 '단기적이고 물질적 이익의 최대화'의 가정에 근거한 개인적 선택이론을 비판하면서 공유지 비극은 분산화된 자율적 거버넌스에 의해 극복될 수 있음을 주장하였다. 오스트롬은 자연자원의 자율적 관리 그리고 이와 관련된 거버넌스를 고찰한 기존의 연구들의 검토에 근거하여 4가지의 중요한 내용을 기술하였다. 이들은 상호작용, 복잡성complexity, (비)공식적 규칙들, 공동체 속성들이다. 이러한 자율적 거버넌스의 핵심 내용들은 오스트롬의 '사회-생태체계' 속에 포함되어 있다.[21]

사회-생태체계의 지속가능성은 경쟁적 시장 혹은 계층적 구조의 정부가 아닌 다양한 조직들(주민, 비정부/비영리 단체, 기업, 지방정부)의 협력적 거버넌스에 의해서 성취될 수 있다. 포웰Powell에 의하면, 조직의 네트워크는 시장도 아니고 정부도 아닌 새로운 형태이다. 이것은 수평적

---

21  Ostrom, E., "A diagnostic approach for going beyond panaceas", *Proceedings of the National Academy of Sciences* 104, 2007.

교환, 자원의 상호의존적 흐름 그리고 호혜적 의사소통의 특성을 지니고 있다.[22] 그리고 네트워크는 사회 조직들 간에 이루어진 관계(망)뿐만 아니라 정부 혹은 시장과 관계를 맺고 있는 사이 혹은 혼성적 특성을 지니고 있다. 이명석은 거버넌스를 통해 공유재 문제를 고찰하였고, '대화, 협상, 타협 등을 통한 사회적 조정방법'으로 거버넌스를 정의하였다.[23] 일반적으로 사회적 조정은 시장과 정부의 관료제를 통해서 이루어지고 있다. 이에 비해 다양한 형태의 거버넌스는 정부, 시장, 사회(시민, 주민)의 관계망의 사이에 위치하여 작동한다고 볼 수 있다.[24] 사이 위치와 작동은 "거버넌스가 전통적인 행정 또는 정부와 차별화되는 가장 큰 특징은 공식적인 권위에 의존하지 않고 다양한 사회구성원들 간의 협조에 의해 사회문제를 해결한다"는 점에서 잘 들어나고 있다.[25] 오스트롬의 사회-생태계 분석틀에서 거버넌스 체계는 (비)정부조직, 네트워크, 재산권, 규칙들, 감시와 처벌로 구성되어 있으며, 다른 요소들(자원체계, 자원단위, 사용자)과 상호작용을 하고 있다(표 3). 이러한 거버넌스 체계는 외생변수, 즉 사회·경제·정치적 환경과 관련 생태계 하에서 작동한다. 〈표 3〉에는 자율적 조직과 관련된 변수들이 구체적으로 표시되어 있다. 그러나 다른 형태의 자율적 조직들을 분석하기 위해서는 상이한 변수들이 고려되어야 할 것이다.

---

22  Powell, W. W., "Neither market nor hierarchy : network forms of organization", *Research in Organization Behavior* 12, 1990.

23  이명석, 「거버넌스의 개념화-'사회적 조정'으로서의 거버넌스」, 『한국행정학보』 36(4), 2002; 이명석, 「제도, 공유재 그리고 거버넌스」, 『행정논총』 44(2), 2006.

24  이명석, 「거버넌스의 개념화-'사회적 조정'으로서의 거버넌스」, 『한국행정학보』 36(4), 2002, 333쪽.

25  이명석, 「제도, 공유재 그리고 거버넌스」, 『행정논총』 44(2), 2006, 265쪽.

오스트롬의 제도분석 혹은 사회-생태체계와 관련된 자율적 조직 연구는 국내에 진행되고 있다.[26] 김민주(2015)는 대항마을의 숭어들이를 사례로 공유자산의 자치적 관리를 연구한 결과, 현재까지는 자치적 관리 방식이 유용하지만 마을 내·외적으로 환경이 변화될 미래에도 지속될 것인가에 대해서는 의문점이 제기되었다. 김인(2015)은 자율적 조직에서 하나의 변수인 지도력과 신뢰에 초점을 두고 어업공동체를 연구하였다. 이에 비해 홍성만·주재복(2003)은 대포천의 수질개선을 사례로 다양한 규칙들에 초점을 두고 연구를 하였다. 정수용·이명석 (2015)은 홍도 유람선 좌초사고의 민간자율구조 사례를 '사회적 조정 양식으로서의 거버넌스' 관점에서 연구를 하였다. 저자들은 "거버넌스 이론에서는 중앙권력에 의한 계층제적 통제 이외에도 다양한 사회문제 해결이 가능하며, 일정 영역에서는 수평적이고 자율적인 네크워크 거너번스 조정양식이 훨씬 효과적으로 사회문제를 해결할 수 있다"고 판단하였다.[27] 이 연구는 자연환경의 수행성 그리고 정부·시장·공동체의 상호관계 속에서 자율적 구조를 파악한 점은 다른 연구들과 차이가 있다. 이는 사회-생태체계 하에서 로컬 공동체 혹은 시민사회의 자율적 거버넌스는 정부와 시장으로부터 독립적이면서도 이들과 상호작용의 이중적 특성을 잘 보여주고 있다. 또한 자율적 조직 혹은 거버넌스

---

26  김민주, 「공유자산의 자치적 관리 모델에 대한 비판적 검토-부산 가덕도 대항마을의 숭어들이 사례를 중심으로」, 『한국행정학보』49(3), 2015; 김인, 「어업공동체 대표의 서번트 리더십이 어민들의 신뢰, 어업관리활동 및 어업성과에 미치는 영향」, 『지방정부연구』18(4), 2015; 정수용·이명석, 「대안적 사회조정양식으로서의 네트워크 거버넌스-홍도 유람선 좌초사고 민간자율구조 사례를 중심으로」, 『한국행정학보』49(3), 2015; 홍성만·주재복, 「자율규칙형성을 통한 공유재 관리-대포천 수질개선사례를 중심으로」, 『한국행정학보』37(2), 2003.

27  정수용·이명석, 위의 글, 26쪽.

논의에서 공동체 혹은 주민조직과 (탈)로컬의 생태계와의 상호관계를 면밀하게 검토할 필요가 있다. 생태계는 자율적 조직이 작동하는 무대 혹은 환경일 뿐만 아니라 매개체(도구)로 활용되며, 또한 관계 속에서 수행성performativity이 나타난다.


## 2) 중층적 경계와 스케일, 혼종성

사회-생태체계는 상이한 사회와 생태의 영역들이 복잡하게 얽혀있기 때문에 이들 간에 경계와 스케일과 관련된 문제가 필연적으로 제기된다. 우선 정부와 시장 그리고 시민사회(혹은 주민)가 혼합되어 생성·변화하는 사회체계 내에서 상이한 영역들이 중첩되기도 하고, 상호 간에 부닥치면서 갈등을 유발한다. 여기에 생태계가 결합되면 영역들 간의 관계는 더욱 복잡해지고, 해결하기 어려운 문제들이 발생할 수 있다. 오스트롬은 자신의 박사논문에서 남부 캘리포니아의 지하수 관련 문제를 연구하면서 행정구역과 지하수계가 일치하지 않음을 알고, 이에 대한 해결책으로 단일적monocentric이지 않은 다원주의적 거버넌스, 즉 국가, 지방정부, 기업, 주민의 협력체계를 주장하였다. 특히 오스트롬은 이기적 인간의 행위에 의한 공유자원인 목초지의 황폐화 가설과 대조적으로 지하수 문제를 해결하는 데 주민들의 참여와 능동적 역할을 강조하였다. 1980년대 중반 이후 오스트롬은 제도분석의 틀을 이용하여 공유자원의 문제를 광범위하고 체계적인 많은 이론적·실험적·경험적 연구를 진행시킨 결과 사회-생태계의 지속가능성 분석을 위한

개념적 틀을 제시하였다.[28]

  오스트롬이 제시한 사회–생태체계는 인간(사회·경제·정치, 환경, 사용자, 정부 조직)과 자연(생태계, 자원체계)의 상호작용 작용에 있어 두 가지 형태를 구분하고 있다. 하나는 사용자와 자원 체계의 상호관계이다. 이는 거버넌스 체계, 즉 정부와 비정부조직, 네트워크, 다양한 규칙들, 감시와 처벌에 의해 이행된다. 여기서 자원 체계는 여러 부문들(수자원, 산림, 목초지 등)으로 구분되고, 또한 이들 생태계는 명확하게 경계 지어있다. 그러나 미시적 혹은 로컬적 생태계를 사용자와 관련시켜 자원 체계와 단위[29]로 분리시키고, 측정 혹은 예측 가능한 존재로 인식하는 것이 어느 정도 타당한 것인가에 의문이 제기될 수 있다. 즉, 누가/무엇이 그리고 어떻게/왜 이러한 생태계를 자원 체계와 단위로 구분 혹은 경계를 설정하고, 양적으로 혹은 화폐가치로 측정할 수 있는지에 대한 의문을 제기할 수 있다. 더욱이 미시적 생태계는 거시적 생태계와 지속적으로 상호작용 속에서 존재하는 데 이것을 어떻게 경계지울 수 있는지? 그리고 생태계는 하나의 통일된 체계가 아닌 매우 다양한 스케일의 체계들로 구성되어 역동적이고 비균형적으로 작동하고 있다. 따라서 시간의 흐름 속에서 미시와 거시적 생태계를 명확하게 구분 혹은 경계를 설정하는 매우 어렵고 위험하다.

---

28  Ostrom, E., "A diagnostic approach for going beyond panaceas", *Proceedings of the National Academy of Sciences* 104, 2007.

29  "자원 체계는 유량(flow)과 저량(stock) 변수로 이해하는 것이 바람직하다. (…중략…) 예로는 어장, 지하수대, 방목 지대, 관개수로, 교량, 차고, 하천, 호수, 대양 및 여타의 수자원을 들 수 있다. (…중략…) 자원단위는 자원 체계로부터 개인들이 활용하거나 사용화 할 수 있는 것을 말한다. 자원 단위는 이를테면 어장에서 수확되는 물고기의 톤수, 지하수대나 관개 수로에서 인출될 수 있는 물의 단위량, (…중략…) 등이 그 대표적 예다."(앨리너오스트롬, 윤홍근·안도경 역, 2010, 71쪽)

공유자원의 상호관계성 문제를 해결하기 위해 오스크롬의 사회-생태체계는 미시규모의 자원체계와 단위를 거시생태계와 연관시키고 있다. 여기서도 생태계 자체에 혹은 생태계와 이용자 간의 수립된 거버넌스 체계와 관련하여 경계와 스케일 문제가 제기될 수 있다. 더욱이 사회-생태체계의 틀은 사회·경제·정치 환경과 거시 생태계의 관계가 "어떻게 이용자의 자원체계와 거버넌스 체계에 영향을 미칠 것인가"를 파악하기 위해 둘 간의 상호관계를 고찰하지 않고 있다. 오스트롬은 지구적이자 로컬적인 문제인 '기후변화'에 관심을 갖고, 다중심적 거버넌스에 의한 분석과 해결책을 찾고자 노력하였다.[30] 푸셀과 브라운(Purcell and Brown, 2005)은 발전과 환경 그리고 스케일의 관계를 논의하면서 '로컬의 함정 local trap'을 경고하였다. 발전과 환경의 관계에 대한 많은 연구들은 "로컬화된 의사결정이 사회적으로 정의롭고, 생태적으로 지속가능한 것"으로 가정하고 있다. 그러나 생태계 혹은 인간과 생태계의 관계에서 특정한 스케일, 즉 로컬, 지역, 국가, 전지구 등으로 구분하는 것은 인위적인 것이지 본질성, 내재성, 초월성에 의해서 이루어질 수 없다.[31] 우리는 자연자원 관리에 있어 로컬제도의 중요성을 부인하지는 않지만 다른 거버넌스 스케일(중앙정부, 국제조직, 다양한 NGOs)에 작동하는 제도들도 중요한 역할을 한다는 점을 인식해야 한다.[32] 스텝헨Stephen과 동료들은 동남아시아 로컬에서 일어난 어업분쟁에 관한 연구에서 스케일 정치가 시민사회의

---

30  Ostrom, E., "Nested externalities and polycentric institutions : must we wait for global solutions to climate change before taking actions at other scales?", *Economic Theory* 49, 2012.

31  Purcell, M. and Brown, J. C., "Against the local trap : scale and the study of environment and development", *Progress in Development Studies* 5(4), 2005, p.279.

32  Andersson, K. P. and Ostrom, E., "Analyzing decentralized resource regimes from a polycentric perspective", *Policy Science* 41, 2008, p.71.

행위자들이 주도하는 대화 과정에 어떻게 영향을 미치는가를 고찰하였다. 이 대화 속에서 중요한 함정pitfalls은 "어업분쟁과 관련된 인구 내에 다양성이 존재하는 것을 인식 못하고, 다른 스케일의 행위자 집단과 연계되어 있음을 간과하고 있다"는 점이다.[33]

오스트롬의 사회-생태체계와 관련하여 제기한 경계와 스케일 문제는 다양하고 서로 얽혀 있는 영역 혹은 영토를 명확하게 구분한 뒤 이들 간의 상호관계성을 찾는 점에서 발생한다. 이러한 관점 대신에 중층적 경계와 스케일 그리고 이 속에서 새롭게 만들어지는 특성들에 주목할 필요가 있다. 그리고 창조된 특성들은 열린 체계open system 속에서 사회-생태체계를 지속가능하게 할 것이다. 사회-생태체계의 지속가능성을 위해 중층적 경계와 스케일 그리고 이와 관련된 창조성에 주목하는 이유는 상이한 경계와 스케일이 중첩되면서 이들 간에 관계적 장relational field이 형성된다. 예를 들면, 주민의 일상적 삶과 터전에 관련된 경계와 스케일은 국가의 환경보존과 관련된 경계와 스케일이 일치되지 않는 것은 일반적이다. 이러한 사례는 국립공원, 환경보존지역, 핵폐기물처리장, 국가하천 등 무수히 많이 있다.

두 개 이상의 상이한 경계와 스케일 구분과 실천은 갈등 혹은 마찰을 일으킬 수 있다. 그리고 갈등이 일어나는 지점, 즉 관계적 실천의 장에서 이념 혹은 힘(권력)의 작동에 의해 억압과 배제, 타협 혹은 협력, 혼종성 혹은 창조성이 일어날 수 있다. 한국과 같은 강력한 중앙집권적 국가에서 작동하는 국가정책과 관련된 경계와 스케일은 주민의 삶과

---

33 Stephen, J. et al., "Transboundary dialogues and the 'politics of scale' in Palk Bay fisheries : brothers at sea?", *South Asia Research* 33(2), 2013, p.141.

터전이 연계된 로컬적 혹은 일상생활 공간적 경계와 스케일을 일방적으로 억압 혹은 배제시킨다. 이러한 경우는 주민이 민주적이고 능동적인 참여에 의해 형성되는 자율적 조직화에 의한 사회-생태체계의 지속 가능성은 거의 불가능하다고 본다. 이 점은 오스트롬이 1960년대 초반에 단일화 혹은 집중화된 제도와 조직보다 다중심화 혹은 분산된 제도와 조직이 로컬(남부 캘리포니아)의 사회-생태체계를 보다 효과적으로 관리할 수 있다는 것을 주장하였다. 지구-국가-로컬의 중층적 경계와 스케일과 관련된 기후변화에 따른 다양한 사회와 생태 문제들은 지구적 차원에서의 해결책에만 무게를 두는 것이 아니라 다중심적 인식과 실천에 의해 기후변화에 의한 피해와 위험을 감소시킬 수 있을 것이다.

## 3) 사회-생태체계에서 로컬 혹은 로컬리티

사회-생태체계는 로컬을 분산된 제도와 조직 그리고 실천, 지구적 규모와 로컬적 규모의 관계, 상이한 스케일에서 작동하는 사회적·경제적·정치적·물리적 힘(요인)들이 상호 작용하는 장 혹은 지대의 측면에서 지속적으로 논의되어 왔다.[34] 그러나 이들 연구는 존재와 인식 그리고

---

**34** Chhatre, A. and Agrawal, A., "Forest commons and local enforcement", *Proceedings of the National Academy of Sciences* 105, 2008; Body, E., "Governing the Clean Development Mechanism : global rhetoric versus local realities in carbon sequestration projects", *Environment and Planning A* 41(10), 2009; Gibson, C. Williams, J. T. and Ostrom, E., "Local enforcement and better forests", *World Development* 33(2), 2005; Ostrom, et al., "Revisiting the commons : local lessons, global challenges", *Science* 284, 1999; Ostrom, E., "Nested externalities and polycentric institutions : must we wait for global solutions to climate change before taking actions at other scales?", *Economic Theory* 49, 2012.

행위의 관점에서 사회-생태체계와 관련지어 '지금, 여기'에 토대를 둔 로컬리티 위상과 역할에 대해 깊이 고찰하지 않았다. 이것을 논의하기 전에 우선 사회-생태체계에서 다양한 영역들, 즉 가치, 이념, 제도, 조직, 물질, 생태의 존재와 인식 그리고 행위가 어떻게 이해되고 있는지를 검토할 필요가 있다. 사회-생태체계는 초월, 선험 그리고 본질이 아닌 특정한 맥락(조건, 상황) 하에서 이루어지는 수행적 관계 그리고 생성과 변화의 과정으로 이해되어야 한다. 이와 관련된 로컬리티의 위상과 역할도 '맥락성', '수행적 관계성' 그리고 '과정중심process-oriented'의 시각으로 이해되어야 한다. 이러한 관점에 근거하여 로컬리티는 세 가지, ① 담론, 서사 혹은 재현, ② 조직과 제도, ③ 현상학적 몸과 물질(자연)의 관점으로 개념화될 수 있다.

첫째, 담론 혹은 서사 그리고 재현 체계로서 로컬리티이다. 사회-생태체계에서 로컬리티는 서사, 담론, 재현 체계로 혹은 기호와 이미지 체계로 개념화 혹은 의미화되고, 이들의 반복적 사용 혹은 인용에 의해 수행된다. 그리고 사회-생태체계는 특정한 맥락 하에서 이루어지는 상이한 행위자들, 즉 주민, 시민, 중앙과 지방정부, 초국가적 자본가, 소비자단체, 환경단체 등이 상호작용하면서 형성·변화되고 있다. 따라서 다양한 가치, 지식, 관습을 갖고 있는 행위자들의 상호작용은 언어혹은 기호를 매개로한 서사와 담론 그리고 재현의 정치를 통해서 로컬리티가 개념화 혹은 의미화되어 수행되며, 그 효과가 나타난다.

둘째, 제도와 조직으로서 로컬리티이다. 즉, 사회-생태체계는 다양한 제도와 조직 그리고 문화에 형성·변화되어지며, 로컬리티는 이와 밀접하게 관계되어 있다. 사회-생태체계에 관한 제도와 조직이 추상 혹은 일반적 논리, 이론 혹은 법칙에 토대를 두고 있다하더라도 이의 일상적 실천은 '지금, 여기'의 로컬리티와 밀접하게 관계를 맺고 있다. 오스트롬은 제도를 '형식 속의 규칙rules-in-form'이 아닌 '사용 속의 규칙rules-in-use'의 체계로 이해하였다. "법률체계와 같이 정합적으로 구성된 규칙들이 어디에 적혀있고 공식적인 절차를 거쳐 공표되었다고 해서 제도가 되는 것은 아니라는 것이다. 사용 속의 규칙이란 행동의 지침이 되는 규칙들이며, 행동으로 구현되는 규칙들이다."[35] 오스트롬은 행위상황action situation의 요소들, 즉 행위자, 행위자의 위치와 실천, 정보, 감시와 처벌, 평가에 직접적으로 영향을 미치는 외생변수로 다양한 규칙들, 즉 경계규칙, 지위규칙, 선택규칙, 정보규칙, 집합규칙, 범위규칙, 교환규칙을 언급하였다.[36] 오스트롬의 제도원리에 근거한 사례연구인 '낙동강의 지천인 대포천 수질개선'에 의하면, 다양한 형태의 비공식적 규칙들, 참여 및 경계규칙, 자치조직화규칙, 집합적 선택규칙, 정보규칙, 공동분담규칙, 권위규칙, 감시규칙, 상벌규칙 등을 활용하여 정부와 주민간의 자발적 협약이 가능하게 되었으며, 이에 의해 수질악화라는 공유자원과 관련된 환경문제를 해결하였다. 공유자원의 제도원리는 물질적 자원과 비물질(노동력, 자본, 제도, 지식) 자원의 사용 규칙들이 실행되는 과정을 감시하고, 그 결과에 대해 제약 혹은 처벌하는 관계성과 체계성을 중요시하고 있다.

셋째, 물질 혹은 생태체계로서 로컬리티이다. 사회-생태체계는 담론,

---

**35** 안도경, 「공유의 비극을 넘어 – 공유자원 관리를 위한 제도의 변화」, 『한국경제포럼』 5(3), 2012, 123쪽.

**36** Ostrom, E. and Cox, M., op. cit., p.5.

서사, 재현으로 그리고 제도와 조직으로 환원될 수 없는 인간의 현상학적 몸, 물질, 생태계를 포함하고 있다. 이들은 상호접촉의 행위를 통해 관계를 맺고, 이에 따라 상이한 형태의 로컬리티가 생성된다. 예를 들면, 대도시 중심과 외곽 지대는 인구 밀집, 사회·경제 활동, 건조환경, 기온, 산림 등이 상호관계를 맺어 작동(수행)함에 따라 특정한 사회-생태체계가 구성된다. 그리고 여기에 만들어진 사회-생태체계는 인간과 물질의 이동, 외부 생태계와 연결되어 있을 뿐만 아니라 중앙정부의 정책, 초국가적 기업의 활동 등에 의해 영향을 받고 있다. "인간과 자연체계의 통합적 연구는 사회과학과 자연과학을 분리시켜 연구할 때 파악할 수 없는 새롭고 복잡한 형태와 과정을 보여준다. (…중략…) 그리고 인간과 자연체계 사이의 결합couplings은 시간과 공간 그리고 조직에 따라 다양하다. 이러한 결합에 대한 경험적 연구들은 임계치thresholds, 호혜적 피드백, 시차, 회복력(탄성), 이질성heterogeneity, 경이로운 비선형적 역동성을 보여준다. 더욱이 과거에 이루어진 결합은 현재 상태와 미래 가능성에 대한 유산효과(관성)를 갖고 있다."[37]

사회-생태체계에서 세 가지로 개념화된 로컬리티는 수동적(무대, 환경), 매개(도구)적, 창조적 위상과 역할을 담당하고 있다. 첫째, 로컬리티는 다양한 사회-생태의 제도와 활동들이 전개되는 무대 혹은 환경으로 이해되고 있다. 이 관점에 의하면, 로컬리티는 다중심적 사회-생태체계에 영향을 주는 초국가 혹은 전지구의 이념, 규범, 제도, 조직을 수동적으로 수용하는 무대 혹은 환경으로 이해되고 있다.

---

37  Liu, J. et al., "Complexity of coupled human and natural system", *Science* 317, 2007, p.1513.

둘째, 로컬리티는 이해집단(자본가, 개발업체, 환경단체), 관료, 전문가, 거주자 등이 자신들의 가치, 지식, 관습에 부합하는 사회-생태체계를 만들기 위해 매개 수단으로 활용되고 있다. 예를 들면, 정부는 로컬의 사회·생태적 지속가능성을 위해 '과학적이고 전문가적 지식'에 따라 토지이용계획을 수립하여 실천한다. 이 과정에서 로컬리티는 매개 수단, 즉 도구로 이용된다. 따라서 정부는 로컬의 사회·문화와 생태적 특이성을 세밀하게 고려하지 않은 추상화 혹은 일반화된 '과학적' 지식 혹은 가치판단에 따라 계획하고 실행한다. 이러한 예는 '환경보존지역', '국립공원', '국가하천' 등에서 잘 나타나고 있다.

셋째, 사회-생태체계에서 로컬리티의 창조성이다. 이는 ① 서사와 담론 혹은 이미지의 수행성에 의해, ② 새로운 제도와 조직의 수립과 실천을 통해, ③ 인간의 몸과 물질(생태)의 관계적 수행성을 통해 이루어진다. 예를 들면, 국가하천인 낙동강 유역의 특정 지역(안동, 구미, 성주)의 사회-생태체계의 지속가능성은 중앙정부의 독점적 혹은 일방적 정책이 아닌 중앙정부, 지방자치제, 시민의 협력적 거버넌스에 의해 성취될 수 있다고 서사와 담론 혹은 이미지를 지속적으로 주장하는 방법이다. 특히 주민들은 로컬리티의 사회·경제와 생태 환경에 여러 가지 형태로 영향을 미치는 중앙과 지방의 정책 결정에 적극적으로 참여하고, 또한 정부와 전문가들과 수평적이고 협력적인 거버넌스를 구축하고 실천함에 따라 로컬리티의 사회-생태체계가 효과적이고 지속적으로 유지될 수 있음은 대중매체, 학술논문 등을 통해 주장하고, 비평적 발전과정 속에서 창조적 수행성이 성취될 수 있을 것이다. 또한 낙동강 유역의 특정한 지역의 사회-생태체계의 지속성, 다양성 등을 성취하기 위해 로컬리

티, 정부, 시민사회 등이 수평적이고 협력적으로 참여하는 새로운 거버
넌스 체계를 구축하고 실천하는 과정에서 창조성이 발휘될 수 있을 것
이다. 개인, 공동체, 정부에 의한 공유자원common-pool resources 관리에
대한 비교연구에 의하면, 로컬의 특이한 자연 환경을 고려하고, 로컬인
이 능동적으로 참여할 때 공유자원의 관리가 성공적이었다.[38]


## 5. 인간과 자연의 공존

로컬리티 인문학은 '여기, 지금'의 로컬리티를 언어, 기호, 이미지(상
상력), 재현의 측면에서 그리고 조직, 제도, 문화의 측면에서 많은 연구
를 수행하였다. 그러나 이들 연구는 로컬리티 구성의 중요한 부분을 차
지하는 물질적 혹은 생태적 측면을 소홀하게 다루어 왔다. 따라서 본
연구는 로컬리티와 생태의 관계를 고찰하기 위한 개념적 틀을 제공하
는데 기여하고자 한다. 특히 제시된 틀은 이론과 실천의 결합 관점에서
사회와 생태의 상호관계성에 초점을 두고 있다. 이것은 오스트롬과 동
료들이 제안한 공유자원의 효과적인 관리 방안으로 제시한 '다중심적
거버넌스'와 맥락 속에서 작동하는 '사회-생태체계'에 토대를 두고 있
다. 논의한 개념적 틀은 로컬리티 생태계를 경쟁적 시장중심으로 혹은
수직적 정부중심으로 관리하는 방식을 비판하고 대안으로 제시된 것이
다. 즉, 공유자원은 정부, 전문가 집단, 시민사회, 주민 등이 수평적 관

---

**38** Grafton, R. Q., "Governance of the commons : a role for the state", *Land Economics* 76(4), 2000.

계 활동을 통해 이루어지는 다중심적 거버넌스에 의해 효과적으로 관리될 수 있다. 이를 위해 제도분석과 사회-생태계 분석을 위한 틀이 제시되었다. 그러나 이러한 분석틀은 상이한 영역들이 만남에 따라 이루어지는 중층적 경계와 스케일 그리고 혼종성에 대한 논의는 진전되지 않았다. 그리고 공유자원의 효과적인 관리의 토대를 이루는 로컬이 강조는 되어 있지만 로컬의 개념, 위치, 역할 등에 대해서는 깊이 있게 고찰되지 않았다.

따라서 이 글은 로컬리티와 사회-생태체계의 관계를 세 가지 측면에서 논의하였다. 첫째, 로컬리티는 로컬의 사회-생태체계가 수립되어 작동할 수 있는 배경 혹은 무대이다. 즉, 로컬리티는 로컬의 사회-생태체계가 펼쳐지는 수동적 환경에 불과하다. 둘째, 로컬리티는 로컬의 사회-생태체계 작동을 위한 도구 혹은 수단이다. 로컬리티를 매개로 로컬의 사회-생태체계가 실천된다. 그리고 다중심적 거버넌스에 참여하는 다양한 행위자, 정부, 전문가, 시민, 주민은 로컬의 사회-생태체계를 상이하게 분류 혹은 개념화함에 따라 갈등 혹은 마찰이 발생할 수 있다. 마지막으로 로컬리티는 로컬의 사회-생태계 수립과 실천에 창조적 역할을 수행한다. 앞에서 언급했듯이 다양한 행위자들에 의한 로컬의 사회-생태계에 대한 상이한 의견 혹은 주장들이 충돌함에 따라 새로운 로컬의 사회-생태계에 대한 분류 혹은 개념화와 실천이 이루어질 수 있다. 이에 따라 대안적 로컬의 사회-생태계의 수립과 실천이 가능하게 될 것이다. 그러나 이것은 이론적으로 혹은 선험적으로 이루어지는 것이 아니라 다중심적 거버넌스의 참여한 다양한 행위자들의 참여 활동을 통해 성취될 것이다.

# 참고문헌

김민주, 「공유자산의 자치적 관리 모델에 대한 비판적 검토—부산 가덕도 대항마을의 숭어들이 사례를 중심으로」, 『한국행정학보』 49(3), 2015.

김인, 「어업공동체 대표의 서번트 리더십이 어민들의 신뢰, 어업관리활동 및 어업성과에 미치는 영향」, 『지방정부연구』 18(4), 2015.

김준호 외, 『현대생태학』, 교문사, 1997.

안도경, 「시장—정부 이분법에 대한 비판적 검토 : R. H. Coase와 E. Ostrom의 제도 연구방법을 중심으로」, 『정부학연구』 17(1), 2011.

_____, 「공유의 비극을 넘어—공유자원 관리를 위한 제도의 변화」, 『한국경제포럼』 5(3), 2012.

안성호, 「다중심거버넌스와 지방자치체제의 발전방향」, 『행정논총』 49, 2011.

엘리너 오스트롬, 윤홍근·안도경 역, 『공유의 비극을 넘어—공유자원 관리를 위한 제도의 진화』, 랜덤하우스코리아, 2010(Ostrom, E., *Governing the Commons : the Evolution of Institutions for Collective Action*, Cambridge : Cambridge University Press, 1990).

이명석, 「共有財 問題의 自治的 解決 可能性」, 『한국행정학보』 29(4), 1995.

_____, 「거버넌스의 개념화—'사회적 조정'으로서의 거버넌스」, 『한국행정학보』 36(4), 2002.

_____, 「제도, 공유재 그리고 거버넌스」, 『행정논총』 44(2), 2006.

_____, 「협력적 거버넌스와 공공성」, 『현대사회와 행정』 20(2), 2010.

_____, 「네트워크 거버넌스와 정부의 역할—복잡계이론을 중심으로」, 『국정관리연구』 6(1), 2011.

_____ ·오스트롬·워커, 「제도, 이질성, 신뢰 그리고 사회적 딜레마 상황에서의 협동가능성」, 『한국행정학보』 38(1), 2004.

정수용·이명석, 「대안적 사회조정양식으로서의 네트워크 거버넌스—홍도 유람선 좌초사고 민간자율구조 사례를 중심으로」, 『한국행정학보』 49(3), 2015.

홍성만·주재복, 「자율규칙형성을 통한 공유재 관리—대포천 수질개선사례를 중심으로」, 『한국행정학보』 37(2), 2003.

Agrawal, A., "Common property institutions and sustainable governance of resources", *World Development* 29, 2001.

Aligica, P. D. and Tarko, V., "Polycentricity : from Polanyi to Ostrom, and beyond, Governance : An International Journal of Policy, *Administration, and Instituions* 25(2), 2012.

_____, "Co-procuction, polycentricity, and value heterogeneity : the Ostroms' public choice institutionalism revisited", *American Political Review* 107(4), 2013.

Andersson, K. P. and Ostrom, E., "Analyzing decentralized resource regimes from a polycentric perspective", *Policy Science* 41, 2008.

Ansell, C. and Gash, A., "Collaborative governance in theory and practice", *Journal of Public Administration Research and Theory* 18(4), 2008.

Body, E., "Governing the Clean Development Mechanism : global rhetoric versus local realities in carbon sequestration projects", *Environment and Planning A* 41(10), 2009.

Brandsen, T. and Pestoff, V., "Co-production, the third sector and the delivery of public services", *Public Management Review* 8(4), 2006.

Brudney, J. L. and England, R. E., "Toward a definition of the coproduction concept", *Public Administration Review* 43, 1983.

Buchanan, J. M., "An economic theory of clubs", *Economica* 32(125), 1965.

Chhatre, A. and Agrawal, A., "Forest commons and local enforcement", *Proceedings of the National Academy of Sciences* 105, 2008.

Crawford, S. E. S. and Ostrom, E., "A grammar of institutions, American", *Political Science Review* 89(3), 1995.

Gibson, C. Williams, J. T. and Ostrom, E., "Local enforcement and better forests", *World Development* 33(2), 2005.

Grafton, R. Q., "Governance of the commons : a role for the state", *Land Economics* 76(4), 2000.

Kiser, L. L and Ostrom, E., ed. Elinor Ostrom, Beverly Hills, *The Three Worlds of Action : a Metatheoretical Synthesis of Institutional Approaches, in Strategies of Political Inquiry*, CA : Sage, 1982.

Liu, J. et al., "Complexity of coupled human and natural system", *Science* 317, 2007.

McGinnis, M. D., "Networks of Adjacent Action Situations in polycentric governance", *The Policy Studies Journal* 39(1), 2011.

_____ and Ostrom, E., "Social-ecological systems framework; initial changes and continuing challenges", *Ecology and Society* 19, 2014.

Ostrom, V. Tiebout, C. M. and Warren, R., "The organization of government in metropolitan areas : a theoretical inquiry", *American Political Science Review* 55, 1961.

Ostrom, et al., "Revisiting the commons : local lessons, global challenges", *Science* 284, 1999.

Ostrom, E., "Collective action and the evolution of social norms", *Journal of Economic Perspectives* 14(3), 2000.

_____, *Understanding Institutional Deversity*, Princeton : Princeton University Press, 2005.

_____, "A diagnostic approach for going beyond panaceas", *Proceedings of the National Academy of Sciences* 104, 2007.

_____, "A general framework for analyzing the sustainablity of social-ecological systems", *Science* 325, 2009a.

_____, "A long polycentric journey", *Annual Review of Political Science* 13, 2009b.

_____ and Cox, M., "Moving beyond panaceas : a multi-tiered diagnostic approach for social-ecological analysis", *Environmental Conservation* 37(4), 2009c.

_____, "Beyond markets and states : polycentric governance of complex economic systems", *American Economic Review* 100(3), 2010a.

_____, "The challenge of self-governance in complex contemporary environments", *Journal of Speculative Philosophy* 24(4), 2010b.

_____, "Polycentric systems for coping with collective action and global environmental change", *Global Environmental Change* 20, 2010c.

_____, "Background on the institutional analysis and development framework", *The Policy Studies Journal* 39(1), 2011.

_____, "Nested externalities and polycentric institutions : must we wait for global solutions to climate change before taking actions at other scales?", *Economic Theory* 49, 2012.

Powell, W. W., "Neither market nor hierarchy : network forms of organization", *Research in Organization Behavior* 12, 1990.

Purcell, M. and Brown, J. C., "Against the local trap : scale and the study of environment and development", *Progress in Development Studies* 5(4), 2005.

Samuelson, P. A., "The pure theory of public expenditure", *Review of Economics and Statistics* 36(4), 1954.

Stephen, J. et al., "Transboundary dialogues and the 'politics of scale' in Palk Bay fisheries : brothers at sea?", *South Asia Research* 33(2), 2013.

Stout, M. and Love, J. M., "Relational process ontology : a grounding for global governance", *Administration & Society* 47(4), 2015.

Thorelli, H. B., "Networks : between markets and hierarchies", *Strategic Management Journal* 17, 1986.

# 생태위기와
# 주체의 재구성

# 생명정치와 원폭2세 김형률의 재현

## 설치영상 〈메아리-물〉을 중심으로

박수경

## 1. 오바마, 히로시마 그리고 합천

2015년 5월 27일 히로시마평화공원에서 오바마는 "하늘에서 죽음이 내려왔다"고 연설문을 읊어 내렸다. 이 연설문은 문학적 감성이 풍부한 감동적 연설이었다고 매스컴은 보도하지만, 2016년 8월 9일 나가사키평화공원에서 진행된 추도제에서 피폭자 대표로 평화선언을 읊은 이하라 토요카즈井原東洋一는 일본의 아시아태평양전쟁이라는 전쟁책임을 따져 물음과 동시에 "미국이 (핵을) 떨어뜨렸다"고 오바마를 정면으로 반박하였다. 오바마의 연설은 히로시마, 나가사키에 핵을 투하하였음을 사죄하지 않았다는 점에서 비판의 대상이 될 수밖에 없다. 그러나 한국인 피폭희생자를 언급함으로써 그동안 소외되었던 한국인 원폭피해자들이 잠시나마 언론의 주목을 받을 수 있었다.

오랜 세월 동안 이들의 존재가 등한시 되어 온 것은 1945년 8월의

핵 투하로 한반도가 해방이 되었으며, 그 이후로 미소냉전체제 속에서 미국의 핵우산을 택한 한국의 군사정권이 반핵, 반미 주장으로 그들을 친북, 반공인사로 몰아 억압하였기 때문이다.[1] 이러한 정치적 분위기 속에서 국가는 원폭피해자들이 전염병 환자로 차별받든, 훼손된 신체로 빈곤과 병마의 악순환을 되풀이 하든 모든 고통을 외면, 방치하였다. 정치적, 사회적으로 민주화가 진행되지 못했던 한국 사회 속에서 원폭피해자들은 침묵을 강요당하고 지금까지 생존권과 생명권의 위협 속에서 살아가고 있다.[2]

그런데 합천에 있을 그들은 왜 히로시마에 있었던 것인가. 합천은 전체 면적의 8할이 산으로 조선 전역의 평균 수치에 미달하는 좁은 경작지를 가지고 있었으며, 논의 비율 또한 평균 이하였다. 식민지 지배 이전에는 밭작물로 영세성을 보충하고 있었으나, 식민정책으로 미곡증산 정책을 따라야 했으며, 일본 내 방적 산업의 원료 공급지로 목화재배와 양잠업을 강요당하면서 1930년대 이후 합천의 농촌 피폐는 날로 더하고 있었다.[3] 한편 히로시마는 군사도시로서 1931년 만주사변 발발 이후로 도시확장공사가 대대적으로 일어나 조선의 값싼 노동력이 대량으로 필요하였다.[4] 합천의 생활고와 히로시마의 노동수요급증이 접점을 가지면서 합천의 농민들은 히로시마로 도항하게 되며, 그곳에서 아무런 이유 없이 미국의 원폭을 맞게 되었다. 70여 년이 지난 지금에서야

---

1    김형률, 아오야기 준이치 편, 『나는 反核人權에 목숨을 걸었다―반핵인권운동에 목숨을 바친 원폭2세 故 김형률 유고집』, 행복한책읽기, 2015, 193쪽.
2    위의 책, 194쪽.
3    위의 책, 185 · 188쪽.
4    위의 책, 187쪽.

겨우 그들 원폭피해자들은 미국으로부터 사죄를 받겠노라고 오바마를 상대로 5월 27일 당일 아침 일찍부터 히로시마평화공원에서 진을 치고 있었다. 이들의 면면을 구체적으로 살펴보면, 원폭1세 조직인 한국원폭피해자협회와 한국원폭2세 환우회 소속 원폭피해자와 이들을 지원하는 시민운동가들이다. '합천평화의집' 운영위원 겸 '김형률추모사업회' 운영위원장과 '평화와 통일을 여는 사람들' 회원이 참여, 지원하였는데, 이들은 평소 한국원폭2세 환우회의 활동을 지원하고 있다.[5] 한국원폭2세 환우회는 고 김형률(1970~2005)이 조직한 단체로 그의 모친 이곡지(1939~)는 합천을 고향으로 두고 히로시마에서 태어나 그곳에서 피폭당한 원폭1세이다.

히로시마는 원폭도시임과 동시에 반핵 평화도시로 알려져 있는데, 그곳은 진정 어떠한 곳인가. 원폭투하의 정당성에 관하여 말을 하자면, 일본, 히로시마가 아무리 전쟁책임이 있다하여도 원폭투하는 용서될 수 없으며, 피폭당한 8월 6일, 원폭1세 그리고 유전병을 앓고 있는 원폭2세들을 떠올린다면, 오바마의 사죄 없는 연설은 더더욱 용서되어서는 안 된다. 그러나 히로시마 시민들은 오바마의 연설에 대하여 성조기와 일장기를 교차시키면서 환영의 박수를 보내었다. 본고에서는 소수자에 대한 생명정치가 어떤 식으로 이루어졌는지, 그리고 김형률과 그 부친 김봉대가 당사자성이 담보된 인권운동을 어떻게 주체적으로 실천해 왔는지, 소위 '형률의 방'을 재현한 설치영상 〈메아리-물〉(2015)과 이와 함께 전시된 사진들을 통하여 고찰하기로 한다.

---

5    시민단체 인터뷰, 2016.5.27.

## 2. 김형률의 생애와 인권운동

김형률을 소개하기에 다음보다 적절한 지적은 없을 것이다. 원폭2세
환우이며 인권운동가로서의 면모가 여지없이 잘 나타나있다.

'식민지 과거, 전쟁, 원폭 투하, 피폭, 원호법, 빈곤, 그리고 무엇보다 유전
의 문제가 교차되는 자리'. 김형률은 이것이 바로 원폭 2세 환우가 서 있는
자리라고 보았다. 원폭과 관련된 모든 문제의 가장 밑바닥 꼭짓점에 존재하
는 원폭 2세 환우, 이들이 그 모든 문제의 하중을 떠받치고 있는 것이다.[6]

2001년 2월 '미쓰비시 재판을 지원하는 시민의 모임'에서 만나 김형
률과 가장 먼저 교류한 시민활동가의 한 사람인 아오야기 준이치靑柳純
一[7]가 쓴 김형률 유고집에 따르면 그의 인생은 5기로 나눌 수 있다. 1기
원폭2세로 태어나 병마와 싸우며 성장하다(1970~2001), 2기 세상을 깨
고 나와 '원폭2세의 인권'을 선언하다(2002.3.22), 3기 '원폭2세 환우
회'를 결성하다(2002 가을~2003), 4기 원폭2세의 건강실태조사를 요구
하다(2004), 5기 "한국원자폭탄피해자와 원자폭탄2세 환우 등의 진상
규명 및 명예회복을 위한 특별법 제정"안[8]을 국회에 청원하다(2005).[9]
이 중에서 우선 1기 출생에서 3기 원폭2세 환우회가 결성되기까지를

---

6  전진성, 「원폭2세 환우 김형률 평전 삶은 계속되어야 한다 신간보도자료」, 휴머니스트,
   2008, 3쪽.
7  전진성, 『원폭2세 환우 김형률 평전 삶은 계속되어야 한다』, 휴머니스트, 2008, 63쪽.
8  위의 책, 252쪽.
9  김형률, 앞의 책, 5쪽.

살펴보기로 하는데, 이 시기를 살펴봄으로써 그가 한국원폭2세 환우로서의 정체성을 어떻게 확립해 가는지 알 수 있다.

김형률(1970~2005)은 부산 수정동 작은 아파트에서 쌍둥이로 출생하는데, 그 동생은 태어난 지 1년 6개월 만에 폐렴으로 사망한다. 그 역시 태어나면서부터 기관지가 좋지 않아 초등학교 6년 동안 제대로 학교를 다니지 못할 정도였다.[10] 두 명의 형과 누나, 그리고 여동생은 무탈하였으나 자신만이 유독 병을 달고 살았기에 항상 자신의 병에 대한 풀리지 않는 갈증을 느끼고 살았다.[11] 25세가 된 1995년 한 해 동안은 폐렴으로 세 번이나 입원을 하는 가운데 정확한 병명인 '선천성면역글로불린겹핍증'이라는 희귀병으로 면역수치가 신생아 정도로 낮아 폐렴 등 여러 합병증을 앓게 되며 모체로부터 선천적으로 영향을 받은 것 같다는 언질을 의사로부터 받는다.[12] 정확하게 자신이 원폭2세라는 것을 깨달은 것은 2001년 5월로 급성 폐렴이 재발하면서 입원하고 있던 중 자신을 대상으로 한 논문을 발견하는데, 그 내용이 방사능 때문에 유전적으로 면역체계가 교란되었을 확률이 높다는 논지였다.[13] 모친 이곡지가 6세 때 히로시마에서 원폭 피해를 입은 것으로부터 대물림 된 것을 확신할 수 있었다.

야학, 대입검정고시를 거쳐 1999년 동의공업대학에서 전산을 전공하고 창원의 벤처기업에서 근무할 기회를 얻는데, 그것은 일을 배우기 위해서 무보수로 일을 배우겠다는 조건으로 얻은 기회였다. 그만큼 경

---

10  전진성, 앞의 책, 51쪽.
11  큰형 김진곤 인터뷰, 2016.8.8.
12  전진성, 앞의 책, 52 · 53쪽.
13  위의 책, 54쪽.

제적 독립을 간절히 원했기에 가리지 않은 자리였었다. 그러나 그것도 잠시 건강악화로 5개월 만에 직장을 그만두어야 했다. 다른 직장도 구하고, 생각했던 대로 전산으로 재택근무를 시도하는 등 성인 남자로서 그 나이에 맞는 삶을 만들어가기 위해서 할 수 있는 일은 다했다. 아픈 몸이었기에 큰형으로부터 절에 들어가서 사는 것이 어떻겠냐는 말에 왜 내가 그렇게 살아야 하는지 반박하기도 하며 직장생활, 사회생활에 적극 참여하겠다는 의지를 꺾지 않다.[14] 그러나 아픈 몸이 번번이 가져다주는 좌절감과 소외감으로 그를 지탱했던 가치, 목표들은 붕괴되고 분노만이 그와 함께 할 뿐이었다. 그리고 병상을 뒤척이며 자신의 존재를 탐색해 나가는데 결국 자신의 모든 고통의 근원이 원폭과 히로시마로부터 시작된다는 것을 깨닫고 인정하게 된다. 2001년 5월은 그의 생애에서 결정적 전환점이었다.[15]

2002년 3월 22일 원폭2세로서 커밍아웃하기 전까지의 과정을 보면, 2001년 6월 입원생활을 마치고 김형률과 부친 김봉대(1937~)는 부산지방법원에서 열린 미쓰비시 관련 재판을 방청하고 '미쓰비시 재판을 지원하는 시민의 모임'에게 자신이 한국원폭2세임을 밝히고 지원을 호소하였다. 김봉대는 그 이전 김형률이 입원하고 있던 중 한국원폭피해자협회 부산지부를 방문하여 아들에 대한 지원을 요청하였으나 거절당하고 아들에 대한 전면적 지원을 결심하게 되는데, 이후로 혼자서는 거동이 어려운 김형률과 거의 모든 행동을 같이 한다.[16] 2001년 8월 20

14  큰형 김진곤 인터뷰, 2016.8.8.
15  전진성, 앞의 책, 55 · 59쪽.
16  김형률, 앞의 책, 30쪽.

일에는 대구의 한 시민모임의 도움으로 당시 방한한 히로시마 소재 '한국원폭피해자를 구원하는 시민회' 관계자들을 만나고, 10월 24일부터 29일까지는 일본의 반원자력의 날 행사에 초청받아 히로시마를 다녀온다. 해를 넘겨 2002년 2월 17일부터 23일까지는 어머니 이곡지가 일본 히로시마에서 피폭자 건강수첩을 받아온다.[17] 어머니의 귀국 후, 자신이 원폭2세임을 밝힐 것을 다짐하고 고이즈미 총리가 방한하는 3월 22일[18] 김봉대와 함께 기자회견을 열어 자신이 원폭2세로 원폭후유증을 앓고 있다고 고하고, 원폭2세 피해자 문제에 대한 대책마련을 촉구한다.[19] 2002년 8월 6일 한국원폭2세 환우회 인터넷 카페를 개설하는데,[20] 2003년부터 활성화되기 시작한다.

그는 커밍아웃을 하고도 곧바로 인권운동에 매진할 수 없었다. 그것은 한국원폭피해자협회와 한일원폭2세회가 그의 등장이 원폭2세는 모두 환자라는 사회적 편견을 부추긴다는 생각을 가지고 그의 행보를 탐탁지 않게 생각했기 때문이다.[21] 다음은 이에 대한 김형률의 소회이다.

저는 그동안 아프면 아프다고 호소했을 뿐이었습니다. 그리고 원폭후유증을 앓고 있는 원폭피해자로 인정하고 의료원호와 생활원호를 해줄 것을 한·일정부와 한·일사회에 호소했을 뿐이었습니다. 그러나 같은 원폭피

---

17  위의 책, 262~263쪽.
18  위의 책, 32쪽.
19  위의 책, 263쪽.
20  전진성, 앞의 책, 281쪽.
21  한국원폭피폭자협회 합천지부의 심진태 지부장은 김형률에게 매우 우호적이었다. 오히려 원폭1세들이 해야 할 일을 원폭2세인 김형률이 하게 된 것에 대해 미안한 마음을 가지고, 원폭2세들이 어디에 거주하는지 정보가 없는 김형률에게 그들을 소개하는 등 원폭2세 환우회 조직을 적극적으로 지원하였다. 심진태 인터뷰, 2016.10.9.

해자인 한·일원폭2세회에서 저와 한국원폭(原爆)2세환우회(患友會)의 활동으로 전체 원폭2세들이 오해와 차별을 받는다고 생각하는 것은 부당하다고 생각합니다. 저와 원폭(原爆)2세환우(患友)들의 인권(人權)을 스스로 지키기 위해서 노력해왔을 뿐입니다. 그런데 저와 한국원폭(原爆)2세환우회(患友會) 활동으로 건강한 원폭2세들이 피해를 입는다고 말하며 아프면 아프다고 호소하지 못하도록 억압하는 것은 인간의 천부인권(天賦人權)을 무시하는 것이라고 생각합니다.[22]

아프면 아프다고 호소하고 싶다는 것으로 누군가가 차별받을 것을 우려하여 자신의 생존권을 방기할 수 없다는 주장이다. 절벽 끝에서 생명권을 위협당하는 당사자로서 이 보다 더 기본적인 인권은 없을 것이다.

본격적인 인권운동가로서의 면모를 보이기 시작한 4기에 그는 한국원폭2세 환우 문제는 스스로 역사성과 사회성을 가지고, 그 권리를 되찾아야 한다는 인식하에 독자노선을 채택한다. 그리고 한일원폭피해자의 연대를 포기하고 양심 있는 사회 시민단체를 규합하는 방식으로 나아갔다.[23] 2002년 12월에는 환우회 결성 지원모임격인 '한국원폭2세 환우회를 지원하는 모임'이 부산에서 결성되고,[24] 2003년 8월 '원폭2세 환우 문제 해결을 위한 공동대책위원회(이하, 공대위)'[25]가 구성되어 이날 기자회견과 동시에 국가인권위에 진정서를 제출한다.[26] 주요한

22 http://cafe.daum.net/KABV2PO(검색일 : 2016.8.31).
23 전진성, 앞의 책, 186~187쪽.
24 위의 책, 189~191쪽.
25 다음의 8개의 시민단체로 구성된다. 건강세상네트워크, 민주사회를 위한 변호사 모임, 아시아평화인권연대, 인권운동사랑방, 인도주의실천의사협의회, 태평양전쟁피해자보상추진협의회, 한국교회여성연합회, 한국백혈병환우회. 위의 책, 199쪽.

내용으로 원폭 2세의 인권 실태조사, 국가인권위원회의 한국 정부에 대한 법, 제도적 대책 수립 권고, 일본 정부와 미국정부의 원폭1, 2세에 대한 배상 책임 이행을 기자회견문과 진정서에 담았다.[27] 진정서 제출은 이미 그가 2003년 6월 국가인권위원회를 방문하여 구체적 진행 일정과 구체적 사안을 작성한 가운데 이루어졌다. 다음의 세 가지 요구사항이 기본 골자이다. "1.한국원폭피해자와 한국 2세 환우들에 대한 생존권 보장(의료 보호와 생계 보호)을 위한 대책 마련, 2.이들에 대한 실태조사, 3. 일본 정부가 시행하고 있는 '피폭 2세 건강영향조사'에 대해서 같은 원폭피해자인 한국 원폭 2세들도 동일한 권리와 의무 요구".[28]

우여곡절 끝에 2005년 2월 14일 국가인권위원회는 '원폭 피해자 2세의 기초현황과 건강상태 조사' 결과를 발표하였다.[29] 5개월이라는 짧은 기간과 예산 3천 만 원이라는 제한된 범위의 조사이기는 하지만,[30] 원폭1세와 2세 모두 일반인보다 유병률이 매우 높다는 사실이 명백한 통계자료로 드러났다. 우편설문조사에서 원폭2세 남성은 빈혈 88배, 심근경색 협심증 81배, 우울증 65배, 정신분열증 23배, 천식 26배, 갑상선 질환 14배, 위·십이지장 궤양 9.7배, 대장암 7.9배이며, 여성도 심근경색·협심증 89배, 우울증 71배, 유방양성종양 64배, 천식 23배, 정신분열증 18배, 위·십이지장 궤양 16배, 간암 13배, 백혈병 13배, 갑상선 진환 10배, 위암이 6.1배 높았다.[31]

---

26  위의 책, 197~200쪽.
27  위의 책, 199쪽; 김형률, 앞의 책, 119~121쪽.
28  전진성, 앞의 책, 196~197쪽.
29  위의 책, 283쪽.
30  위의 책, 205쪽.
31  위의 책, 210쪽; 자세한 조사방법과 통계치는 다음의 자료를 참고. 김기진·전갑생,『1945년

일본을 포함하여 어떤 국가기관도 발표한적 없는 실태조사발표라는 성과를 이끌어 내고, 김형률은 다음 행보로 오랜 시간이 필요한 재판보다는 법제정에 전력을 다하기로 한다. 그의 밑그림은 간략히, 첫째, 생존권 보장을 위한 법률 제정과 정부의 예산확보, 둘째, 참혹한 삶에 대한 진상규명으로 정부차원의 실태조사, 셋째, '선지원 후규명'으로 의료원호와 생계지원실시, 넷째, 국립원폭전문병원 설치, 다섯째, 한국원폭피해자의 인권과 평화를 위한 박물관 설립으로 요약할 수 있다. 이 중 그가 가장 중요시한 요구 사항은 의료지원으로 환우의 생명을 지속적으로 보장하는 것이었다.[32]

2002년 봄부터 시작한 인권운동은 2005년 4월, 5월에 이르러 죽음과 함께 막바지를 향한다. 2005년 4월 12일 공대위는 '원폭피해자 진상규명과 지원 대책 촉구 및 특별법 제정을 위한 의견청원 기자회견'을 개최하고, 기자회견 후 한국원폭피해자협회와 한국원폭2세 환우회 외 시민단체 대표의 연명으로 '한국원자폭탄 피해자와 원자폭탄2세 환우의 진상규명 및 인권과 명예회복을 위한 특별법제정' 청원서를 국회에 처음 제출한다.[33] 이어 5월 공대위를 확대 개편하기로 하고 명칭을 '원폭2세 환우 문제 해결을 위한 공동대책위원회'에서 '원폭피해자 및 원폭2세 환우 문제해결을 위한 공동대책위원회'로 변경한다.[34] 공대위

히로시마 … 2013년 합천』, 선인, 2012, 224~231쪽.

32  전진성, 앞의 책, 253~254쪽.

33  강제숙, 「태평양전쟁시기 원폭피해자문제와 한일시민연대」, 『제주4·3연구소 학술대회』, 2013, 50쪽.

34  최수철, 「국내 원폭피해자 실태 및 특별법 제정 운동」, 『입법토론회 대물림되는 고통, 원폭피해자 지원법 제정을 위한 토론회』, 주관 : 원폭피해자및자녀를위한특별법추진연대회의, 주최 : 김제남, 이재영, 이학영, 2013, 16쪽.

소속단체로는 한국원폭피해자협회, 한국원폭2세 환우회 이외에 13개 시민단체가 특별법 발의를 위한 서명운동, 설명회를 개최하였다.[35] 5월 18일 국회에서 개최한 '원자폭탄피해자 문제해결을 위한 입법 방향' 공청회를 한국원폭2세 환우회의 대표 자격으로 토론회에 초청된다. 김형률은 2005년 5월 20일에서 24일까지 일본 도쿄에서 열린 '일본의 과거청산을 요구하는 국제연대협의회' 심포지엄에 특별법 제정의 의미를 알리고 돌아오는데 이후 닷새만인 5월 29일 수정동 자택에서 병환으로 사망한다.[36] 그에 대한 연보는 폐렴, 각혈, 방문, 호소, 설명, 좌절, 입원이라는 키워드로 읽을 수 있는데,[37] 이러한 키워드를 지닌 그가 원폭2세 환우회를 결성하고, 건강실태조사를 이뤄내고, 특별법제정의 물꼬를 틔울 수 있었던 것은 그의 진정성과 그를 바라보는 건전한 상식이 공감, 공명함으로써 보편성과 시대성을 확보할 수 있었기 때문이라 할 수 있을 것이다.[38]

## 3. 설치영상 〈메아리-물〉(2015)

부산 출신 영화감독 김지곤의 전시〈메아리An Echo〉(2015)의 팸플릿에는 "물 한 방울 한 방울이 모여 끊임없이 말은 이야기가 되어 메아리로 끊임없이 흘러간다"라고 밝히고 있는데, 여기에는 '메아리는 물이

35  강제숙, 앞의 글, 50쪽.
36  전진성, 앞의 책, 283~284쪽.
37  위의 책, 277~285쪽; 김형률, 앞의 책, 261~266쪽.
38  전진성, 앞의 책, 196쪽.

다', '말, 이야기는 물이다'라는 은유가 복합적으로 사용되었음을 알 수 있다. 화자의 입에서 만들어진 음성은 공기를 통한 진동으로 청자에게 전해지는데 이것은 일종의 메아리라 할 수 있다. 이 보이지 않는 메아리를 시각화하여 알기 쉽게 비유한 것이 물이다. 그리고 화자와 청자라는 관계가 성립하는 것은 말, 이야기를 통해서이다. "말이 청산유수다" "이야기가 마르지 않는다"와 같이 한국어는 말, 이야기를 일상생활 속에서 물로 개념적으로 이해하고 있다. 이런 관계가 착안되어 나온 것이 팸플릿의 소개글이라 할 수 있다.

전시 〈메아리An Echo〉(2015)는 사진과 영상으로 구성되는데, 사진 파트는 49장의 사진으로 〈형률의 방〉, 〈어머니의 고향 히로시마〉, 〈하라다 상의 고향 텐리〉로 나뉘며, 영상 파트는 세 가지 설치영상 〈메아리-물〉(22 : 34), 〈메아리-8 : 15(25662)〉(17 : 50), 〈메아리-아리랑〉(05 : 22)으로 나뉜다.[39] 이 글에서는 세 가지 영상 중 기본 축인 〈메아리-물〉과 사진파트의 〈형률의 방〉, 〈어머니의 고향 히로시마〉를 분석 대상으로 한다. 사진파트 〈형률의 방〉의 사진으로는 〈사진 1, 2, 3, 4, 13〉(5개)이며, 〈어머니의 고향 히로시마〉의 사진으로는 〈사진 5(=〈사진 9〉), 6, 7, 8, 10, 11, 12(7개)〉로 총 12개의 사진이 사용되었다. 〈메아리-물〉에서 카메라 앵글은 고정된 장소에 설치하여 '형률의 방'을 찍고 있는데 〈메아리-물〉은 다시 작은 6부로 나눌 수 있다. 부의 전환은 잔잔한 큰 물결(〈영상 1〉), 큰 물결과 분수의 오버랩(〈영상 2〉), 분수와 화려한 불빛이 비친 밤의 잔잔한 물결의 오버랩(〈영상 3〉) 등 물[40]을 찍은 영상

---

39  〈메아리-물〉이 상영됨과 동시에 〈메아리-8 : 15(25662)〉, 〈메아리-아리랑〉이 함께 상영된다.

〈영상 1〉 〈영상 2〉 〈영상 3〉

이 나타나면서 새로운 이야기로 바뀐다.

　제3장에서는 각부가 함의하는 의미와 함께 이들 물의 이미지가 시사하는 바를 고찰하도록 한다.


## 1) 김형률과 세상을 위한 자료

　'형률의 방'은 차곡차곡 쌓여 있는 자료(〈사진 1〉)와 이곳에서 가끔 묵는 손님을 위한 이불이 겹겹이 쌓여있다(〈사진 2〉). 그러면 여기에서 '형률의 방'을 지키는 김봉대는 어떠한 인물인가. 제3부에 나오는 김봉대는 그가 입은 상복으로 보건데 죽은 사람을 저 세상으로 보낼 수 있는 보통의 인간이다(〈영상 4〉).

　김봉대가 필요 없는 것은 삭제가 가능하고 망각 가능한 인간임을 다음의 멘트로 알 수 있다.

---

40　김지곤 감독은 히로시마 덴마강[天満川], 히로시마평화공원의 원폭돔 주위에 설치된 분수, 모토야스강[元安川], 텐리의 모모오노타키[天理桃尾の滝], 히로시마 극락사(極楽寺)가 있는 산 속 죽은 나무의 이끼에서 흘러 떨어지는 물을 사용하고 있다고 밝히고 있다. 인터뷰, 2016.5.14.

〈사진 1〉　　　　　　　〈사진 2〉　　　　　　　〈영상 4〉

김봉대 : 이거 문자 좀 지워줘요. 나는 지울 줄 몰라가지고…… 문자가 꽉 찼다는데…….

김지곤 : 여기서 메뉴 버튼 누르시고. 세 번째 삭제에서 확인 누르시면 됩니다. 필요 없는 거 이렇게 지우시면 됩니다.

김봉대 : 다 지웠어요?

김지곤 : 하나만 지웠는데, 싹 다 지울까요?

김봉대 : 싹 다 지워요. 필요 없어요.

김지곤 : 네 다 지웠습니다.

김봉대 : 다 지웠어요?

김봉대는 문자 메시지가 다 삭제되었는지 재확인하는 모습을 보인다. 그러나 〈사진 3〉과 같이 김형률의 자료는 삭제하지 못하고 완강히 지키고 있는 것이다.

그리고 메고 다니기엔 정말 버거워 보였던 가방(이 가방은 이후로 내가 형을 만날 때마다 늘 함께 있었다). 형이 임종을 맞은 후에야 생각해보게 된 것이지만 늘 무거운 복사물들로 가득 차있던 형의 가방은, 그 무게는, 그

동안 잊혀져 있던 한국원폭2세 환우들
의 삶의 무게임과 동시에 놓치고 싶지
않은 질긴 삶의 끈 같은 것이 아니었나
생각된다.

　그런데 그 가방 속에서 쏟아져 나오는
잊혀진 진실들의 무게는 실로 대단한 것이었다. 지금껏 내가 알지 못했던
원폭피해자들의 삶과 특히 현실에서 느끼는 2세 환우들의 이중고통(1세대
들로부터 쏟아지던 형에 대한 경계와 제지, 가족들에게도 말하지 못하는
고통 등 어찌 말로 다할 수 있을까)은 나약한 한 개인의 힘으로는 도저히
아무것도 할 수 없어 보이는 그 무엇이었다.<sup>41</sup>


　병마에 시달리던 163cm에 35kg의 김형률이 가방 속에 넣어 다니던
무거운 복사물은 원폭2세 환자들의 삶의 무게이자 질긴 삶의 끈이 되
어 "삶은 계속되어야 한다"고 외치게 하였을 것이다. 그리고 원폭2세
환우의 커밍아웃이기에 원폭1세들로부터 받는 경계와 제지, 가족들이
받아야할 사회적 차별에 대한 고민이 컸는데<sup>42</sup> 이러한 고민 또한 자료
로서 남아있다.


　형율이가 2세 환우 67명을 찾아내서 회원으로 확보를 했습니다. 형율이
다음으로 회장이 된 사람은 정숙희란 분인데, 아줌마인데, 골수 대퇴증(대
퇴부 무혈성 괴사증) 환자예요. 엉치가 다 썩어빠져서 인조로 해가지고 있

---

41　아시아평화인권연대,『삶은 계속되어야 한다 한국원폭2세 환우 증언록』, 2006, 163~164쪽.
42　전진성, 앞의 책, 64쪽.

어요. 그 아줌마를 2세 환우회에 집어넣으려고 전화를 여러 수백 번도 더 했고, 그 아픈 놈이 대구에 있는 집에 다섯 번도 더 갔어요. 근데 원폭병을 인정을 못하는 거라. 전화를 안 받고 안 만나주는 거라.[43]

김형률은 원폭2세 환우회라는 이름으로 부산, 대구, 평택, 합천 등 전국을 발로 뛰어 회원을 모집하였으나, 회원들은 자신이 원폭2세 환우임을 선뜻 인정하려 들지 않았다. 그런 사람들에게 자신들은 천형天刑이나 업이 아닌 "일본 제국주의의 침략 전쟁과 대량 살상 무기인 핵무기를 사용한 미국 정부에 의해서 존재하게 된 전쟁범죄의 피해자들"[44]이며, 국가권력의 부당성에 의해서 60년 동안 다양한 질병과 장애로 건강권과 생존권, 생명권을 위협받았다고 알리고, 권리회복과 인간성, 정체성의 인정을 사회 각처에 주장하였다.[45] 이러한 행동은 그가 입수한 자료와 정보들을 토대로 하며, 원폭2세 환우회 회의 자료, 원폭1, 2세 실태조사자료 등[46] 그가 세상을 위해 생산해 낸 자료 또한 적지 않다.

그의 인권운동, 반핵운동, 평화운동의 흔적인 다양한 자료들과 이 자료들을 찾아 들르는 이들을 위해 이불은 차곡히 또는 겹겹이 쌓여있다. 이렇게 쌓여있는 것들은 마치 그 아버지, 김봉대의 주름진 손과도 같아 보인다(〈사진 4〉).

차곡히 또는 겹겹이 쌓인 것에서 주름진 손으로의 연결은 그 자료를 없앨 수 없음을 의미한다. 김형률이 자신의 아픈 몸을 드러내어 일본 제국주

---

**43** 김곰치, 「"나는 아프다! 김형률의 삶은 계속되어야 한다」, 『녹색평론』 92, 2007, 120쪽.
**44** 전진성, 앞의 신간보도자료, 3쪽.
**45** 아시아평화인권연대, 앞의 책, 167쪽.
**46** 2016년 7월 19일 자택 방문으로 일기장과 메모장을 확인하였다.

의와 미국의 핵 투하를 강력히 비판하고 그 책임을 물었듯이 김봉대는 아들의 이름을 빌린 자신의 주름진 손으로 2015년 5월 1일 유엔본부에서 "US&JAPAN"의 사과를 촉구하고 나섰다.[47] 아버지의 주름을 없앨 수 없듯이 김형률의 자료 또한 없앨 수 있는 것이 아니다.

〈사진 4〉

〈영상 5〉 〈영상 6〉

〈영상 7〉 〈영상 8〉

제1부에서 물의 이미지는 어떻게 변할까.

〈영상 5〉에서는 바람이 잦아든 고요하고 느린 물결 모양이지만 도입부의 〈영상 6〉, 〈영상 7〉을 지나 제1부가 끝나자 잔잔한 파도가 일렁

---

47  평화와통일을여는사람들, 『평화누리통일누리』 144, 2015, 3쪽.

이는 〈영상 8〉로 변한다. '형률의 방'에서 말과 이야기가 시작되고 그것이 메아리로 파동을 일으킴을 의미한다 할 수 있다. 제2부에서의 물의 이미지 변화 또한 고찰의 대상이다.


## 2) 원폭의 유전성과 히로시마의 이중성

자막처리는 안되어 있지만, 김봉대가 모자를 쓴 남자에게 김형률을 소개하는 음성이 계속 들리며 이곡지의 음성이 자막과 함께 울린다.

> 이곡지 : 한참을 걸어서 한 시간 정도 나왔는데 한참 동안 캄캄해요. 내가 여섯 살이었는데 캄캄해서 길이 없어. 우리 엄마하고 나하고 이렇게 둘러 보니까. 원폭구름 때문에 낮이라도 어두운거라. 그래서 어디로 어디로 해서. 자꾸 촌으로 나왔는거라. 거기 있으면서 자꾸 맞으면 안되는거라. 그게 금방 없어지는 것도 아니고.

> 이곡지 : 그래가지고 이제 …… 자꾸 병원에 애를 데리고 오니까. (집안) 내력을 물어. 내가 원폭1세라고 하니까. 그럼 그렇치 우리가(못 고치는 게) 아니다.

이곡지는 히로시마에서 피폭당했음을 고하고, 아들 김형률의 병이 원폭1세인 자신에 의한 유전병임을 지속적으로 설명한다. 이곡지에게 있어서 히로시마는 피폭과 유전병으로 인식되어 있는데, 다음의 사진 또한 피폭과 유전병을 함의하고 있다. 배치는 전시 때의 순서 그대로이다.

〈사진 6〉과 〈사진 7〉에서 시각적으로 유사성을 느낄 수 있다. 〈사진 6〉은 히로시마를 도시적 차원에서 조망하고 있는 사진이며, 〈사진 7〉은 원경으로 찍은 묘지의 비석이 즐비한 사진이다. 도시의 한 가구 한 가구는 마치 묘비의 한 비석, 한 비석에 해당하는 듯 유사한 모양새를 하고 있다. 특히, 두 사진은 상하관계로 배열되어 있는데, 이를 한국어 화자의 시간의 공간화 특성을 고려하여 위를 시간상 선先, 아래를 후後로 설정하여 두 사진 간에 선(먼저)-후(뒤, 나중)의 시간성을 부여하고, 하얀 구름 낀 사진6에서 하얀 구름이 아니라 원폭의 버섯구름으로 치환한다면, 〈사진 6〉은 〈사진 7〉이 되는데 〈사진 7〉은 공포스럽기 그지없게 원폭에 희생된 사자들의 무덤이다. 〈사진 6〉은 〈사진 7〉이 될 가능성을 항상 담지하고 있음을 시

〈사진 5〉

〈사진 6〉

〈사진 7〉

사한다 할 것이다. 또 한편으로 〈사진 6〉과 〈사진 7〉을 유전병의 가능성을 함의하는 것으로 보는 것은 어떨까. 부모 세대의 병이 자식에게 발현되는 것이 유전병인데 유전병 또한 유사성에 기인한다.[48] 〈사진 6〉을 원

폭1세로 보고, 〈사진 7〉을 원폭2세로 본다면, 또 연쇄적으로 〈사진 6〉을 원폭2세로 보고, 〈사진 7〉을 원폭3세로 본다면, 〈사진 6〉은 항상 〈사진 7〉을 품고 있는 불안정한 상황이다.[49]

〈사진 5〉의 건물은 ABCC<sup>Atomic Bomb Casualties Commission</sup>(원폭상해조사위원회) 건물로 미국이 원폭을 투하한 후 1년 반이 지나 히로시마와 나가사키에 세웠다. ABCC의 성격을 살피자면, ABCC는 방사선이 인체에 미치는 영향을 파악하는데 주목적을 둘 뿐, 원폭으로 인한 부상자들의 치료나 구호와는 전혀 무관한 "NO TREATMENT" 기관이었다. 냉전체재 속에서 핵전쟁이 발발하면 미군이 얼마나 방사선에 피폭되는지를 확인하고 그에 대한 대비책을 세울 필요성에 의해 설치된 것이다.[50] "NO TREATMENT" 정책으로 유전성 연구는 미진하여 유전성을 모호하게 하고 폐쇄적 연구 방법은 핵의 평화적 이용을 용이하게 하였다. 그러나 김형률은 아래와 같이 자신의 몸을 원폭의 유전성이 발현된 몸으로 재정의하고 비인간적 행위에 대하여 몸을 증거로 저항하고 있다.

---

**48** 원폭에 의한 유전병은 유전성이 있음은 명확하나, 유전율이 높지는 않다. 모든 원폭2세에게 유전병이 생겼다면, 지금의 원폭2세 내부 간의 분열은 없었을 것이다. 다수의 원폭2세가 건강한 편이며 소수의 원폭2세가 유전병을 앓고 있는 상황이다. 이 때문에 건강한 다수의 원폭2세는 소수의 원폭2세가 유전병을 앓는다는 사실이 외부로 알려져 건강한 자신들까지 차별받을 것을 우려하여 원폭2세 환우회의 활동에 대체로 비협조적이다. 이런 현상은 원폭1세들이 자신들의 2세가 차별받을 것을 우려하여 비협조적인 것과 맥락을 같이 한다.

**49** 원폭2세의 경우 유전적 인과관계가 명확치 않더라고 본인이 유전적 피해를 호소하면서 정신적 고통을 당하고 있다면 유전적 인과관계가 입증되지 않는다 하더라도 법률상 보호받을 수 있어야 한다. 최봉태, 「원폭 피해자 및 그 후손에 대한 피해 진상조사 및 지원 법률 제정의 필요성」, 『입법토론회 대물림되는 고통, 원폭피해자 지원법 제정을 위한 토론회』, 주관 : 원폭피해자및자녀를위한특별법추진연대회의, 주최 : 김제남 이재영 이학영, 2013, 33～34쪽.

**50** 김기진・전갑생, 앞의 책, 79쪽; 오은정, 「한국 원폭피해자의 일본 히바쿠샤[被爆者] 되기－피폭자 범주의 경계 설정과 통제에서 과학・정치・관료제의 상호작용」, 서울대 박사논문, 2013, 51～52쪽.

한국 원폭2세 환우들은 일본 제국주의가 일으킨 잔혹한 침략 전쟁의 희생자들이며 전쟁이 끝난 후 태어난 해방 후 세대들입니다. 그리고 우리의 의지와는 무관하게 원폭2세 환우가 되었습니다. 우리의 몸은 21세기를 살고 있지만…… 20세기 일본 제국주의가 저질렀던 침략 전쟁과 식민지 수탈 정책이라는 광기의 역사가 지금 이 시간까지도 연장되어 우리의 몸을 지배하고 있습니다.[51]

우리는 그 몸을 얼마나 직시하고 있는가. 현재는 히로시마 소재 방사선영향연구소Radiation Effects Research Foundation(1975~, 이하 방영연)가 ABCC를 이어 미일 공동연구로[52] 태내피폭자집단, 원폭2세 집단을 새로운 연구 대상으로 하고 있다.[53] 많은 연구기관에서의 연구결과로 많은 동식물에게 방사선이 유전적 영향을 준다는 사실은 잘 알려져 왔지만, 방영연은 사람의 경우 원폭 방사선의 유전적 영향에 관하여 아직 명확히 규명되지 못하고 있다는 입장을 줄곧 취하고 있다. 단적으로, 영미의 메가마우스 실험에서 백만 마리의 포유동물(생쥐)을 이용해 다음 세대에서의 돌연변이는 피폭 선량에 비례하여 발생한다는 결과가 도출된 바 있다.[54] 방영연의 공식 견해인 "방사능 피폭이 유전된다는 증거는 없다"는 일본 연구진도 확정된 결론은 아님을 인정하고 있다. 유전된다는 의학적 증거가 없다는 것과 유전되지 않는다는 것은 동의어가 아니다.[55] 그렇다면 김형률이

---

51  전진성, 앞의 책, 24~25쪽.
52  김기진·전갑생, 앞의 책, 217쪽.
53  오은정, 앞의 글, 51~52쪽.
54  노무라 타이세, 전은옥 역, 「방사선이 다음 세대에 미치는 영향」, 『입법토론회 대물림되는 고통, 원폭피해자 지원법 제정을 위한 토론회』, 주관 : 원폭피해자및자녀를위한특별법추진 연대회의, 주최 : 김제남 이재영 이학영, 2013, 51쪽.

〈사진 8〉 〈사진 9〉

〈사진 10〉 〈사진 11〉

주장하는 대로 원폭2세 환우들에게 '선지원 후규명'은 설득력을 가지지만,[56] 방영연이 제기하는 주장에 일본정부는 그 양팔을 정치적으로 번쩍 들어주었고, 한국정부는 일본정부를 방패로 삼고 원폭2세에 대한 지원을 일체 행하고 있지 않다.

사진8은 원폭돔으로 화려한 야경이 관광객의 시선을 끌 것이 충분히 유추된다. 〈사진 9〉는 ABCC 건물이지만 누구 하나 눈길도 주지 않는다. 반핵, 탈핵을 위해 지켜봐야 할 것은 맥락 없는 아픔을 상징하는 원

---

55 김진국, 「원폭 피해자와 2 · 3세 문제의 해결을 위한 제언에 대하여」, 『입법토론회 대물림되는 고통, 원폭피해자 지원법 제정을 위한 토론회』, 주관 : 원폭피해자및자녀를위한특별법추진연대회의, 주최 : 김제남 이재영 이학영, 2013, 28쪽.
56 전진성, 앞의 책, 211쪽.

폭돔이 아니라, 원폭1세와 원폭1세 이후의 세대로서 원폭2세, 3세라는 미래를 방기한 ABCC이다.

ABCC나 방영연이 표상하는 과학이란 것의 중립성에 대해서는 의문의 여지가 많다. "현대 과학의 이면에는 정치, 사회, 경제적 권력이 꿈틀대고 있다. 과학 연구의 목표를 설정하고 주제를 선정하는 주체는 대체로 과학자 개인이 아니라 국가나 자본과 같은 거대 조직들이다."[57] 가해자 없는 피해자만을 드러내는 원폭돔에 시선을 뺏길 것이 아니라, ABCC의 후신인 방영연과 거대 조직의 고리가 어떻게 연동하고 있는지 주시하고 직시하여야 한다. 이런 자세를 놓치고 있음을 꼬집는 것이 〈사진 10〉으로 히로시마는 평화도시가 아닌 단지 원폭도시일 뿐, 음침하고 음산한 속을 알 수 없는 원폭의 숲으로, GHQ가 점령하고 있던 시절 원폭에 대하여 언론을 통제하던 그 당시와 다를 바 없다. 저 숲에는 원폭으로 허망하게 사망한 영혼이 음습하기도 하며, 핵실험으로 원자폭탄을 투하한 정치가들의 음험한 시선이 감추어져 있고, 지금도 히로시마가 군사도시임[58]을 허용하는 히로시마 시민들의 무관심이 도사리고 있다. 〈사진 10〉을 애써 은폐하기 위한 것이 〈사진 11〉이다. 비정상적으로 과도한 양과 컬러감으로 평화를 상징하는 종이학이 난무한다.

다음으로 제2부에서 보이는 물의 이미지를 살펴보자. 어둡고 잔잔한 물결(〈영상 9〉)이 나타나다가 화려한 원폭돔의 조명이 비친 고요하고 어두운 물결이 나타나며(〈영상 10〉), 〈영상 11〉, 〈영상 12〉를 거쳐 '형률의 방'은 히로시마 분수의 물과 오버랩되면서(〈영상 13〉) 제2부는 끝

---

57  위의 책, 138쪽.
58  후지메 유키, 양동숙 역, 『히로시마만의 군사화와 성폭력』, 논형, 2013, 6쪽.

〈영상 9〉 〈영상 10〉

〈영상 11〉 〈영상 12〉

〈영상 13〉

난다. 먼저 〈영상 9〉를 살펴보면, 영상9는 제1부의 잔잔한 물결(〈영상 8〉)을 이은 것으로 제1부와 제2부는 내용상 다른 내용이지만, 큰 맥락으로 볼 때 이야기의 연속임을 알 수 있다. 이러한 영상의 연결은 이후의 부에서도 같은 방식으로 나타난다.

제1부가 밝은 낮임에 반하여 제2부는 어두운 밤을 배경으로 화려한 조명이 물결에 비치고 있는데, 어두운 밤의 물결(〈영상 10〉)이 의미하는 것은 무엇일까. 은유적으로 무지는 어둠으로 나타나며, 시간은 흔히 강, 바다 등의 물로 나타난다.[59] 〈영상 10〉은 알 수 없는 미지의 시간으

로 히로시마에 원폭이 투하된 1945년 8월 6일이 아직 미지의, 알 수 없는, 규명되지 않은 시간임을 나타내는 것은 아닐까. 그날 미군이 종전을 서두르기 위해서 원폭을 투하했는지, 핵실험을 하기 위해서 원폭을 투하했는지 논쟁은 계속 되고 있으며, 피폭 내셔널리즘이 주장되는 가운데 히로시마가 피해자인지 가해자인지 어떤 정체성을 가졌는지 그 정체성은 애매하며, 조선인의 피해나 원폭2세에 대한 유전성 또한 쉬쉬하고 있다. 그러면 화려한 조명은 무엇을 함의하고 있을까. 밝혀지지 않은 진실 속에서 히로시마평화공원은 연간 평균 150만 명이 방문하고 설립 이후 현재까지 5,000만 명이 방문하고 있다. 히로시마평화공원이 자랑스럽게 내세운 수치로 본고는 '화려하다'고 표현하겠다. 그러나 원폭도시 히로시마가 평화도시로서의 진정성을 갖추지 못하는 이상 화려한 방문객의 숫자는 허수일 뿐이다.


## 3) 아들의 이름으로 그리고 정체

제2부와 다름없이 이곡지는 제3부에서도 처음 보는 이들에게 자신이 피폭당한 기억을 고하고, 일본의 전쟁책임과 미국의 핵투하를 언급한다. 제3부에서 새로운 점은 김봉대가 등기로 날아온 뉴스레터를 뒤지기며, 김형률이 담긴 새로운 기사와 여러 시민운동가들을 손님들에게 소개한다는 점이다. 영상에서 벗어나 평상시의 그의 행동을 소개하

---

59 김본일, 「시간 표현의 인지언어학적 연구」, 부산대 박사논문, 2006, 41쪽.

자면, 그것은 단지 생전의 김형률의 소개에 국한된 것이 아니라, 자신이 어떤 반핵 인권운동을 펼치고 있는지 또 반핵 인권운동가로서는 어떠한 사람이 있는지, 그들의 저서에는 어떠한 서적이 있는지를 소개하는 등 새로운 정보를 공개, 유통시키고 있다.[60]

그리고 인터뷰 장소를 부산반핵영화제가 개최되는 곳에서 진행하기를 요청하거나,[61] 2015년 핵확산금지조약[NPT] 검토회의가 뉴욕 유엔본부에서 4월 27일부터 5월 22일까지 열렸는데, 이에 참가하여 4월 25일 핵확산금지조약 평가회의 사전대회에서 처음으로 유엔과 각국 정부 인사들을 대상으로 한국인 피폭자 문제에 대한 미일 정부의 사죄와 배상을 직접 요구하였음과 아베 정권의 역사왜곡을 규탄하였음을 고해 왔다.[62] 어떤 시민단체의 지원이 있었는지, 어떤 시민운동가가 어떤 시민운동을 전개하는가 등 시민운동의 네트워크 소개와 진행 현황을 적극적으로 알린다.

김형률은 원폭피해자만을 상대로 활동을 한 것이 아니라 일본 제국주의 시대에 자행된 만행을 규탄하는 나눔의 집, 핵시대평화재단, 평화박물관과 같은 전국의 각종 단체와 모임에 참여하여 원폭 피해를 호소하고 연대를 강화하였다.[63] 이를 이어 김봉대는 2006년 일본으로 건너가 우경화하는 아베내각을 반대하고, 일본군위안부피해할머니를 응원하였으며, 2016년 7월 12일 부산에서 출범한 '일본군 위안부 피해자 역사·문학관'에는 고문으로 참여하였으며,[64] 나아가 현재 미국을 상

---

60 인터뷰 기간은 2015.7.10부터 2016.10.9까지.
61 부산반핵영화제가 진행되는 부산시청자미디어센터에서 첫 만남을 가졌다. 2015.7.10.
62 평화와통일을여는사람들, 『평화누리통일누리』 154, 2016, 3~6쪽.
63 전진성, 앞의 책, 216쪽.

대로 대구법원에 원폭1세, 2세가 핵 투하 책임을 묻는 재판을 준비 중이다.[65] 이러한 공들을 인정받아 2015년 다음의 추천서로 박종철인권상을 수상한다.

김봉대 아버님은 이제 김형률만의 아버지가 아니라 골방을 나오지 못하고 고통 속에 몸부림치는 1천 3백여 원폭 2세 환우들의 아버지입니다. 앞세대가 책임져야할 문제로 고통 받는 자식과 아랫세대를 위해, 그들의 인권과 복지를 위해 누구보다도 열심히 뛰는 79세의 현역 반핵평화인권활동가입니다. 그냥 아버지에 머물지 않고 당신이 모범적인 인권활동가로 거듭난 박종철의 아버님 박정기 선생을 떠올리며, 김형률의 10주기(5월 29일)를 보낸 며칠 뒤인 오늘 김봉대 아버님을 제11회 박종철인권상 수상자로 추천합니다.[66]

김형률이 조직한 원폭2세 환우회는 소수자의 권리를 호소하는 단체로 소수자들의 인권운동, 즉 장애우, 여성, 청소년, 동성애자 운동 등의 연장선상 위에 있다고 규정된다.[67] 그리고 인권 운동 중 가장 기본적인 기본권을 생명권으로 보았다.[68] 이것은 그가 생명을 위협하는 각혈과 30%밖에 남지 않은 가쁜 호흡을 내쉬며, "삶은 계속되어야 한다"는 절

---

64  원폭피해자와 위안부가 같은 일본 제국주의의 피해자라 하여도 원폭피해자의 일부는 위안부를 수치의 역사라 하여 연대하기를 거부하기도 한다.
65  김봉대 인터뷰, 2016.8.12.
66  성공회대 교수 한홍구의 추천서. '김형률추모사업회' 운영위원장 강제숙으로부터 받은 메일 (2016.7.1).
67  전진성, 앞의 책, 223쪽.
68  위의 책, 223쪽.

박한 외침에서 우러나온 생각일 것이다. 이 점이 여타 원폭피해자운동과의 차별점으로 한국원폭피해자협회와 한일원폭2세회에는 이런 절박함이 결여되어 있다. 특히 일본원폭2세의 활동을 보자면, 그들은 원폭2세가 일반인에 비하여 확률적으로 환자가 많은 것은 사실이나, 즉 유병률이 높은 것은 사실이나, 그것이 유전에 의한 것인가에 대해서는 확실하지 않다는 전략으로 운동을 진행시킨다. 이는 유전성을 인정, 주장하는 것이 사회적 차별을 유발시킬 것이라는 우려 속에 행한 자구책이다. 그러나 이러한 결과로 인해서 원폭2세 중 누군가가 병을 앓아도 그를 원폭2세라고 칭할 수는 있으나 원폭2세 환우라고 칭할 수는 없다는 즉, 그 환자를 원폭의 유전병에 의한 환자라고 특정할 수 없는 결과로 이끈다.[69] 원폭2세 환우라고 특정할 수 있는 원폭2세는 어디에도 없기에 그들이 펼치는 원폭피해자시민운동은 구체성과 당사자성이 희박하다고 할 수 밖에 없다. 다수의 건강한 원폭2세들이 받을 사회적 차별을 우려함을 잘 알기에, 또 그들을 형제자매로 하기에 원폭2세 환우의 커밍아웃은 주저되는 면이 없지 않다. 그러나 "아프면 아프다고 말하고 싶다"는 생명권이 걸린 가장 약자인 그들의 외침을 건강한 원폭2세가 저지하고 힐난 할 권리가 있을까.

다음으로 제3부에서 보이는 물의 이미지를 살펴보자. 가장 먼저 확인할 수 있는 것은 〈영상 14〉인데, 〈영상 14〉는 제2부의 히로시마의 분수인 〈영상 13〉의 연속으로 〈영상 15〉, 〈영상 17〉과 같이 제3부를 암시하는 주요한 물의 이미지이다. 이 분수는 어떻게 해석하면 될까. 분

---

[69] 일본전국피폭2세단체연락협의회 S간부와의 인터뷰, 2016.2.7.

<영상 14>　　　　　　　　　　　　　　　<영상 15>

<영상 16>　　　　　　　　　　　　　　　<영상 17>

수는 여기에서 매우 다의적으로 드러남顯現, 저항, 역행, 정체停滯를 함의
한다. 중력을 거슬러 물이 상승운동을 하는데, 이는 눈에 뜨임이며, 저
항이며, 역행이다. 그리고 중력을 거슬러 물은 솟구쳤으나 결국 제자리
로 낙하한다. 김형률은 2002년 3월 22일 처음으로 자신이 원폭2세 환
우임을 세상에 드러내어, 일본 제국주의와 미국의 핵 투하, 한국의 방치
라는 역사가 자신과 같은 소수자를 생산해 냈음을 고발하고 규탄, 저항
하고 생명권 보장을 호소한다. 그리고 2005년 5월 29일 짧은 생을 마
감하는데, 아버지의 유지를 아들이 이어나가는 형태가 아니라, 아들의
유지를 아버지가 이어나가는 역행적 형태로 이어나간다. 그러나 이러
한 노력에도 불구하고 원폭2세에 대한 한일 정부의 태도는 별다름 없이
정체 중이기만 한다. 그 단적인 예가 2016년 5월 19일 통과된 빈껍데
기 '한국인 원자폭탄 피해자 지원을 위한 특별법안'으로 한국 국회는

일본 국회에 의거하여 원폭1세만을 원폭의 피해자로 인정, 봉합하는 데 그쳤다. 피해국이 가해국의 법률을 뒤따른 아이러니가 일어난 것이다.[70] 김형률을 중심으로 시민사회가 10여 년을 준비한 원폭피해자 자녀의 피해자 인정, 면밀한 실태조사, 의료지원의 '선지원 후규명', 역사적 진상 조사는 누락되었다.[71] 이는 역사의 정체라 할 수 있을 것이다.


### 4) 깊은 일상과 긴 한숨

> 김봉대 : 일본 지바야. 세계탁구선수권대회네.
>
> 이곡지 : 저기 미국 사람이제? 한국말 잘하네. 나는 점심을 먹어서. 점심 먹었제?
>
> 김지곤 : 네 먹었습니다.
>
> 이곡지 : 젊은 게 힘이다. 단감 먹어. 홍시도 먹고. 점심 먹고 이거도 깎아 먹고 그랬어. 희한하제. 나무에서 어떻게 이런 게 열릴꼬. 옛날에 우리 어릴 적에는 단감 그런 거 없었어. 이제는 단감이 다 있고. 세월가면 잊어질까 하더니 세월 가니까 좀 잊어진다. 세월이 약이라. 우리 형률이 참…… 충청도 옥천

제4부의 영상음은 위의 것이 전부로 TV를 보고 점심인사를 나누고 단감을 나눠먹는 평범한 일상이 화면을 메운다. 그러면서 문득 긴 한숨으로 김형률을 떠올리고, 다시 "충청도 옥천"이라는 TV 소리에 이끌려

---

70  최봉태, 앞의 글, 34쪽.
71  전진성, 「허울뿐인 한국인 원폭 피해자 지원법」, 『한겨레21』 1116, 2016, 42~43쪽.

함께 읊조리면서 김형률을 뒤로 한다. 이런 장면은 제3부에서도 다음과 같이 보인다.

> 이곡지 : 미국이 핵을 던져 놓으니까. 조센진들, 한국인들은 나가버려라 꼴보기 싫다 이거야. 일본 사람들 희생이 엄청나게 된다고.
> 김봉대 : 형률이 기사를 썼네 일본인이.
> 이곡지 : 형률이 아니가?
> 김지곤 : 네, 맞습니다.
> 이곡지 : 다리를 편하게 해서 앉아.

뉴스레터에 실린 김형률의 얼굴을 보고, 이곡지는 형률을 반가이 맞이하다가는 곧 찾아온 손님이 편히 앉기를 권한다. 그리고 제2부를 살펴보면 이곡지는 김형률을 생각하면 다음과 같이 8월 6일 아침 생각이 먼저 난다고 고한다.

> 이곡지 : 왜놈들 (한국에서) 보내려고 하면 원폭을 던졌으니까 갔지, 안 간단 말이다. 사람들이 막 이리 눕고 저리 눕고. 우리 엄마하고 나오니까 …… 우리 동생 …… 내가 여섯 살이었으니까 우리 동생이 세 살. 여기는 다 탔는데. 다리하고 머리만 있는 거라. 옷도 다 타서 널렁널렁하고. "서렇게 성 한 사람이 어디있다가 나왔노" 그래. 굶어서 입만 살아가지고, 그 사람들 다 죽었어. 그걸 생각하면. 좀 내가 마음이 아플 때는. 우리 형률이 때문에 그럴 때도 많지만 내가 많이 울었어. 형률이만 생각하면 그 생각부터 먼저 나고. 어떻게 저렇게 살아나왔냐고 못 쳐다보겠더라고.

〈사진 12〉

　평범한 일상 속에서 김형률이 뜬금없이 떠오르고 사실 그런 김형률
뿐만 아니라 이곡지는 8월 6일의 경험과 기억 속에서 눈물을 흘릴 수
밖에 없는 장면이 있음을 고하는데 이것은 울음을 언어화할 수 없어서
겪고 있는 그녀의 고통으로 그녀가 아직도 원폭의 트라우마를 겪고 있
음을 말한다. 티비를 보다 과일을 먹다 문득 생각나는 김형률을 다시
망각 속으로 되돌리고 자식인 김형률을 아파하기 이전에 어릴 때 자신
이 겪은 원폭의 비참함이 더욱 고통스럽기도 한 것이 그녀의 생활이다.
　지금까지 소개한 사진이나 영상은 무언가 움직임, 소리, 작용의 연상
이 이루어지나, 〈사진 12〉는 창밖을 바라보는 이곡지에 초점이 두어져
있는데 멈춘 시간인양 아무런 소리나 움직임이 감지되지 않는다. 이것
이 평소 '형률의 방'을 닿도록 들락거려도 볼 수 없었던 그들의 일상이
아닐까. 제4부의 물의 이미지는 그들의 일상을 다음과 같이 나타내고
있다.

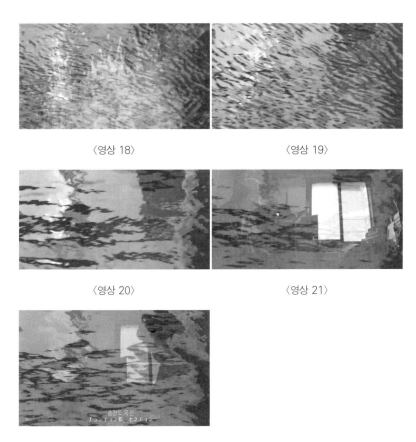

〈영상 18〉

〈영상 19〉

〈영상 20〉

〈영상 21〉

〈영상 22〉

　〈영상 18〉은 제3부에 이어 분수 형태로 나타나다가, 메아리를 나타
내는 잔물결로 변하고(〈영상 19〉) 이윽고 영상 20의 잔잔한 큰 물결에서
〈영상 21〉을 거쳐 잔잔한 작은 물결이 일렁이는 〈영상 22〉로 서서히
변한다. 다른 부와 다르게 영상음은 매우 짧으며 영상음이 흐르는 동안
의 화면은 〈영상 21〉과 같은 상태이다. 카메라 앵글은 아래에서 위를
잡고 있으며 대화자인 김봉대와 이곡지의 윤곽도 잘 잡히지 않을 만큼

어두운데 마치 물속에서 찍은 화면 같으며 창가의 빛을 어둡게 차단하여 닫힌 공간을 연출하고 있다. 물속의 어두움으로 닫혀 있는 공간은 물 밖의 인간에게는 보이지 않는다. 김형률이 세상을 떠난 지 벌써 10년이 넘었으나, 세상 사람들은 김형률의 흔적을 찾아 김봉대와 이곡지를 찾으며, 두 사람은 김형률의 유지를 조금이라도 알려 그 유지가 이루어지도록 찾는 이들을 선뜻 반가이 맞이하고 있다. 그러나 그들이 떠나면 김봉대와 이곡지는 다시 일상으로 조용히 돌아오는데 그 일상은 문득 떠오르는 김형률을 긴 한숨으로 다시 지우는 일상으로 그들을 찾는 이들이 가늠하기 어려운 알려지지 않은 일상이라 할 것이다.

## 5) 양지(陽地)의 공간과 순리

'형률의 방'을 비추던 영상은 천천히 히로시마 오도마리(王泊)댐의 위령제로 장소를 옮긴다. 히로시마 오도마리댐에서는 조선인 희생자 위령제를 지내는데, 사회자는 1934년 조선인이 강제 노동 중 댐 공사 사고로 사망하게 된 경위와 실태를 카랑카랑한 목소리로 고한다. 이때 〈영상 23〉은 마치 고정된 화면처럼 비춰진다.

〈영상 23〉에서 주목하고자 하는 것은 비석을 중심으로 한 왼편의 숲 속과 오른편의 신사와 제사상 부분으로 이 양쪽의 명암이 어둠과 밝음으로 매우 대조적이다. 이러한 대조적 명암은 일본인 사회자가 고하는 추도문의 자막 내용을 살펴볼 때 이해 가능하다.

〈영상 23〉

　　"아이고"의 목소리가 산에 메아리친다라는 제목이 있고 사고 소식을 듣
고 조선인 노동자의 가족이 달려와 울고 있는 목소리가 산에 울려 퍼졌다
는 기사가 있었습니다.

　　강제 노동과 사망 사건은 숲 속에서 이루어졌으며 1934년 그 당시의
조선인 가족들 또한 그 자리에서 울음을 터뜨리고 있었다. 이 울음은
만약 80년도 지난 현 시점에서 그들의 죽음을 세상에 밝히는 기념의식
이 없었다면 어둠 속에서 억울함으로 지속될 울음이다. 기념의식은 오
른 쪽 제사상을 앞두고 진행되고 있는데 이 의식은 죽은 자의 죽음을
음지에서 양지로 들어 올리는 의미를 품고 있다고 할 수 있을 것이다.
　　영상3에서 또 하나 주목해야 할 점은 재일코리안들이 마련한 제수
음식의 빨간 감이 '형률의 방'에서도 보인다는 점이다(〈사진 13〉). 이를
매개로 하여 여기서 다시 환기할 것이 김형률의 존재로, 그로 인해 그

〈사진 13〉

동안 사회적 차별과 편견으로 자신을 드러내지 못한 원폭2세 환우들이
세상에 그 모습을 조금씩 드러내게 되었다는 점이 환기되어 진다. '형
률의 방'을 찾는 이들은 김형률의 흔적을 찾으면서 그와 함께 원폭2세
환우회와 만나게 된다. 오도마리 댐의 기념의식과 '형률의 방'을 방문
하는 것은 과연 무엇이 다를까. 양쪽 모두 음지에 갇혀 공식역사로부터
잊혀지려는 존재들을 만나 과거의 역사를 비판하고 새로운 미래를 만
들기 위해 현재의 각오와 실천적 행위를 다짐하고 계획한다는 의미에
서 맥을 같이 한다 할 것이다.

　제4부의 〈영상 22〉에 이어, 〈영상 24〉, 〈영상 25〉가 나타나는데
〈영상 26〉의 물결 화면은 2초정도 보이다가 제6부로 전환된다. 〈영상
26〉은 옆으로 흐르는 물이 아니라 위에서 아래로 흐르는 물로 중력 작
용을 반영한 지극히 자연스러운 물로 변한 것이다. 〈영상 26〉을 살펴

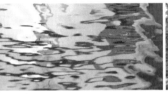  

〈영상 24〉　　　　　　　　〈영상 25〉　　　　　　　　〈영상 26〉

보낸 자손들과 후세대들에 의해 위령제를 치름으로 해서 죽은 자는 비로소 억울함을 풀고 죽음을 온전하게 받아들일 수 있게 되는데 후손 역시 이러한 행위로 죽은 자를 저 세상으로 온전히 보낼 수 있게 된다. 죽음을 둘러싸고 죽은 자와 산 자가 각자의 역할을 순리대로 행하는 대목이다. 순리대로 행해지고 있기에 물의 순리성이 확연한, 위에서 아래로 흐르는 물이 등장한 것으로 생각된다.

### 6) 또 다른 아버지와 아들

제6부는 〈영상 27〉이 나오는 부분(약68초)과 아래의 〈영상 28〉, 〈영상 29〉로 나오는 부분(약104초), 두 부분으로 나눌 수 있다.

　하라다 : 어디 어디(에 있지). 하지 말자. 내 아버지는 서울에서.

제6부에서 나오는 음성은 위의 것뿐으로 하라다는 어떤 인물인가. 재일코리안이었던 그의 아버지는 트럼펫을 연주하던 고등학생 시절 공연차 미국을 들르던 당시 함께 한 일본인 친구들과 국적이 다르다는 이

〈영상 27〉

유로 공항에서 억류를 당했는데, 그 이후로 그 아버지는 일본인으로 살기로 하였다.[72] 〈영상 27〉은 작은 폭포로 물이 세차게 아래로 흐르고 있다. 그러나 그 물길은 단숨에 낙하하는 것이 아니라, 중간 중간 큰 바위에 부딪쳐 흐름이 한 번씩 멈추면서 아래로 세차게 흐른다. 일본 제국주의가 통치하는 식민 시절이 있었기에 한국적 또는 조선적을 가진 아버지가 일본적으로 국적을 바꾸는 우여곡절이 생겨났다. 그러나 우여곡절이라고 하는 그 국적의 변경은 더 이상 변경 불가능한 그 무엇이 아니라, 하나의 선택의 대상으로 전락하였다. 이에 반하여 하라다가 한반도를 토대로 하는 혈족의 말단 자손임은 변함없다.

화면은 암전을 사이에 두고 물방울이 한 방울씩 뚝뚝 흐르는 〈영상 28〉로 바뀐다. 〈영상 29〉는 나무 밑동에서 한 방울씩 물방울이 떨어지는 장면이다. 한동안 〈영상 28〉이 비치다가, 나무 밑동이 잘린 곳에서

---

72  김지곤, 『함께가는 예술인』 61, 2016.3~4.

<영상 28>　　　　　　　　　　　　<영상 29>

물방울이 흐르는 〈영상 29〉로 바뀐다. 일종의 반전으로 예상치 못하게 〈영상 28〉은 〈영상 29〉에 기초하고 있다. 나무 밑동이 잘려 일순 그 생명이 다한 것처럼 보이나 그 주위로 이끼는 푸르게 돋아나있고 맑고 시원한 물이 한 방울씩 흐르고 있다. 한반도에 조상을 둔 하라다는 국적의 변경으로 더 이상 한반도와 무관한 듯 보이나 감독과 친구가 된지 4년이라는 시간이 지나자 자신의 루트가 한반도임을 들려준다.[73]

김형률이 상징하는 원폭2세 환우회의 인권운동도 김형률의 죽음으로 맥이 끊긴 것처럼 보이나, 김봉대와 원폭2세 환우회 그리고 시민단체에 의해서 계속 진행 중이라는 사실 또한 〈영상 28〉과 〈영상 29〉에서 읽어낼 수가 있다.

## 4. 7평 '형률의 방'의 의미

오바마가 5월 27일 히로시마에 들를 것인가 말 것인가에 묻혀, 5월 19일 제정된 '한국인 원자폭탄 피해자 지원을 위한 특별법안'은 많은

---

73　김지곤, 위의 책.

문제점에도 불구하고 여론의 몰매를 무사히 통과했다. 특별법안의 주요 내용에는 한국인 원폭피해자에 대한 실태조사 실시, 원폭피해자에 대한 건강검진 등 의료지원 실시, 추모묘역 및 위령탑 조성 등 피해자의 추모에 대한 기념사업 실시 등의 내용이 포함되어 있다. 그러나 이 법안에 대하여 '원폭피해자및자녀를위한특별법추진연대회의'가 발표한 성명서에 의하면, '한국원폭피해자협회'에 등록되어 있는 회원을 대상으로 한 법안이기에 이들에 대한 단순 현황조사로 그칠 공산이 큰 것으로 보인다. 그리고 무엇보다 여기에서 가장 큰 문제점은 원폭피해자의 자녀 즉 원폭2세 환우 및 후손을 조사 대상에서 제외시키고 있다는 점이다. 김형률은 그가 겪은 생명의 절박성으로 의료지원이 실태조사보다 늦어서는 안 된다는 선진적 법안 청사진을 만들어 놓고 작고하였다.[74] 그러나 아쉽게도 율법은 형통하지 못하였다.

소수의 위정자들은 특별법안을 그렇게 만들었지만, 삶의 터를 우선하는 풀뿌리 민주주의는 현장을 등한시 할 수 없다. 김형률의 뜻을 이어가기 위해 시작된 부산반핵영화제(2011~)는 2016년으로 6회를 맞는데, 개최지를 부산 기장군청으로 잡았다. 영화제 측은 주민투표로 해수 담수화 과정을 거친 수돗물 공급에 대한 거부의사를 분명히 한 기장주민의 실천을 높이 사 이곳을 개최지로 선정하였다.[75] 그러나 최근 뉴스에 따르면 고리1호기가 폐쇄되고 신고리3, 4기가 가동되고 신고리5, 6호기가 건설허락을 받았다. 부산 울산 지역에만 원자력발전소가 몇 개나 몰려있는지 알 수가 없다. 바닷물은 원자로를 식히는 좋은 냉각수

---

74  전진성, 「허울뿐인 한국인 원폭 피해자 지원법」, 『한겨레21』 1116, 2016, 44쪽.
75  http://nonukesnews.kr/787(검색일 : 2016.8.31).

가 된다 하니 해안가를 원자력발전소가 즐비하게 들어서 있다.

부산시민은 2011년 후쿠시마 원전 사고로 인하여 비로소 핵에 대한 경각심을 가지기 시작하였으나, 사실 2002년부터 김형률은 수정동에서 그 가족의 도움으로 원폭피해자의 인권과 반핵 평화운동을 외쳤다. 이를 마중물로 2011년 이전부터 부산은 반핵, 탈핵운동의 기지국으로 기능하였다.[76] 합천원폭피해자복지회관 앞마당에는 '원폭자료관'(가칭)이 첫 삽을 뜬 상태로 김형률의 유품이 전시될 예정으로 매우 고무적인 소식이다.[77] 그런데 유품을 옮기고 난 후 '형률의 방'은 어떤 형태로 남을까. 김형률은 잦은 기침과 폐렴의 악화로 1층 부모님의 거처를 떠나 2001년부터 같은 아파트 2층으로 거처를 옮긴다. 이 시기는 그가 자신의 고통인 병마와 빈곤의 원인이 20세기의 히로시마라에 있다는 사실을 탐색해 내고, 몸의 사회화를 수행하기 시작하던 시기이다.

이곳에서 그의 유품은 합천으로 옮길 수 있으나 김형률의 흔적, 김형률의 끝자락이라고 할 수 있는 수정동 7평 '형률의 방'은 옮겨 갈 수 없다. 김지곤 감독은 방영연의 전신인 ABCC 건물을 힐끗 쳐다보며 지나가는 사람의 사진을 팸플릿 사진으로 만들었다. 그것은 만약 그곳이 어떠한 장소라는 것을 안다면, 그냥 스쳐 지날 수 없을 것이라는 생각에서부터였다.[78] '형률의 방'이 허물어져서는 그곳을 기억의 터로 남길 수 없으며, 원폭, 반핵, 아픈 몸에 대해 이야기할 매개가 될 수 없다. '형률의 방'은 ABCC의 뒷면이다. 고리원전 건설 반대와 반핵, 탈핵도

---

76 「제4회 부산반핵영화제 개최 취지문」, 2014(http://cafe.naver.com/bsnnff 검색일 : 2016.10.7)).
77 강제숙 인터뷰, 2016.10.9.
78 김지곤으로부터의 메일, 2016.8.4.

시로서 부산을 생각할 때 '형률의 방'은 놓치기 아쉬운 디딤돌로, 이 자리가 의미하는 바가 무엇이고 이를 어떻게 유지할 것인가에 대한 고민은 반핵, 탈핵을 고민해 보는 것과 다르지 않을 것으로 장소 유지에 관한 깊은 고민이 필요하다 할 것이다.

# 참고문헌

강제숙, 「태평양전쟁시기 원폭피해자문제와 한일시민연대」, 『제주4·3연구소 학술대회』, 2013.

길본일, 「시간 표현의 인지언어학적 연구」, 부산대 박사논문, 2006.

김곰치, 「"나는 아프다!" 김형률의 삶은 계속되어야 한다」, 『녹색평론』 92, 2007.

김기진·전갑생, 『1945년 히로시마 … 2013년 합천』, 선인, 2012.

김지곤, 『함께가는 예술인』 61, 2016.3~4.

김진국, 「원폭 피해자와 2·3세 문제의 해결을 위한 제언에 대하여」, 『입법토론회 대물림되는 고통, 원폭피해자 지원법 제정을 위한 토론회』, 주관 : 원폭피해자및자녀를위한특별법추진연대회의, 주최 : 김제남 이재영 이학영, 2013.

김형률, 아오야기 준이치 편, 『나는 反核人權에 목숨을 걸었다-반핵인권운동에 목숨을 바친 원폭2세 故 김형률 유고집』, 행복한책읽기, 2015.

노무라 타이세, 전은옥 역, 「방사선이 다음 세대에 미치는 영향」, 『입법토론회 대물림 되는 고통, 원폭피해자 지원법 제정을 위한 토론회』, 주관 : 원폭피해자 및 자녀를 위한 특별법추진연대회의, 주최 : 김제남 이재영 이학영, 2013.

아시아평화인권연대, 『삶은 계속되어야 한다 한국원폭2세 환우 증언록』, 2006.

전진성, 「원폭2세 환우 김형률 평전 삶은 계속되어야 한다 신간보도자료」, 휴머니스트, 2008.

_____, 『원폭2세 환우 김형률 평전 삶은 계속되어야 한다』, 휴머니스트, 2008.

_____, 「허울뿐인 한국인 원폭 피해자 지원법」, 『한겨레21』 1116, 2016.

최봉태, 「원폭 피해자 및 그 후손에 대한 피해 진상조사 및 지원 법률 제정의 필요성」, 『입법토론회자료 대물림되는 고통, 원폭피해자 지원법 제정을 위한 토론회』, 주관 : 원폭피해자및자녀를위한특별법추진연대회의, 주최 : 김제남 이재영 이학영, 2013.

최수철, 「국내 원폭피해자 실태 및 특별법 제정 운동」, 『입법토론회 대물림되는 고통, 원폭피해자 지원법 제정을 위한 토론회』, 주관 : 원폭피해자및자녀를위한특별법추진연대회의, 주최 : 김제남 이재영 이학영, 2013.

평화와통일을여는사람들, 『평화누리통일누리』 144, 2015.

_____, 『평화누리통일누리』 154, 2016.

후지메 유키, 양동숙 역, 『히로시마만의 군사화와 성폭력』, 논형, 2013.

# 국제결혼여성의 사회생태적 실천과 연대

양흥숙

## 1. 생태와 사회

생태란 말은 너무나 익숙하게 사용되고 있고, 도처에서도 많이 읽히고 있다. 그만큼 삶 속에서 '생태'는 효용성을 가진 말이고, 남용되고 있을 만큼 우리가 지켜나가야 할 아젠다로 보인다. 또한 생태는 다양하게 사용될 정도로 폭넓은 의미를 담고 있다고 생각된다. 더욱이 생태는 위기와 문제라는 단어와 합성어가 되어 해결해야하는 대상이 되기도 하였다.

생태란 말이 흔하게 쓰인 경우는 환경문제를 다루는 때였다. 산업화이후 초래된 환경문제는 인간의 거주, 관계는 물론이고 나아가 인간의 삶과 삶터를 위협하면서 많은 문제를 불러일으켰다. 그러므로 인간의 위기를 극복하고 그 대안을 제시하려는 다양한 노력들이 함께 진행되었다. 환경보호, 자연보호를 통해 환경을 보존하고 더불어 인간을 구제하자는 이러한 논의는 대부분 자연환경이 먼저 파괴되면서, 자연환경을 이용하거나 의존해서 살아가는 인간의 생존과 생태가 위험해지고 있다는 순서에 따르고 있다. 또한 자연환경의 파괴는 남용, 오류, 잘못된 기획 등을 포함하는 인간의 활동에서 비롯되었으므로, 이러한 것을 바로 잡고, 환경을 보호해야한다는 반성과 성찰이 요구되었다. 모든 오류의 시작을 '인간'으로 통칭해 버린다. 실제 생태위기를 초래한 원인이 통칭 '인간' 속에 묻혀 버린다. 이러한 환경에 대한 의식을 고양시키면 자연은 보존되고 인간도 살 수 있다는 논리의 흐름에 있다.

그런데 자연을 이용해서 살아온 인간의 역사는 이미 오래된 것이고, 산업화 이후 자연은 대량으로 자원화가 되면서 자연파괴가 더 심각해진 상황에 직면했을 뿐이다. 즉 생태위기는 근대화, 산업화가 진행되면서 초래된 것이 아니다. 고대에서도 환경파괴에 인한 문명 소멸, 전쟁에 의한 환경 파괴 및 도시 소멸 등 인간과 자연의 생태를 위협하는 요소와 사건은 지속적으로 발생해 왔다. 그러므로 생태위기의 책임을 근대화에서 찾게 되면, 생태에 있어서 전근대는 생태위기가 적거나 없는 시기로 미화가 될 수 있다. 또는 생태문제를 풀기 위해서 그 해법을 아득한 원시사회에 돌아가서 구하는 데 빠질 수 있다.[1] 더욱이 생태위기의 해법이 맹목적인 생명중시, 비합리적인 환경보호라는 극단에 이를 수도 있다. 생태위기를 환경오염, 자연훼손에서 출발하다보면, 생태 용어를 사용하는 순간 푸른 숲과 천연의 갯벌이 머릿속을 우선적으로 장

---

[1] 이에 대해 문순홍은 생태라는 용어는 고대부터 있었던 이른바 전일적이고 유기적인 세계관으로 표현될 수 있는 사유의 전통인데, 근대의 탄생 이후에는 이러한 전통이 소수에 그치거나 주변위치에 있어 두드러지지 못하였다고 하였다. 오히려 생태담론은 고대부터 있었던 생태적인 사유가 현대 자연과학 업적과 발견들에 근거하여 이른바 객관성을 획득하는 과정을 배경으로 하여 새로이 대두한 것이라고 밝히고 있다(머레이 북친, 문순홍 역, 『사회생태론의 철학』, 솔, 1997, 238쪽).

악하게 된다. 또한 근대화가 가져온 순기능, 과학기술의 긍정적인 면도 부정하게 되는 역설에 놓이기도 하고, 과학기술의 발달이 비생태적이라는 상황에 직면하게 한다.

이러한 제 논의들을 문제시하여 지적한 대표적인 인물로 머레이 북친Murray Bookchin을 들 수 있다. 그의 주장은 학자들에 따라서 사회생태론 또는 사회생태주의로 번역되고 해석된다.[2] 요약하자면 자연 파괴, 환경문제를 초래한 자연과 인간의 관계는 인간과 인간의 지배·위계적 관계에서 나왔다는 것이다. '인간과 인간의 지배관계'라는 말에서 앞서 통칭되던 '인간'은 구분될 수 있다. 이러한 지배관계가 여러 가지 사회문제를 초래하고, 사회문제들 속에서 지배당하는 인간은 결국 생태위기를 겪게 된다는 의미이다. 나아가 지속적으로 지배하는 자가 또 다른 인간을 지배하고, 나아가 자연을 지배할 수 있다는 논리다. 곧 자연과 인간의 관계를 새롭게 설정하고, 그 후에 지속적으로 진행된 자연 파괴와 인간의 위기를 해결할 수 있다고 본다. 그러므로 우선 인간과 인간의 관계를 비판적으로 바라보고, 무슨 요인이 인간의 생태에 위해를 가하는 요소인가를 고민한다. 또한 어떻게 하면 인간은 생태적 삶을 살 수 있는가를 고민한다.

그러므로 이 글에서는 우리 사회에서 겪고 있는 생태위기는 무엇인가? 생태적 삶을 추구하는 노력은 이 사회에서 어떻게 나타나고 있는가 등에 주목한다. 구체적으로 일상적 삶이 영위되는 삶터인 로컬 속에서 생태위기를 극복하고 생태적 삶을 추구하는 사람들에게 주목하였

---

2   학자에 따라 북친이 전개한 여러 논의들을 사회생태주의, 사회생태론, 에코아나키즘 등으로 구분하여 쓰기도 한다.

다. 특히 부산시 서구 초장동의 '한마음행복센터'를 운영하면서 생활하는 국제결혼여성을 중심으로 살펴본다. 이들은 특정한 공간을 기반으로 불균형, 편견, 억압, 차별을 해소하고 인간과 인간의 관계를 재구성해 나가고 있다. 이를 사회생태주의 관점에서 고찰하고 이들의 생활, 연대와 참여 방식을 통해 구성되는 로컬리티를 살펴보고자 하였다.

## 2. 사회생태주의와 국제결혼여성

이 책의 제목이기도 한 '생태와 대안의 로컬리티'는 이미 도래한 생태위기의 시대에서, 이 위기를 극복하기 위한 대안으로서의 로컬리티를 고찰해 보자는 의미이다. 또한 생태적 삶을 위한 방법으로서의 로컬리티도 같이 고민해 보는 기회라고 생각한다.

사례 연구를 통해 생태적 삶이 무엇인지, 이를 가능하게 하는 로컬의 역동성, 재구성되는 로컬리티가 무엇인지를 구체적으로 살펴본다. 그러므로 이 글에서는 인간의 생태위기를 자연의 위기, 환경문제에서 비롯된 것이 아니라는 사유에 주목하고자 하였다. 이 사유는 인간과 자연의 관계를 조화롭게 만들어야 한다는 것에 동의한다. 그런데 인간은 다양한 사회 속에 존재하고 그 모두가 인간의 생태문제와 깊이 관련되었다고 간주하였다. 사회적 존재로서 인간은 제도를 통해 서로 관련되어 있고 그것이 서로 자연 세계와 어떻게 관련되는가를 규정해 왔기 때문이었다. 즉 어떤 요인이 생태적으로 유해한 인간 사회를 낳는 것인가? 그리고 어떤 요인이 생태적으로 유익한 인간 사회를 만드는 것인가?라는[3] 생태위기에 대한 사회적 요인들에 대한 물음이었다.

다양한 생태담론·주의를 종합하여 생태주의는 탈물질주의적, 생태 친화적, 절약적, 탈국가적, 시민사회 중심적, 지역 중심적, 수평적, 탈권위적, 평화주의적, 탈시장적, 탈이윤적 사고를 지향하는 것이며 평화·정의·평등·생명 등의 가치를 지향하는 것이라고 정리되기도 한다.[4] 이 또한 사회생태주의가 강조하는 반자본, 반국가, 탈위계 등에 닿아 있다. 그러므로 환경위기, 노인문제, 인구감소, 마을 공동화문제 등 현실적 어려움(생태위기)을 겪는 지역에서 사회구조의 위계를 해체하고, 생태적 실천을 해나가는 일은 중요하다고 할 수 있다. 한국에서 산업화가 진행되면서 도시는 도시대로, 농어촌은 농어촌대로 갖가지 새로운 문제를 만나게 되었다. 기존 사회에서는 겪지 못한 문제들이 생겨났다. 지역의 거주민은 지난 수십 년 동안 이러한 문제를 순차적으로, 또는 반복해서 겪었다.

머레이 북친은 인간과 인간의 지배-피지배관계, 권력관계 등을 해체하고 사회를 재구성한다면 생태위기를 극복할 수 있을 것이라고 하였다. 즉 인간과 인간의 관계, 인간과 자연의 관계가 갖는 연관성을 중시하여 계급적인 인간관계가 환경파괴를 초래하였다고 보았다. 북친은 인간과 자연의 관계를 중시하고 인간과 사회의 관계를 경시하는 것을 비판한다.[5] 생태파괴(인간의 자연지배)는 인간사회의 지배구조에서 비롯된다는 것이 북친의 사회생태주의이다. 그러므로 북친은 생태 앞에 사

---

3   머레이 북친, 박홍규 역, 『사회생태주의란 무엇인가』, 민음사, 1998, 20~21쪽.
4   이상헌·정태석, 「생태담론의 지역화와 지역담론의 생태화」, 『공간과 사회』 통권 제32호, 2010, 113쪽.
5   머레이 북친, 박홍규 역, 앞의 책, 278쪽.

회를 붙여 자연과 사회가 분리되지 않다는 것을 강조하였다.

인간의 거주환경이나 지구의 자연생태계에 대한 관리, 보호, 보존의 이념이 나쁜 것이 아니라도 여전히 보수적, 인간중심적 발상이므로, 사회관계에 대한 생태학적 혁명이 선행되지 않으면 어떤 환경운동도 환경관리주의, 환경관리윤리에 불과하다는 북친의 주장에 동의하면서, 환경관리주의, 환경관리윤리 속의 반인간주의를 해결하기 위해 휴머니즘 고양을 강조하기도 한다.[6]

북친의 사회생태주의에서 주목되는 바는 산업사회, 자본주의 발달이 초래한 인간과 인간의 지배구조를 해체하고 사회구조를 개혁하고 재구성해야 한다는 것이다. 이에 따라 북친은 새로운 형태의 사회를 목표로 하는 노력이 필요하다고 하고 '리버테리언적 지역자치주의Libertarian Municipalism' 를 주장하였다. 이는 민중이 직접 사회를 통제하여 민주주의를 실현하고 유지하는 공동체 사회를 의미한다. 국가 영역 대신 지역 사회의 연합을 요구하고, 그 연합은 인권과 생태라는 과제에 근거를 두고 있는 공동체였다.[7] 그리하여 그리스 폴리스처럼 시민이 모여 그들의 문제를 합리적으로 토론하고 회의를 하는 세계를 구상하였다. 민주주의가 실현되는 공간은 시민이 직접 참여해서 모이고, 직접 만나서 토론을 할 수 있는 넓지 않은 공간을 의미한다.

리버테리언적 지역사치주의에서 강조하는 자치와 참여, 자신이 거주하는 지역에 대한 적극적인 개입, 자유로운 의사 표현, 직접 만나서 토론하는 연대의식, 위계적인 관계 파괴와 같은 다양한 의미들은 로컬

---

6　구승회, 「환경주의 이데올로기와 에코아나키즘」, 『오늘의 문예비평』 31, 1998 겨울.
7　머레이 북친, 박홍규 역, 앞의 책, 235~238쪽.

의 역동성에 기반을 둔 로컬리티 연구와 깊게 연관되어 있다. 그동안 로컬리티 연구에서 인간이 맺어나가는 관계의 의미에 대해서는 누누이 강조된 바 있고, 이러한 작용에 따라 의미 있는 공간인 장소가 생성 또는 재구성된다는 것을 강조해 왔다.

이 글에서 부산시 서구 초장동을 중심으로 생활하는 국제결혼여성에 대해 주목한 것도 이들이 모이는 공간과 이 공간에서의 여성들의 관계와 참여 때문이었다. 서구 초장동은 '다문화'를 마을 정책 중의 하나로 내세우고 있는 곳이다. 이곳에는 국제결혼여성이 다수 거주하고 있고 이들이 모일 수 있는 공간이 자리하고 있다. 이주노동자나 국제결혼여성은 인종차별과 같은 인간의 인간지배, 국가의 인간지배, 남성의 여성지배라는 총체적 문제를 겪고 있는데, 초장동뿐 아니라 이들 여성이 거주하는 곳이면 각 지역마다 여러 지배구조가 겹겹이 형성되었다. 2000년 이후 한국사회에 이주노동자, 국제결혼여성이 증가함에 따라 수많은 다문화 연구와 정책이 시행되었다. 많은 외국인이 한국에 거주하고 있는 것만큼 다문화는 국내 정치·경제·사회 분야의 뉴스로, 이슈로 종종 등장하고 있다. 여기에는 다문화가 사회문제로 남아 있는 사회구조 속에 있고, 이들이 차별받고 안착하지 못하는 것에 대한 문제를 직시하고 있기 때문이다.[8]

부산시 서구 초장동의 국제결혼여성은 사회생태주의에서 지양하는 지배관계를 깨뜨리고 원주민과의 공생, 이주민과의 공생을 추구하고

---

8 　구성원들 간에 매일 생활공간을 공유하고 접촉을 하는 마을, 적은 규모의 공간에 있어서는 원주민과 이주민의 관계는 현실적 조건이다. 그러므로 공생의 로컬리티 모색을 위해 다문화 현상·담론·주의라는 현실적 문제를 탐구하였다(이명수 외, 『다문화와 인정의 로컬리티』, 소명출판, 2015).

있다. 여전히 우리 사회의 소수자로, 수동적인 존재로 인식되는 이들은, 자신들의 공간 운영에 적극 참여하고 의사를 나타내고 있다. 또한 이들의 공간에서는 더 이상 수동적인, 물질적으로 지원을 받기만 하는 국제결혼여성이 아니라 지원받음과 지원함의 관계를 역전시키는 활동을 하고 있다. 이들 여성은 또한 국제결혼여성이라는 동질감 속에서만 관계를 맺어나가는 것은 아니고 초장동, 서구 때로는 더 큰 규모의 지역에서 원주민과의 관계를 형성하고 있다.

또한 그들의 공간이, 그리고 공동체의 존립이 외부로부터의 압력에 의해 위태로울 때에는 이주민, 원주민과의 연대를 강화하고 외부 압력을 향한 적극적인 대응을 나타내기도 하였다. 이러한 과정을 통해 이들 여성은 사회문제를 해결하고, 자신의 권리와 자유를 발견하며, 외부로부터의 부당한 압력에 대한 거부를 행사할 수 있었다.

원주민과 이주민이 계속되는 생태위기를 극복하기 위해, 그들의 거주지에서 그들의 문제를 해결해 나가는 것은 생태운동의 다른 방식이라고 생각된다. 원주민, 이주민을 포함한 거주민들이 겪을 수 있는 여러 층위의 지배구조를 해체해 나가는 것에서 로컬의 역동성을 발견할 수 있다.


## 3. 대도시 주변지역에서의 다문화 호명

로컬은 다중적이고 이질적인 주체들이 직접적으로 관계 맺고 상호 교류하는 공간인 동시에 매체를 통해 외부로 설명되고, 외부의 개입에

노출된 공간이다.[9] 그러므로 로컬은 탈자본과 탈국가 논의와 행위가 실현되는 곳이지만 또한 자본과 국가가 언제든 개입할 수 있고, 이미 다양한 힘이 작동되는 곳이기도 하다. 이러한 로컬의 사례로서 부산시 서구 초장동을 고찰하여 생태적 삶에 대한 실천과 로컬리티 재구성을 발견할 수 있다.

국제결혼을 한 여성은 한국 가부장사회로의 종속, 한국 사회와 문화의 강제적 습득과 수용, 이주민에 대한 차별적 처우, 거주지에서의 낯섦, 경제적 빈곤 등을 겪으면서 생존의 위협을 겪기도 한다. 또한 여성문제는 남성과의 관계에서 배태되는 사회문제, 아이들의 성장과 관련한 교육문제, 거주민으로의 생활문제, 인간의 권리를 보장받아야 하는 인권문제와 관련되어 있다. 국제결혼여성이 본격적으로 증가하고 한국 사회의 구성원으로 살아가기 시작한 지 20년이 지났지만 이들은 여전히 제도적·물질적 지원의 대상으로 인식되고 있다. 또는 여전히 한국 사회의 이방인으로 존재하고 있다.

여기에는 인간과 인간 사이의 지배와 피지배 관계, 국가 경제력 차이에서 비롯된 해당 국민에 대한 차별 등이 해소되지 못한 것이 중요하게 작동하고 있다. 특히 생태위기에 직면하였거나, 이러한 위기를 경험했던 국제결혼여성들은 이를 극복하고 지역에서 주체로 존재할 수 있는 실천적 삶을 '연대'를 통해 가능성을 보이고 있다.

저소득층 밀집, 노인층 증가, 외국인노동자와 국제결혼여성의 증가, 좁은 골목과 협소한 거주 공간, 공공시설의 부족과 불안한 치안 등은

---

9  조명기, 「로컬 주도의 다문화주의의 의미와 가능성」, 이명수 외, 『다문화와 인정의 로컬리티』, 소명출판, 2015, 300쪽.

대도시 주변부 공간에서 접하게 되는 현상들이다. 부산시 서구는 원도심 지역으로, 도심 공동화라는 인구감소의 전형을 겪고 있다. 서구 중에서도 천마산 중턱에 위치한 초장동은 경사지에 위치하고, 시장, 병원, 공공시설이 먼 위치에 있어 서구의 주변부에 해당한다. 2015년 부산시 통계연보에 따르면 서구는 부산시 16개 자치구·군의 하나인데 인구는 전체 부산시 인구의 3.3%에 불과하다. 지난 30년간만 보더라도 인구가 꾸준히 감소하는 지역으로, 특히 청장년층과 그의 가족들의 구외區外 이주가 많았다. 반면 1992년 외국인 통계가 시작된 이래 외국인 비율이 꾸준히 늘어나고 있는 자치구로, 전체 서구 인구의 1.16%에 해당하는 외국인(2014년 1,391명)이 거주하고 있다. 인구 감소로 인한 구세區勢의 위축을 극복하고자 정책적으로 인구증가 또는 인구유출을 막기 위한 여러 방안들이 모색되는 곳이다. 주민의 생활안정, 주민간의 유대를 강화하여 지역 분위기를 활성화시키려는 노력은 우선 정책적인 면으로 눈이 띈다. 초장동은 서구 가운데서도 다문화 가족(약 300여 세대) 거주율이 가장 높은 동이다.[10]

'주민자치 우수사례를 발굴하여 전국에 확산하는 자리이며 지역사회 자치활동이 경험과 감동을 나누는 소중한 만남의 장이라는 점을 강조'하는 전국주민자치박람회[11]에 동 단위로 적극 참여하고 있다. 서구 각 동의 활동 사례들이 2005년 이후 매번 우수사례로 선정되면서, 시구는 11년 연속으로 우수사례 발표 자치구로 유명하다. 주민자치박람

---

10  부산광역시 서구청 보도자료, 2012.9.10(부산 서구청 홈페이지, 검색일 : 2016.9.7).
11  (사)열린사회시민연합 홈페이지, 전국주민자치박람회는 (사)열린사회시민연합이 주관하고 행정안전부가 후원하는 전국 규모의 박람회다.

회에서 우수사례로 수상한 목록을 살펴보면 초장동에서 제출된 주민자치의 사례는 '꿈터작은도서관'을 만들어 이 공간을 주민자치회, 지역기관, 자원봉사자간의 소통의 공간으로 운영한 것이었다. 뿐만 아니라 다른 지역에 비해 초장동에는 국제결혼여성이 많이 거주하는 점을 고려하여 이 도서관에서 다문화가정지원사업이 운영되고 있다[12]는 평가를 받아 2011년 수상하였다. 초장동의 '꿈터작은도서관'은 2008년 4월 국립중앙도서관 작은도서관 조성사업에 따라 개관된 도서관이다. 도서관 운영 시작 때부터 아동과 다문화 가정을 위한 10여 개의 프로그램을 구성하고, 자원봉사 어머니와 국제결혼여성, 새마을문고회와 주부독서클럽 등 총 5개의 조직이 협력해 주민이 주인이 되는 문화공간을 만드는 기획이었다.[13]

이렇게 다문화와 관련한 사업이 주민자치를 지향하는 마을의제사업의 결과로 나왔다는 점에서 주목된다. 서구에서는 2010년 11월부터 동자치회별 설문조사 등을 통해 선정한 마을의제를 근거로 각 동주민자치위원회가 사업추진안을 작성하고 2011년 11월 그 추진성과 발표회[14]를 가졌다. 초장동 주민자치회의 운영결과보고서를 보면 주민자치회에서는 초장동 내에서 우수사례 활동을 5개로 구분하였는데, ① 주민자치역량강화, ② 마을환경개선, ③ 취약계층 지원 및 주민 화합, ④ '초장동 희망공방' 운영, ⑤ 행복마을만들기 사업으로 진행한 '한마음

---

12 부산광역시 서구청 보도자료, 2011.9.25(서구청 홈페이지, 2016.5.2). 같은 해 수상을 한 서구 아미동은 아미동의 클린데이와 1% 사랑나눔회, 동대신2동은 벽화마을 조성, 남부민2동은 장학사업과 무료건강검진 등이었다.
13 「살기좋은 우리동네 ⑨ 초장동 〈2〉」, 『부산광역시 서구 사이버신문─우리동네』(부산 서구청 홈페이지, 검색일 : 2016.5.2).
14 부산광역시 서구청 보도자료, 2011.11.21(부산 서구청 홈페이지, 검색일 : 2016.5.2).

행복센터'의 건립이었다.[15] 희망공방과 한마음행복센터는 저소득층과 국제결혼여성이 주된 참여 대상자이다.

2014년 제13회 본 박람회에서 초장동은 대상을 수상하였는데, '자원활용, 주민 소통·일자리 창출'로 지역활성화에 기여했다는 평가이다. 이때의 '자원활용'에서의 자원은 인적 자원과 공간적 자원이었다. 인적 자원은 다문화여성, 공간적 자원은 '한마음행복센터'였다.

초장동은 서구 내 13개 동 중에서 국제결혼여성이 특별히 많이 거주하는 지역은 아니지만 '다문화'를 적극 호명하고 있다. 이것은 서구의 문화 지형과 초장동의 상황이 무관하지 않다고 여겨진다. 서구 13개 동 중에서 분동分洞이 되지 않고 단일 동으로 남아 있는 동은 부민동, 아미동, 초장동, 충무동, 암남동이다. 인구가 분동이 될 정도로 증가하지 않는 동이라는 의미이다. 이 네 개의 동 중에서도 초장동은 2016년 3월 현재 가장 인구가 적다. 또한 각종 재개발에 묶여 지역 개발이 더딘 지역에 속한다.

서구의 동을 대략 살펴보면 교통, 학교, 체육시설 등이 많고 무형유산이 있는 동·서대신동, 종합대학교와 관청(이후 등록문화재로 지정)이 들어선 부민동, 대형종합병원과 아미농악 전승, 최근 도시재생사업이 활발한 아미동, 도매·소매시장이 밀집해 있는 충무동, 송도라는 관광 자원을 가진 암남동, 부산공동어시장 및 수산물가공단지가 있는 남부민동이 있다. 그런데 초장동은 이와 달리 좁은 산복도로 주변, 가파른 도로 주변에 주택이 밀집해 있어 도시기반시설이 취약하고, 상권 역시

---

15  (초장동) 2011년 하반기 주민자치회 운영 결과 보고서.

형성되지 못한 곳이다. 이런 여건 속에서 다른 동과 차별화하는 전략으로 '다문화'를 강조하면서 등장한 것이 '한마음행복센터'였다.

서구뿐 아니라 국제결혼여성이 있는 지역이면 다문화를 주제로 하여 각종 '지원'과 '사업'이란 이름으로 등장하는 프로그램은 중복되게 진행될 정도로 많다. 국가적으로, 지자체마다 다문화를 주제로 하는 지원프로그램이 있고, 법인 등 각 사회단체들이 전문적으로 '다문화' 관련 사업을 진행하고 있다. 또한 일부 대학에서는 단기적이고 이벤트적인 성격에서 벗어나 다문화 프로그램을 특성화 과정으로 개설하여 체계화하려는 노력도 진행하고 있다.

대도시 주변부인 서구 초장동은 현재 관의 정책 및 지원, 이에 대응하는 주민의 기획과 활동이 맞물리고 있다. 무수한 콘텐츠 속에서 다문화를 마을 활동의 중점사업으로 내세우고 있다. 일반화된 정책과 프로그램이 관 지원 아래 진행되면서도 주민의 필요성, 다른 지역과의 차별화 전략이 부합되는 것이 초장동의 '다문화' 기획이었다.


## 4. 다문화 공간과 구성원의 복잡화

### 1) 다문화 공간 '희망공방'

지자체 내의 문화 경쟁, 차별화 전략에서 가시적 효과를 보였지만 이것이 국제결혼여성이 지역사회의 주체로 성장하는데, 얼마나 실효성과 지속성을 가지는지 가늠하기 어렵다. 한국이 다문화사회로 진입한 후

시민단체, 여성지원센터, 주민자치회 등이 국가, 시나 구의 지원을 받아 다문화 프로그램을 만들었지만 지원이 중단되면 더 이상 프로그램을 운영해 나가지 못하는 예가 많은 것도 사실이다. 또한 이벤트로 끝나는 사업들 또한 국제결혼여성이 지역사회에 거주민으로 살아가는 데에는 한계를 가진다. 한국문화, 한국가족관계 등에 관한 교육프로그램, 농촌체험과 역사유적지 방문 등과 같은 한국역사와 경관을 이해하고 동화되는 과정의 프로그램들은 여성의 이주 초기에는 효과를 나타낼수는 있어도 지역사회에서 살아나가는 데에는 큰 영향을 미치지 못하는 듯하다. 이주와 거주는 현실적으로 일상적인 문제이며, 마을마다 다른 환경을 가지고 있기 때문에 '한국 차원'의 문화 습득 외 마을 거주민으로서의 관계 형성도 중요한 문제이다. 이것은 국제결혼여성과 함께 거주공간을 공유해야 하는 원 거주민에게도 중요하다. 상호 새로운 문화를 겪어야 하는 '낯섦'에 노출되기 때문이다.

2008년 컨테이너 2개로 시작한 초장동 희망공방이 초창기 어려움을 겪은 것도 같은 맥락이다. 희망공방은 당초 국제결혼여성과 저소득가정의 일자리창출사업으로 마련되었다.[16] 한국문화 알기 등의 프로그램이 아니라 지역의 정착을 위해서는 경제적 안정이 중요하다는 취지로 출발하였다. 희망이라는 이름에서 국제결혼여성 등 이주민과 저소득층

---

16 초장동보다 국제결혼여성 관련 사업을 먼저 시작한 것은 인근의 충무동과 아미동이었다. 2006년 이후 충무동의 '이주여성이 만드는 영어체험 학습장 운영'(『서구신문』, 2006.6), 국제결혼여성과 자원봉사자 함께 김장담그기(2006.12), 아미동의 '어린이 중국어교실'(이주여성이 교육자)(2006.12), 충무동의 '이주여성 가족들을 위한 주1회 베트남어교실', '이주여성들의 한국생활 정착에 도움을 주는 생활과학교실'(2007.5), '함께해요! 크리스마스와 동지 행사'(2008.1), 서구청에서의 '국제결혼이주여성가족들과 자원봉사자의 문화유적지 탐방'(2008.4) 등의 프로그램이 있었다.

이 겪는 정착과 일상의 어려움이 드러난다. 희망공방에서는 공예기능 습득프로그램과 한글교육을 실시하고 점차 각종 사회적응프로그램을 실시하면서 주변 대학과 연계를 맺고 컴퓨터 교육 등 프로그램을 다양화해 나갔다.[17] 2012년 3월에는 희망공방 및 공동작업장이 마을기업으로 지정되었다.[18]

2012년 당시 초장동 주민자치위원회 위원장은 "'초장동 희망공방'은 우리 동의 특색사업이자 자랑거리로 이제 자리잡았다"며 "올 상반기에 신축·개관하는 '한마음행복센터'는 다문화 서부산권 거점센터 역할을 할 수 있도록 각종 프로그램을 개발·운영하여 다문화 가족과 지역 주민들에게 희망을 주는 데 지원을 아끼지 않겠다"고 포부를 밝혔다'라고 하였다.[19] 초장동에서 다문화는 동을 대표하는 사업으로 부각되고, 마을 활성화 차원의 사업에서 나아가 다문화사업의 거점지로서 출발하는 것에 주목된다. 반면 희망공방의 주요 구성원인 국제결혼여성에게는 국제결혼여성 간의 연계, 지역주민과 연계될 수 있는 기반으로 작동하였다.

희망공방이란 다문화 공간이 생기면서 국제결혼여성의 구심점으로 자리하였다. 각각의 생활여건에 따라 희망공방의 구성원 변화가 발생하지만 국제결혼여성에게 가족, 형제를 중심으로 한 좁은 생활공간보다 큰 생활공간을 접할 수 있다는 의미이다. 국제결혼여성이 만나고 그들의 생활을 말하고, 어려움을 발견하고, 정보를 교류할 수 있는 그들

---

17  부산광역시 서구청 보도자료, 2012.1.17(부산 서구청 홈페이지, 검색일 : 2016.5.1).
18  부산광역시 서구, 『민선5기 구민과 함께한 열정의 4년』, 2014, 160쪽.
19  부산광역시 서구청 보도자료, 2012.1.17(부산 서구청 홈페이지, 검색일 : 2016.5.1).

의 공간이었다. 공간을 기반으로 접촉, 교류가 진행되면서 공동작업을
해 나가는 연대의식도 형성되었다.

① 부산 서구 초장동 '늘푸른행복돋움이회(회장 김영재)'는 오는 12일
오후4시 동주민센터에서 '희망공부방 만들어주기' 사업으로 관내 저소득
가구 초·중학생 10명에게 책상과 책꽂이 전달식을 가진다. 책상과 책꽂이
는 **초장동 희망공방 종사자가 직접 각 가정을 방문하여 방사이즈를 확인하고 치
수를 재어 만든 맞춤식이다.** 방이 좁아 책상을 들여 놓을 엄두를 못 내던 집
에는 방사이즈를 고려하여 제작하고, 시각 장애로 늘 책상 모서리에 부딪
히던 아이에게는 모서리 없는 둥근 책상을 선사하기로 했다. 이번 행사에
는 손창일 초장동주민자치위원장과 **희망공방 종사자들의 힘이 컸다.** 손위원
장이 자재비로 써달라며 내놓은 백만 원으로 자재를 구입하였고, **희망공방
의 종사자와 자원봉사자들은 집 여건과 아이들의 기호에 맞춘 좋은 제품을 만들
고자 정성을 기울였다.**[20]

② 주5일제 수업의 본격적 시행으로 곳곳에서 '가정과 사회가 함께하는
토요학교'가 운영중이다. 이 중 다문화가정의 학부모가 강사로, 아이들은 학생
으로 **참여**하여 호응을 이끌어 내는 곳이 있다. 바로 부산 서구 초장동주민
센터(동장 박경민)의 '오감캠프'나. 초장동에는 서구 지역 이주여성들의
희망1번지로 소문난 '희망공방'이 2008년 10월부터 문을 열고 있고, 또한
**이주여성들이 어려운 이웃을 위해 다양한 봉사를 펼치도록 지원하기 때문에 다**

---

20  부산광역시 서구청 보도자료, 2012.9.10(부산 서구청 홈페이지, 검색일 : 2016.9.10).

문화가정의 메카라고 할 수 있다. 이에 오감캠프에도 다문화가정의 적극적 참여가 이루어진 것이다. 오감캠프는 감각과 감성을 일깨울 수 있는 프로그램을 운영하자는 취지로 마련되어 노래로 배우는 외국어 교실, 오카리나 악기 배우기, 댄스교실 등 오는 12월까지 5개월간 운영하게 된다. 첫 번째 수업이 시작된 지난 28일 토요일. 본격적인 수업에 들어가기 전 아이들 사이에는 서먹한 분위기가 감돌아 '아이스 브레이킹 시간'을 가졌다. 서로 몸을 부딪히고 뛰어다니다 보니 어느새 어색함이 사라졌다. **이어 인도인 남편과 결혼하여 다문화가정을 이루고 있는 정영송씨는 '노래로 배우는 외국어'를,** 무용전공 자원봉사자는 댄스교실을 진행했다. 이외에도 독서지도교실 수업도 이루어졌다.[21]

③ 서구 초장동주민센터(동장 박경민)에서 운영하는 **'초장동희망공방'**에서는 다가오는 설을 맞아 1월 18일 관내 경로당 3곳을 찾아 자신들이 직접 만든 탁자(3개－시가 600천원 상당)와 손수 굽고 끓인 떡 케익을 드리고, 경로당 어르신과 동네 어르신 60여명께 떡국을 대접한다. 아울러 경로당 안팎 청소 등 봉사활동도 병행하며 고향의 부모님과 가족에 대한 그리움을 달래게 되는데, 이날 봉사활동에는 결혼이주여성 16명과 동 주민센터 자원봉사자 4명 등 20여 명이 참여해서 어르신들을 위로하고 즐거움을 함께 나누게 된다. 떡국 대접에 필요한 경비 마련은 그동안 자신들이 직접 제작한 목공예와 칠보공예 작품을 전시회 2회, 구 축제 시 체험부스 운영 3회 등의 활동을 통해 얻은 수입금으로 충당한다. '초장동 희망공방'은 서구 지역 이주여성

---

21 부산광역시 서구청 보도자료, 2012.7.31(부산 서구청 홈페이지, 검색일 : 2016.9.11).

들에겐 희망을 일구는 행복공간으로 입소문이 나 있다. 필리핀에서 시집온 제나이다 씨는 오늘도 그동안 익힌 목공기술로 경로당에 드릴 예쁜 탁자를 만들고 있다. 다른 동료들과 함께 다듬고 잇고 칠하며 (…중략…) 며칠 있다 경로당 어르신들을 찾아 위로 봉사활동에 참여한다는 생각에 오늘도 희망공방에서의 행복 일구기에 여념이 없다.[22]

①, ②, ③의 사례를 통해 희망공방의 구성원들이 마을의 노인, 청소년과 관계를 맺는 방안이 드러난다. 사례 속에서 국제결혼여성들은 가구를 만드는 기술을 가진 동네 주민, 마을 노인에게 음식을 제공할 수 있는 마을 여성, 청소년에서 외국 문화를 체험하게 하는 교육자로 존재하고 있다. 희망공방에서 발생하는 수익 중 일부를 지역 경로당이나 청소년층에게 환원시켰다. 국제결혼여성이 국가에서, 지자체에서 진행하는 각종 사업의 지원대상으로 존재하는 것이 아니라 지역주민에게 자신들을 알리고 마을 주민과 교류하는 거주민으로서의 존재하였다. 지역 주민으로서 정체성을 확보하는 과정을 찾아볼 수 있다. 이러한 사례는 국제결혼여성이 개별적으로 행하기 어려운 것들이다. 희망공방은 여성이 모일 수 있는 공간일 뿐 아니라 그들의 연대를 상징한다고 할 수 있다. 희망공방의 조직을 확대하고, 여기에 지역주민(선주민), 노인계층(선주민)과 국제결혼여성(이주민)의 유대를 강조하면서 2012년 10월 건립된 것이 '한마음행복센터'이다.

---

22  부산광역시 서구청 보도자료, 2012.1.17(부산 서구청 홈페이지, 검색일 : 2016.9.10).

<그림 1> 한마음행복센터의 전경(2016.4 촬영)

## 2) '한마음행복센터'와 '복잡한' 구성원

서구에서는 마을단위 공동체 복원을 통한 서민밀집 주거지역의 물리적, 사회경제적 통합재생사업 추진으로 주민의 삶의 질을 향상시키고 공간기반조성, 주민역량강화 및 마을경제력 증대를 통한 행복마을 조성으로 지속가능한 마을재생을 도모한다는 취지하에 '행복마을 만들기' 사업을 추진하였다. 총 6개의 행복마을 만들기 사업이 추진되었는데 이 중 2011년 선정된 것이 초장동 '한마음마을'이다. 6개 행복마을 만들기 사업 중 다문화를 사업의 키워드로 둔 곳이 초장동이었다.[23] 센

---

23  부산광역시 서구, 『민선5기 구민과 함께한 열정의 4년』, 2014, 63쪽.

터는 행복마을 만들기 사업 결과로 세워졌기 때문에 '한마음행복센터'라는 이름이 붙여졌다.

센터의 문 앞에는 2013년 교육부 주관 평생학습도시 선정 행복학습 지원센터, 행복학습센터, '행복마을 만들기 사업으로 건립된 지역공동체 사업장입니다'이라고 쓰인 안내판 3개가 나란히 붙여져 있다. 이 센터의 이력을 알려주고 2011년 '행복마을 만들기' 사업 이후에도 다양한 사업이 이곳을 대상으로 진행되었음을 알 수 있다.

센터 구성은 지하 1층에 센터장 사무실과 2008년 출발했던 희망공방이 들어서 있다. 1층에는 다누리카페와 소규모 슈퍼, 전시공간, 공중화장실, 2층에는 부엌과 강의실 겸 교육장, 체력단련실, 3층 옥상에는 텃밭과 전망대가 있다. 이 센터가 주민역량강화 및 마을경제력 증대를 도모한다는 점과 지역주민과 국제결혼여성의 유대를 강조한다는 점을 차치하고서라도 센터를 구성하는 공간에서 다양한 인원으로 채워짐을 알 수 있다.

센터 활동에 참여하는 구성원은 희망공방을 맡고 있는 미국 남성(한국여성과 결혼)이 있고, 이곳이 다문화 공간임을 알 수 있게 하는 인도남성과 결혼한 한국 여성, 중국, 일본, 캄보디아, 모로코, 페루, 베트남, 필리핀 등 다양한 국가 출신의 이주여성이 센터 구성원을 이루고 있다. 이들은 출신 국가와 관련 없이 같은 공간에 머물면서 각각의 차이를 인정하고 상호적으로 다문화를 경험하고 있다. 희망공방이 출범할 때에는 그 구성원이 15명 정도에 불과하였는데, 이 센터가 세워진 후에는 100명 정도로 증가하였다. 국제결혼여성이 센터에 처음 올 경우 반드시 가족을 동반시키고 있다.[24] 국제결혼여성의 센터 출입과 사회 활동에 대해 제약과 지원을 동시에 가할 수 있는 것이 가족이기 때문이다. 그러므로 해당 여성이 센터에 나와 활동한다는 것은 그들의 가족 또한 센터 활동에 동의하게 된다. 즉 센터 구성원은 그들의 가족까지 확대될 수 있게 된다.

또한 흔한 다문화 가족 사례인 한국 남성 + 동남아시아 출신 여성이라는 공식을 깨뜨리는 다양한 다문화 가족이 센터에 존재하고 있다. 이런 구성원의 존재는 다문화 가정을 지원의 대상으로 보고, 국제결혼여성을 수동적인 존재로 위치하게 하는 것에 혼란을 야기한다. 한국 여성 + 외국인 남성 가족을 구성하는 한국 여성은 센터에서 중요한 역할을 수반한다. 우선 언어 장애에서 벗어나 있으므로 이주 여성이 거주 지역과 센터에서의 활동이 가능할 수 있도록 하고 있다. 또한 다문화 공간인 이 센터가 외부와 연결될 때 관계를 매개하는 역할을 하기도 한다.

센터를 운영하는 데에는 SNS도 중요한 역할을 하고 있다. 사이버공간인 '행복마을 나누리', 센터장의 SNS를 통해 센터의 운영, 취업 등 주요 관심거리에 대한 정보, 센터의 중요 행사, 센터 방문객 현황 등의 정보를 공유할 수 있으므로 사이버공간에서 회원으로 등록하는 이들도 있다. 사이버공간은 가입을 위해서 단체의 동의가 필요 없고, 탈퇴는 자유롭고 정보를 공유하는데 별다른 인증절차도 요구하지 않아 센터는 더욱 개방적 공간으로 구성된다.

무엇보다 1층 출입문 옆에 자신이 만든 공예품을 전시하는 젊은 선주민 여성, 1층 다누리카페에 식혜를 제공하는 선주민(노인), 이들이 센터

---

24  부산시, 「천마산 자락에 피어나는 무지개 풍경 — 다문화가정과 한국 엄마들이 함께 만들어 가는 행복한 소통 공간」, 『부산이야기』 113-3, 2016, 36~37쪽. 그리고 센터장 인터뷰.

에서 식혜를 끓이고 텃밭을 가꾸는 일을 동의하는 주민의 가족들, 2층에는 공동 공예교육 수강은 물론 공동작업장을 사용하는 선주민, 2층 체력단련실에서 마사지를 받는 노인, 옥상 텃밭을 돌보는 선주민까지, 센터와 연관된 인원이 다양하게 확장된다. 이러한 구성원은 구성원 상호관계가 단순하지 않으면서 복잡하게 얽힐 것이라는 것을 예상할 수 있다. 또한 센터가 교류를 하고 있는 학계, 시민단체, 선주민 어머니단체는 센터와 외부 환경 사이 경계에 위치하고 있어, 센터가 지역사회, 주변환경과 맺는 관계 또한 다양하고 다층적으로 이루어질 것도 예상할 수 있다.

여기에 센터를 더욱 복잡하게 만드는 것은 불규칙적, 개별적, 우연히 방문하는 방문객들이다. 센터를 찾아오는 공무원, 활동가, 시민, 관광객이 있을 수 있고, 1층 카페를 찾은 외국인이 국제결혼여성이 활동하는 공간임을 알고 인연을 이어가는 경우도 있다. 복잡한 구성원은 외부로부터의 방문, 요청 등에 대응할 수 있는 동력이 된다.[25] 다양한 언어를 구사하고 다양한 역할과 기능을 소지한 구성원이 함께 있음으로 해서 수많은 외부의 요구와 질문에도 대응이 가능하다는 말이다. 제도권, 지방자치단체, 유사 기관 등에서 지원을 받는 수동적 관계가 강하게 되면 이주민 간의 수평적 관계는 형성되기 어렵다. 그런데 센터 여성들 간의 관계는 쉽게 끊어질 수 없는 복잡한 관계로 되면서 센터가 다문화 공간으로 공고해지고 있다. 동시에 이주민, 도시 주변에 위치한 원주민들이 그들의 존재를 확인해 나갈 수 있는 기반이 되고 있다.

---

[25] 소소한 예를 들자면, 서구에 거주하는 외국인 선원들에게 각 나라별로 안내문을 작성할 때 관청 인력으로는 되지 않아, 해당 나라별로 센터 국제결혼여성이 작성한 일이 있다. 센터장은 다양하고 복잡한 구성원이 가지는 동력에 대해 '우리는 뭐든 다 됩니다'라는 말로 압축한다. 센터장 인터뷰.

## 5. 관계 맺음과 연대의 실천

국제결혼여성과 다문화 가족 등이 겪는 생태위기를 해체하여 새로운 사회생태계[26]를 구성하기 위해서는 수동적 관계를 지양하고, 지역에서 동등한 참여 주체가 될 수 있도록 주변과의 관계들을 새롭게 정립해 나가야 할 필요가 있다. 또한 삶터에서 공생해 나갈 수 있는 적응력이 필요한데, 적응은 선주민과 국제결혼여성이 어떻게 소통을 하고, 교류를 하며 상호 적응하여 공존을 모색해 나갈 것인가에 대한 의미이다. 적응은 개인의 내적, 심리적 욕구와 외적, 사회적 환경과의 사이에 조화를 이루어 일상생활에서 좌절감이나 불안감 없이 만족을 느끼는 상태로 규정한다. 또한 사회적응은 물질적(경제적) 적응, 정신적(심리적) 적응으로 구분된다.[27] 그런데 국제결혼여성이 지역사회에 적응하는데 중요한 요인은 지역주민으로서의 정체성 확립과 사회적 연결망의 형성이고, 한국어 능력은 지역사회에 적응하는 데 중요한 변수가 되지 않는다.[28] 즉 국제결혼여성의 정체성 확립과 주변과의 관계를 형성하는 것

---

26  사회생태계는 필자가 사회생태주의에서 착안한 용어이다. 사회생태주의를 기반으로 하여 거주지에서 생태적 삶을 살 수 있는 관계망이란 의미로 사용하였다.

27  김영란, 「한국사회에서 이주여성의 삶과 사회문화적 적응관련 정책」, 『아시아여성연구』 제45집 1호, 2006, 166쪽.

28  이와 관련하여 임석회는 국제결혼여성의 지역사회 적응 정도는 지역사회의 생활, 공간인지 및 공간활동, 이웃관계 등을 통해 고찰하고, 이 세 가지를 변화시키는 요인이 무엇인지를 살펴 어떤 것이 국제결혼여성의 적응에 유효한지를 분석하였다. 지역사회 생활에 적응하는 요인으로는 지역주민으로서의 정체성, 출신국가, 국내 한국인 친구, 이주 전 한국에 대한 지식, 이주 전 거주 지역이 주요 요인이었다. 공간인지 및 공간 활동에는 주민 모임의 유무, 한국에 거주하는 같은 출신국의 친구 수, 배우자의 연령과 직업, 본국에서의 직업이 중요한 영향을 미쳤다. 지역사회 이웃관계에 대해서는 지역주민으로서의 정체성, 배우자의 직업, 이주 전 한국에 대한 이미지, 본인의 연령, 이주 전 본국에서의 한국에 대한 교육, 배우자를 만나게 된 계기, 거주 지역이 영향을 미쳤다. 결론적으로 지역 주민으로서의 정체성 확립과 사회적 연결망 형성이 가장 중요하다는 평가이다(임석희, 「결혼 이주 여성의 지역사회 적응 요인」, 최

이 그 사회, 그 지역에 적응하는데 영향을 많이 미친다는 의미이다. 정체성 확립은 자신의 존재를 규명하고 확인하는 것에서 출발한다고 해도 과언이 아니며, 존재가 안정되게 유지될 수 있는 시간이 소요된다. '한마음행복센터'에서 국제결혼여성이 존재를 확인하고, 장소애착을 가지면서 거주지에서 주체적으로 살아가는 모습을 발견할 수 있고, 이 공간을 매개로 다양하게 맺어지고 있는 관계, 이를 통해 국제결혼여성의 적응, 지역주민과의 적응이 이루어지고 있다.

### 1) 다누리카페 운영

다누리카페는 '한마음행복센터' 1층에 마련되어 있다. 카페는 국제결혼여성들이 직접 운영하고 있는 공간(카페 대표 명의는 한국인 센터장)이다. 다누리는 모두 다 누린다는 의미로 만들어졌는데 이 말에는 차별을 배제하겠다는 의미가 담겨져 있다. 또한 이곳을 상징한다고 볼 수 있는 캐릭터에 대한 이야기를 들어 보면 이곳이 다문화의 공간이며 공생의 공간임을 알 수 있다. 다누리 상징물에 이곳에는 세계 각국의 사람들이 모여있다는 의미로 만국기를 넣고 싶었지만 불가능하여 현재의 캐릭터로 하였다는 것이 센터장의 설명이다. 다누리카페는 건물 밖 간판에는 '전통찻집 다누

---

병두 외, 『지구·지방화와 다문화 공간』, 푸른길, 2011, 315~322쪽).
'한마음행복센터' 내에서는 한국말이 좀 서툰 여성이 있으면 중간에서 이를 이해하고 다시 설명해 주는 대화 방식이 많이 발견된다. 즉 통역을 쓰면서 회의에 참석할 수 있다는 의미이다. 또한 한국어에 능숙한 한 일본 여성은 서구에서 한국어교육 외의 프로그램을 운영하는 기관은 이 센터 밖에 없어서 찾아왔다가, 카페에서 근무하고 있다.

리카페'라고 되어 있다. 당초 전통찻집이라고 하였지만 현재 메뉴판에 차는 국내차, 외국차, 그리고 커피로 구분하고, 별도로 식혜를 판매하고 있다. 외국차는 중국차, 베트남차, 인도차, 영국차 등이다.

그런데 카페 운영은 여성이 카페에 근무하는 날짜를 서로 정하여 돌아가면서 근무하고, 판매수익은 이에 따라 나누고 있다. 주목되는 점은 외국차의 경우 판매를 시작할 때 해당 국가에서 온 여성이 차를 만드는 법을 카페의 다른 여성들에게 가르쳤다고 한다. 중국에서 이주해온 여성이 카페에 근무하지 않더라도 중국차를 팔 수 있도록 하기 위함이다. 국제결혼여성들은 재료 구입은 물론이며 무슨 차를 판매할 것인지를 결정한다. 또한 카페에서 차를 만드는 여성 중에는 바리스타 자격증을 취득한 이도 있고, 이들은 다른 여성이 자격증을 취득하는데 기술적 지원을 하며, 카페 운영에도 재능 기부의 형식으로 참여하기도 한다. 국제결혼여성은 각각 다른 국가에서 이주해 왔지만 다문화 공간인 다누리카페는 해당 국가의 영역에서 운영되는 것도 아니고, 관 주도하의 공간도 아니며, '한마음행복센터'라는 마을 주민이 모이는 마을공동체 속에 구성원 간의 연대가 이루어지면서 운영되고 있음을 발견할 수 있다.

한편 이곳에서는 차 외에 간단한 음식으로 타코야끼, 옥수수빵, 과일푸딩, 옥수수케이크 등 다양한 국가의 음식을 판매하고 있다. 그리고 모로코에서 온 국제결혼여성은 '할랄 전통'이라고 쓴 메모를 음식 앞에 별도로 전시해두고 판매하기도 한다. 할랄이 무엇인지 모르는 방문객에게 적극적으로 설명하고 할랄 유무의 차이를 강조한다. 한국인에게는 생소하여 무시될 수 있는 자신의 전통에 대해, 모로코 여성은 자신의 생태를 재구성해 나가면서 무시할 수 없는 것, 복종할 수 없는 것들에 대해 분명한 의사 표현을 한 것으로 이해된다.

이 모로코 여성은 다문화 축제나 지역 행사에서 자주 모로코 음식을 판매하고 있다. 이에 대해 "한국인들이 인기 많이 받았어요. 한국사람(이) 보면서 신기하다고 해서 (좋아요)하고, 맛이 나라마다 인기. 저는 좋아요. 이제는 많이 팔아요. 많이 남지 않지만. 우리 음식 재료비 많이 들어가시만. 할랄 음식을 중요시 하게 여깁니다. 많이 안 남아요. 알리는데 있어요"라고 하면서[29] 할랄 음식을 통해 모로코를 알리고, 이를 알아주는 것에 만족하기도 한다. 국제결혼여성에 대한 차별적 시선을 해소시키기 위해, 자신들과 자신들의 국가에 대한 이해를 선주민들에게 요구하는 기회를 가지고자 하는 것이다.

다누리카페라는 다문화 공간을 마을 속에 자리 잡게 하는 것은 카페를 운영하는 국제결혼여성들이 센터 주변에 거주하는 이유도 있지만, 마을의 선주민인 한국인 주민도 다누리카페에 참여한다는 점이다. 카페에서는 마을 할머니들이 직접 센터의 부엌에서 만들어내는 식혜를 판매하고 있다. 할머니들이 만들고 판매는 다누리카페에서 국제결혼여성이 직접 한다.

식혜를 만드는 할머니들은 품과 시간이 많이 드는 식혜를 만드는 이유에 대해 '사람 만나고, 건강에도 좋고, 이 일을 즐겨하니 가족들도 좋아한다. 그리고 (국제결혼여성들이) 불쌍하잖아, 우리는 아무래도 안아 들어주죠. 우리도 좋아하니까 저기들도 좋아하고'라고 한다.[30] 마을 여성은 국제결혼여성을 수용하는 한편, 자신 또한 소외되지 않으면서 노동

---

29  모로코 여성 (니○, 7년 거주) 인터뷰, 2016.5.13.
30  식혜할머니 인터뷰, 2016.5.12.

〈그림 2〉 한마음행복센터 1층에 자리한 다누리카페
(2016.5 촬영)

〈그림 3〉 다누리 캐릭터 디자인을 입힌 컵
(2016.5 촬영)

의 공간으로, 사람을 만나는 공간으로 센터를 여기고 있는 것이다. 할머니들 역시 사회와 노동으로부터 배제되지 않는 삶을 위해 다누리카페 운영에 조력하고 마을 최북단에 위치한 센터로 모이는 노력을 아끼지 않는다.

센터 1층 카페 한켠에 있는 진열공간에는 각 국가에서 가져온 인형, 공예품이 전시되어 있고, 국제결혼여성이 센터 지하에 위치한 '희망공방'에서 직접 만든 공예품들도 판매하고 있다. 이곳이 다문화 공간임을 가시적으로 알리는 동시에 국제결혼여성의 부업 확대를 도모하는 공간이다.

국제결혼여성과 센터장이 카페를 운영하는 가장 중요한 이유는 국제결혼여성에게 일자리를 마련하기 위해서이다. 센터장은 국제결혼여성이 경제적 주체가 될 수 있도록 일자리 창출, 일자리 정보 공유에 노력하고 있다. 취업에 도움이 되는 각종 자격증을 취득할 수 있는 방안,

국제결혼여성의 경제적 부담을 최소화할 수 있는 방안을 관련 기관들과 협의하고 국제결혼여성들에게 안내하는 역할을 하고 있다. 국제결혼여성 역시 지원의 대상으로 존재하는 것을 바라지 않는다. "이곳이 훨씬 좋아요. ○○, ○○, ○○ 5군데 가봤는데 (그곳은) 다문화 프로그램 여기보다 많아. 도와줘요. 한국문화, 한글 배워주고 그것도 좋아 (여기는) 어떻게 생활비를 도와줘요(어떻게 생활비). 벌게 해줘요. 벌게 하는 방법을 알려준다"[31]고 하면서 한마음행복센터를 찾고 있다. 국제결혼여성은 다누리카페를 중심으로 생활해 나갈 수 있는 기본적인 여건을 충족하고, 이를 공고히 하는 방안으로 직접 참여, 소통과 연대를 이어 나가고 있으면서 그들의 공동체를 구성하고 유지해 나가는 역동성을 나타내고 있다.

## 2) 다누리카페의 교류와 소통

다누리카페를 소개하는 명함 뒷장에는 ① 다국적 음식, 언어, 문화체험 등 예약가능 ② 강사와 국제결혼여성들이 함께하는 강의－자녀·부부문제·고부갈등 한국생활극복기 출강 ③ 영어로 배우는 목공수업(데이비드)－누구나 수시집수, 재료비 별도 ④ 할매식혜체험(지역 어르신들이 만드는 전통식혜) ⑤ 다누리카페를 여러분의 공간으로 빌려드립니다(상담 후)라고 되어 있다.

---

**31** 모로코 여성(니○, 7년 거주) 인터뷰, 2016.5.13.

다누리카페를 중심으로 이주민과 선주민이 공유할 수 있는 문화를 센터에서 경험할 수 있도록 하는 발상이다. ① 다국적 음식 체험은 일회성으로 맛보기에 끝나기도 하고, 한국 주부를 대상으로 재료 손실부터 요리강습까지 진행하는 것도 있다. 외국 음식 강습에 대해 한국 여성은 단순한 지식의 습득 차원에서 이루어지는 것도 있고, 국제결혼여성의 공간인 이곳을 이해하기 위해 이루어지는 것도 있다고 한다.

인도 남성과 결혼한 한국 여성은 "인도음식을 원하신다고 하면 와서 해드리기는 하는데 이런 일은 제 생활에 리듬이 깨어지거든요. 2시간 남짓이지만 그 전날부터 장을 보고 준비도 해야 하고, 이틀이 잡아먹히는 손해 보고 시간이. 이 일로 인해서 많은 발걸음이 오가는 가운데 공기가 통하고 한국사람 외국사람 문화들이(오고가고). 우리나라 사람들이 생각이 참 닫혀있다는 생각을 많이 느낍니다. 요리하는 가운데서도. 정보가 너무 없어요. 소외된 사람에 대한 정보가 너무 없어요"[32]라고 한다. 이 여성은 남편의 출신 국가의 음식문화를 전달하는데 머물지 않는다. 자신 또한 다문화 가족이며, 다문화를 다양하게 경험한 한국인이므로, 이 여성은 자신이 행하는 소통과 교류를 통해 한국인들의 인식이 조금이라도 변화되기를 기대한다. 특히 센터 주변의 마을 여성과 음식을 매개로 만남의 기회를 가짐으로써 센터가 지역 주민과 관계를 맺어나가기를 기대한다.

---

**32** 한국 여성(정○○, 인도 남성과 결혼) 인터뷰, 2016.5.19.

〈그림 4〉 카레 요리강습(2016.5 촬영)

또한 요리는 여성간의 관계를 형성하고 확장하는데 중요한 요소로 등장하고 있음을 알 수 있다. 다문화 축제나 지역 행사에 국제결혼여성은 그들 국가의 대표적인 음식을 내놓는 일을 볼 수 있다. 축제 때 국제결혼여성이 내놓은 음식은 한국인을 대상으로만 시식을 하게 하는 것은 아니다. 국제결혼여성은 축제나 행사를 준비하면서 접하지 못한 나라의 음식에 대해 서로 경험할 수 있다. (일본에서 이주한 여성은) "모로코, 페루 음식은 저도 궁금하고", (모로코에서 온 여성은) "저 일본 문화 많이 알아요"로 말하면서 그들은 센터 내부에서의 활동을 통해 서로 다문화 경험을 한다. 또한 센터에서 외국 음식체험이 있을 때에는 한국인 마을 주민도 참여할 수 있어 이들도 음식을 경험하고 가보지 않은 나라를 체험할 수 있게 된다.

부산에 20년 정도 거주한 일본 여성은 축제 때 일본음식을 준비하는 것은 '그리워서' 한다고 한다. 일본에 있을 때 먹지 않던 낫또를 먹고 싶은데 한국에서는 너무 비싸다고 하였다.[33] 한국 아이들과 그 부모들에게 센터에서 처음으로 일본 오코노미야키를 가르쳐주었는데 자신감을 가지게 되었다라고 하고 자동차운전면허 따기에 도전한다고 한다. 이 여성의 거주지는 초장동이 아니지만 센터 프로그램 전단지를 보고 오게 되었는데, 여전히 거주지 선주민과의 모임이나 관계는 별로 없다고 한다. 그런데 "한국분하고 같이 만나가지고 또 회의해서 행사를 같이 하면서 친해지면 또 서로가 서로를 알게 되는 것에 도움이 된다"고 한다.

특히 주변 학교의 학부모와 관계를 맺는데 음식이 등장하기도 한다. 국제결혼여성들은 자녀교육, 자녀의 학교생활에 대해 높은 불안감을 가지고 있다. 그러므로 학부모와의 만남과 교류를 통해 다문화 가정에 대한 이해를 도모하고, 자녀 교육에 대한 공조를 요청할 수 있다.[34] 자녀와 같은 학교를 다니는 한국인 학생들의 어머니들에게 각국 음식을 체험하도록 하고 요리 강습의 기회도 가지고 있다.

무엇보다 강습은 국제결혼여성의 위치를 변화시킨다. 의자에 앉아서 한국문화를 주입식으로 들어야했던 위치를 강의 테이블 앞에 서서 문화를 안내하는 위치로 바꾸는 것이다. 이는 '3. 영어로 배우는 목공수업'에서도 마찬가지이다. 희망공방은 주로 미국인 남성이 수업을 해나가고 있다. 국제결혼여성 또한 여전히 이곳에서 목공예를 하고 있다.

---

33  일본 여성(사○, 51세, 20여 년 서구 거주) 인터뷰, 2016.5.19.
34  자녀교육을 비롯하여 한국 살아가기에 대해 다누리와 한국여성모임인 동그라미는 정례적인 모임을 가지고 있다.

미국인과 영어를 사용하면서 목공수업을 진행하므로 마을 초등학생 등 청소년이 모여드는 공간이다. 그런데 그가 부재할 경우 국제결혼여성이 그들의 언어로 학생들에게 목공예 수업을 진행한다. 이러한 수업을 통해 목공수업을 받는 학생들에게 국제결혼여성은 선생님의 위치로 옮겨가게 된다.

비단 센터 내에서 뿐만 아니라 여성들은 센터 밖에 있는 유치원, 어린이집 등에서 다문화 수업을 진행하기도 한다. 세계 각국의 문화를 한국 아동들에게 알리는 수업에 직접 참여하고, 그들의 사회적 역할을 제고한다. 나아가 다문화 교육에 대한 전문성을 강화하기 위해 다문화전문가 양성과정에 참여하기도 한다.[35] 즉 다문화의 주체인 국제결혼여성이 다문화를 직접 전달할 수 있게 된다. 다문화에 대한 자기 서사를 통해 주변의 제도, 사회, 마을 등과의 관계를 재구성함은 지역에서의 역할을 다양하게 하고 사회적 관계에 변화를 추구한다.

'한마음행복센터'에서는 국제결혼여성에게 한국 생활에 대한 교육 (2. 강사와 국제결혼여성들이 함께하는 강의)도 놓치지 않고 있다. 그런데 한국 생활에 대한 적응 문제는 국제결혼여성이 한국에 도착하면서 생기는 갈등에서부터 자녀를 교육하면서 생기는 문제까지 일상의 전반을 포괄한다. 이주 초기에만 필요한 일들이 아니라 여성의 생애와 같이 하면서 언제든지 발생할 수 있는 일이므로 수변사람들과의 지속적인 관계가 요구되는 것들이다. 그러므로 일상에서 갈등을 겪는 국제결혼여성이 언제든지 찾아갈 수 있는 또는 모일 수 있는 공간이 필요한 이유

---

[35] 『데일리한국』, 2016.11.29(http://m.hankooki.com, 검색일 : 2017.1.16).

이다. 또한 국제결혼여성에게 멘토가 될 존재들과 쉽게 연결될 수 있는 공간이 필요한 것도 사실이다. 한국에 거주한 지 20여 년이 되는 일본 여성은 이러한 문제에 대해 "(한국에) 온 지 얼마 안 되어 이 센터를 모르는 분 있으면 소개하고, 아무 나라 상관없이, 여기를 아직 모르고, 문제가 생기고 또 혼자 고민하는 분이 계시면 제가.. 될 수 있으면 자기 집안일 문제도 좀 다른 사람에게 말을 하면 마음이 변화될 수 있으니까. (예를 들면) 시어머니랑 이런 말을 했는데 이해가 안 된다. 남편과 이런 말을 했는데 이해가 안 된다. 그러면 우리는 다 국제가정이기 때문에 다른 분보다 이해할 수 있지 않을까. 도움이 될 수 있으면"이라고 말하였다. 센터에서는 자신들의 경험이나 시행착오를 잘 전달하기 위해 한국어교육의 경우 동일 국가에서의 국제결혼여성을 서로 연결시킨다.

국제결혼여성이 교육이라는 차원에서 한국 여성을 만나는 일은 중요하다. 반면 한국에서 엄마로서 생활한 국제결혼여성은 그들보다 이후에 이주한 국제결혼여성들이 겪게 되는 '엄마의 어려움'에 크게 공감한다. 한국 여성(인도 남편) 역시 "제가 나가서 외국인으로 살다가 왔기 때문에 엄마들이 이해가 됩니다. 엄마들이 겪은 것을 제가 다 겪었기 때문에 동생 같기도 하고"라고 하였다. 센터를 기반으로 다문화 여성의 멘토로서 한국 여성 뿐 아니라 다문화 여성도 참여하여 다문화 여성이 소외되지 않고 사회 구성원으로 안착할 수 있도록 관계를 만들어 나가고 있다.

처음에 한국에 왔을 땐 문화, 언어, 음식 등등 모두 적응하지 못해 정말 많이 힘들었습니다. 세상에서 제가 제일 외로운 사람이라고 생각했습니다.

내가 어떻게 해야 행복하게 살 수 있을까? (…중략…) 그리고 선생님(센터장) 덕분에 한국 문화와 한국 사람이 어떻게 살고 있는지도 알게 되었습니다. 처음으로 저에게 다가오는 사람이 생겨서 정말 행복했습니다. (…중략…) 선생님이 추천하신 대학에 내년에 입학하여 한국에 시집와 나처럼 어려움을 겪지 않게 나의 경험으로 도와주고 싶습니다. 그래서 전국에서 부산 서구는 다문화 엄마들이 가장 살고 싶은 동네로 만들고 싶습니다.[36]

이 글은 센터 1층에 '한마음행복센터 한글반 백일장'이란 제목 아래 붙여져 있는 글 속의 일부이다. 국제결혼여성은 낯섦과 소외를 쉽게 겪게 되는데 '한마음행복센터'와 같은 공간을 통해 한국 여성, 국제결혼여성과 맺은 관계의 의미를 말해 준다. 센터에서의 소통을 통해 적응하고 장소감을 생성시키고 문화 향유를 하면서 마을 주민으로 정착함은 물론 함께 살아갈 수 있는 공존의 기반으로 관계가 작동하고 있음을 알 수 있다.

국제결혼여성은 관계 맺기를 통해 센터를 의미 있는 장소로 만들어 나가고 있다. 가장 주목되는 바는 센터의 전반적인 운영을 논의하는 초장동행복마을추진협의회에 국제결혼여성들이 참여한다는 점이다. 2016년 5월 기준 협의회 추진위원 15명 중 4명 일본, 모로코, 베트남, 한국의 국제결혼여성이 참여한다. 이주민이 교육과 정보, 물질의 제공과 보호의 대상자라는 일방향적인 시선을 벗어나 자신들의 문화를 만들고, 다문화를 직접 전달하는 협의회의 추진위원이 되어 운영에 참여하는 '자치'를

---

36 중국 여성(한○, 35세, 결혼 9년차).

〈그림 5〉 센터 옥상의 텃밭(2016.4 촬영)　　　　〈그림 6〉 센터 주변의 텃밭(2016.5 촬영)

실현한다고 할 수 있다. 또한 센터의 여성들은 지자체 등 외부와 함께 하는 행사가 있으면 어떻게 대응할 것인지, 이를 위해서 무엇을 요구할 것인지도 정한다. 국제결혼여성의 참여 정도는 사안에 따라 다르지만 공론의 장에 참여하고, 자신의 문화를 향유할 수 있는 권리를 누리고 있다.

　이 외 센터의 국제결혼여성이 한국인 여성과 함께 하는 일은 '텃밭가꾸기'이다. 센터가 있는 초장동에는 바로 뒤에 천마산이 위치하고, 조밀한 골목으로 연결되어 있어 쌈지공원을 만들 공간도 부족한 마을이다. 그런데 센터에서는 주변의 작은 공간, 옥상 공간을 이용하여 텃밭을 조성하였다. 텃밭은 국제결혼여성과 한국인 마을 여성이 함께 할 수 있는 마을공동체사업으로 조성된 것이다. 옥상에 만든 텃밭을 꾸려가기 위해 옥상텃밭위원회까지 만들어졌다. 텃밭이 센터 옥상에 마련되어 있어 센터 운영회인 초장동행복마을추진협의회와 옥상텃밭위원회는 마을공동체사업을 더욱 활발하게 추진할 수 있는 동력과 주민들의 참여를 이끌어내기 위해 천마산 걷기행사(2015.7)도 가졌다. 그러나 텃밭이 제대로 관리되지 않자 센터를 왕래하는 국제결혼여성과 마을의 한국인 여성 즉 센터 구성원들이 이를 적극 이어받아 직접 텃밭을 가꾸기 시작하였다.[37] 양파, 생강, 상추, 쑥갓, 토란, 땅콩, 고수 등의 작물을 거두고 나면 김장배추를 심는다. 국제결혼여성이 자신의 국가에서 먹던 채소 씨앗도 직접 구해서 심는다. 채소 종류를 정하는 것도 텃밭을 가꿔나가는 것도 모두 구성원들이 직접 결정하며 논의를 한다. 센터의 국제결혼여성과 주변에 거주하는 한국인 여성이 직접 일구는 텃밭 협업은 성공적으로 진행되어 주변 폐가·공가에도 텃밭을 만들고 주변 마을 주민에게 분양도 하였다. 텃밭의 수확물은 경작자들이 공유하고, 일부는 비경작자인 마을의 노인들에게 분배하였다. 김장배추의 경우는 김장을 담근 후 마을 노인들에게 나누어 주었다. 마을의 노인과 수확물을 나누는 것은 텃밭을 가꾸는 센터 구성원이 모두 동의한 상태에서 이루어진다.

이상과 같이 '한마음행복센터'에서 국제결혼여성이 존재를 확인하고, 직접 그 운영에서 참여함으로써 주체적인 일상을 살아가는 모습을 발견할 수 있었다. 또한 다양한 관계를 맺고 사회적 관계 변화도 시도함으로써 국제결혼여성의 연대, 마을주민과의 관계 형성이 로컬리티를 재구성할 수 있는 역동성으로 작용할 수 있다고 기대한다.

---

37 KBS부산방송총국,「도시활력프로젝트 오아시스」, 2016.5.18. 초장동이 선주민과 이주민의 유대하고 공존하는 곳임이 알려져 한마음행복센터 주위에 도시 텃밭이 추가로 조성되었다. 방송사 지원으로 텃밭을 조성하고 국제결혼여성들이 원하는 작물도 심고 텃밭도 새로 조성하였다. 그리하여 센터 밖에 있는 텃밭은 이후 그 형태가 조금 변하였다.

# 6. 생태적 삶을 향하여

근대화, 산업화 과정을 지나면서 극심한 환경파괴의 시대가 뒤따랐다. 인간의 생태를 위협하는 환경문제를 고민하는 동시에, 환경오염을 일으킨 또 다른 인간들에 대해 성찰을 요구하였다. 그런데 인간의 생태를 위협하는 것은 환경이라고 불리는 자연에만 있는 것이 아니라 실제로는 인간에 대한 인간의 지배구조이며, 이러한 구조가 더 심각하고 근본문제로 인식되기 시작하였다.

인간의 삶을 파괴하고 있지만 자본이나 권력에 밀려 우리 주변에 놓여있는 것들이 많이 있다. 인간이 살아가면서 필요한 최소의 조건인 인권조차 묻혀버리는 일이 아직도 존재하는 것도 사실이다. 인간을 지배하면서 공고해지는 사회적 관계를 해체하지 않으면 일정 부류의 인간은 계속 지배와 구속, 명령의 구조에서 살아갈 것이다. 이를 질타하는 개인의 목소리, 시민의 목소리, 사회의 목소리가 감춰진다면 더 이상 인간은 자신의 삶을 둘러싼 위기 상황을 해결되지 못할 것이다.

이러한 점에 주목하면서 일상생활을 구가하는 삶터에서 참여와 연대를 통해 균형과 관계를 만들어 나가는 사례로 부산시 서구 초장동에서 생활하는 국제결혼여성을 고찰하였다. 그들은 자신의 가정에서 마을에서 가부장적 질서나 사회적 차별, 남성의 지배, 인종 차별 등을 경험하였다. 국제결혼여성에게는 소외나 낯섦이라는 위기를 벗어나고, 파편화되지 않고 공동체적 삶을 유지하는 생태를 재구성하는 장소가 요구되었다. 삶이 구체적으로 실현되는 곳이 장소이고 마을이라는 점에서 마을은 국제결혼여성이 생태위기를 벗어날 수 있는 구체적인 장소가 된다. 그들이 생활하는 공간의 구성원은 국제결혼을 한 외국인 여성과 한국인 여성, 한국인 마을 여성, 외국 남성 등 단순하지 않고 복잡하였다. 이러한 구성원의 특성은 그들의 공간이 주변과 다양한 관계를 형성하고 외부와 접할 수 있는 동력으로 작용하였다. 또한 국제결혼여성들은 마을 속에 다문화 공간을 직접 운영하고 참여함으로써 다문화를 안내하고 실천하고 있다. 이를 통해 '국제결혼여성은 무엇을 할 수 있는가? 관계를 왜 맺는가? 어떻게 맺을 것인가?'라는 질문에 대응하면서 그들의 사회적 역할을 확장시키고 그들과 맺어진 관계에 변화를 도모할 수 있었다. 즉 생태위기를 경험한 국제결혼여성들은 다문화 공간에서의 참여, 다문화 공간 내에서의 공유, 공간 외부와의 연대, 사회적 역할을 획득하면서 사회적 관계에 변화를 가져왔다. 이를 통해 불균형과 갈등, 불안한 관계들을 해체하면서 생태적 삶을 살 수 있는 대안들을 찾아나가는 중이다.

## 참고문헌

『서구신문』

구승회, 「환경주의 이데올로기와 에코아나키즘」, 『오늘의 문예비평』 31, 1998 겨울.

김영란, 「한국사회에서 이주여성의 삶과 사회문화적 적응관련 정책」, 『아시아여성연구』 제45집 1
  호, 2006.

머레이 북친, 문순홍 역, 『사회생태론의 철학』, 솔, 1997.

──────, 박홍규 역, 『사회생태주의란 무엇인가』, 민음사, 1998.

문순홍 편저, 『생태학의 담론』, 솔, 1999.

부산시, 「천마산 자락에 피어나는 무지개 풍경 ─ 다문화가정과 한국 엄마들이 함께 만들어 가는 행복
  한 소통 공간」, 『부산이야기』 113-3, 2016.

이명수 외, 『다문화와 인정의 로컬리티』, 소명출판, 2015.

이상헌 · 정태석, 「생태담론의 지역화와 지역담론의 생태화」, 『공간과 사회』 통권 제32호, 2010.

임석회, 「결혼 이주여성의 지역사회 적응 요인」, 최병두 외, 『지구 · 지방화와 다문화 공간』, 푸른길,
  2011.

# 리질리언스와 재로컬화를 통한 생태주의적 전환

### 영국 토트네스 전환마을운동을 사례로

공윤경

## 1. 생태위기와 로컬의 가능성

화석연료의 과도한 사용으로 인한 지구 온난화와 그에 따른 가뭄, 홍수, 폭염, 폭설 등의 기후변화 그리고 대기오염물질, 산업쓰레기, 오폐수 등에 의한 환경오염은 인간뿐만 아니라 생태계에 직간접적으로 심각한 영향을 미친다. 자원의 남용으로 인한 에너지 고갈 또한 인간이 직면한 커다란 위기 중 하나이다. 특히 우리나라는 에너지 대부분을 수입하는 에너지 빈국이면서 석유에 대한 의존도는 높은 에너지 다소비적인 경제구조를 갖고 있다.[1] 때문에 자원 고갈, 에너지 정점 등의 외부

---

[1]  석유에 의존하는 정도를 석유취약성지수(oil vulnerability index)로 표현하는데 우리나라의 경우 Gupta(2008)에서는 26개 국 중에서, 이달석(2013)에서는 32개 국 중에서 각각 필리핀, 태국에 이어 두 번째로 높은 것으로 조사되었다(E. Gupta, "Oil vulnerability index of oil-importing countries", *Energy Policy* 36, 2008, p.1206; 이달석, 『석유안보 강화방안 연구―석

충격에 취약할 수밖에 없으며 석유 정점peak-oil이 온다면 우리나라는 가장 크게 충격을 받는 국가 중의 하나가 될 것이다. 과학기술과 산업의 발전으로 물질적, 경제적 성장을 이루었으나 이를 주도했던 성장·소비중심적 가치와 시장·이윤중심적 사고는 이제 환경파괴와 생태위기로 인간의 삶을 위협한다.

하지만 오늘날 생태문제의 핵심은 이런 차원을 넘어서 인간 삶의 방식과 이를 규정하는 사회·경제체제의 전환 그리고 생태에 대한 인식의 전회轉回가 없다면 해결될 수 없는 위기 상황에 놓여 있다는 점이다. 따라서 생태위기를 극복하기 위해 현재의 성장 패러다임에서 상생과 순환의 지속가능한 패러다임으로의 전환, 그리고 인간만을 위한 가치 패러다임에서 생태중심적 가치 패러다임으로의 전환이 필요한 것이다. 생태주의적 전환을 위해, 즉 생태주의 패러다임을 사람들의 일상적인 하비투스로 만들기 위해 이 글은 자기인식적 성찰을 통하여 새롭게 발견할 수 있는 '로컬'에 주목한다.[2] 사람들의 일상생활이 이루어지는 삶의 터가 바로 로컬이고 생태적 경험과 실천의 거점이 될 수 있기 때문이다.

한편 '로컬'은 기후변화, 석유 정점뿐만 아니라 신자유주의 세계화로 다양한 위기 국면에 처해 있다. 로컬은 사람들이 다양한 관계를 맺으며 상호 교류하는, 일상생활이 영위되는 장소이기도 하지만 로컬-국가-지구의 관계 속에서 자본, 권력 등 외부 세력이 끊임없이 개입하고 작동하는 곳이기도 하기 때문이다. 세계화는 세계수준의 불균형 발전,

유안보 취약성지수 분석과 시사점』, 에너지경제연구원, 2013, 99쪽).
2    이상헌·정태석, 「생태담론의 지역화와 지역담론의 지역화」, 『공간과사회』 33, 2010, 123쪽.

경제 위기를 확대시키고 있으며 이로 인하여 로컬에서는 빈부 격차와 계층 간 갈등이 심화되고 있다. 또한 세계자본과 시장의 기제에 종속되어 자립적이고 자급적이었던 로컬의 생활기반은 대규모 공장에 의해 또는 다국적 자본에 의해 값싼 비용이나 상품으로 대체되면서 약화되거나 거의 사라졌다. 즉, 외부에서 공급되는 에너지, 물품, 식량, 서비스에 의존한 채 외부에 의해 만들어진 로컬에 살고 있다. 이 글이 로컬에 주목하는 또 다른 이유는 신자유주의 세계화의 폐해를 직접적으로 경험하는 공간이지만 동시에 로컬에는 이를 극복하기 위해 주체적으로 새로운 변화를 모색할 수 있는 공간으로서의 가능성도 존재한다고 여겨지기 때문이다. 국가는 관료제의 경직성, 성장지향적 경제구조, 기업과의 관계로 인해 그리고 기업은 이윤지향적 속성으로 인해 생태문제, 세계화의 위기에 적절하게 대응할 수 없다.[3]

최근 다양한 분야에서 리질리언스에 대한 관심이 높아지고 있다. 공학, 심리학 등 학문 분야에서의 연구뿐만 아니라 정부나 지자체의 정책 입안 및 도시계획(토지이용계획, 방재계획) 그리고 기업의 경영전략 등에서도 리질리언스 개념이 적용된다. 정치·경제·사회적 변화 그리고 환경생태적 위기 등 예측하지 못한 상황에 대비하고 외부의 충격을 극복할 수 있는 역량을 갖추기 위한 방안으로 받아들여지고 있기 때문이다.

이 글은 생태주의적 전환을 위하여 로컬이 실천적 주체가 되어 내부의 구성요소, 체계를 재구성하는 과정을 '생태적 재로컬화'라고 정의한다. 그리고 영국 토트네스를 사례로 리질리언스 사고, 전환마을운동과

---

3　김성균, 『분명한 전환－생태적 재지역화 개념, 이론 그리고 모색』, 이담, 2015, 47쪽; 이나미, 「기후변화로 인한 사회적 위기와 공동체의 대응」, 『인문과학』 60, 2016, 14쪽.

연계하여 생태적으로 재구성되는 과정, 즉 생태적 재로컬화를 살펴봄
으로써 리질리언스와 지속성을 가진 로컬(커뮤니티)로의 전환을 위한
실천적 요인들을 찾아보고자 한다.


## 2. 생태적 재로컬화와 전환마을운동

1962년 카슨R. Carson의 『침묵의 봄*Silent Spring*』 이후 생태위기에 대한
인식이 고조되면서 생태위기의 원인을 파악하고 대안을 찾고자 하는
이론적, 실천적 시도들이 이어지고 있다. 생태담론은 크게 기술중심주
의(환경관리주의)와 생태중심주의로 구분할 수 있다.[4] 환경주의는 환경
문제에 대해 관리적인 입장에서 접근하는데 현재의 패러다임을 변화시
키지 않고도 기술로 환경위기를 해결할 수 있다는 입장이다. 반면에 생
태주의는 생활양식, 가치체제 등에 대한 근본적인 변화를 전제로 하면
서 인간을 포함한 모든 생명체가 가치와 권리를 갖는다고 주장하고 과
학기술의 오남용을 경계하는 비판적 입장을 취한다.

생태주의는 개발중심, 인간중심적 사고가 아니라 생태중심적 사고
를 지향하는 것이며 이를 통해 인간과 자연의 지속가능한 조화, 공생을
모색하는 것이다. 이를 구체적으로 표현하면 환경파괴와 생태위기를
심화시킨 산업주의의 물질·성장·소비중심의 가치, 국가중심적·위
계적·권위적 사고, 자본주의의 시장·이윤중심적 사고에서 벗어나 탈

---

4   앤드루 돕슨, 정용화 역, 『녹색정치사상』, 민음사, 1993, 15~17쪽; 최병두·이근행, 「환경
    운동의 전략으로서 담론과 연대」, 『공간과사회』 7, 2002, 113쪽.

물질·생태친화·절약중심의 가치, 탈국가·수평적·탈권위적 사고, 탈시장·탈이윤적 사고를 지향하는 것이다. 또한 근대성의 결과로 나타난 획일화, 중앙집권화, 거대화보다는 다양화, 분권화, 소규모화를 강조하면서 시민사회·지역중심적 사고를 중시한다. 아울러 생태주의를 환경생태적 차원만이 아니라 "생명, 평화, 정의, 평등의 가치를 지향하는 다의적 차원으로 확산시켜 하나의 대안적 패러다임으로" 만드는 것을 의미한다.[5] 이런 관점에서 생태주의적 전환은 성장중심적 사고였던 과거의 패러다임을 근본적으로 성찰, 비판하고 우리의 인식, 가치, 생활방식을 생태중심의 실천적 패러다임으로 전환하는 것을 뜻한다고 할 수 있다.

정보통신기술의 발전과 다국적 기업들의 경제활동 확장으로 인한 세계적 생산체계 속에서 자원, 서비스, 자본, 노동력 등은 이전과는 비교할 수 없을 정도로 빠르게 국가 경계를 넘어 이동한다. 이로 인해 국경을 초월한 이민immigration과 이산diaspora의 증가, 수입품의 증가, 대중문화의 세계적 확산 등 이제 세계는 하나의 자본주의 시장구조 속으로 편입되어 움직이는 것처럼 보인다. 한편으로 다국적 기업, 초국적 자본에 의해 세계경제가 지배됨에 따라 세계적 수준의 불균등 발전이 심화되고 있다.

세계화의 영향으로 로컬에는 정치, 경제, 사회, 문화 등의 차원에서 지향하는 목적, 작동 요인(주체), 작동 방식에 따라 다양한 힘들이 복합적으로 얽혀 작동하고 있다. 대표적인 예는 다국적 기업들의 로컬화 전

---

5    이상헌·정태석, 앞의 글, 113쪽.

략이다. 다국적 기업은 로컬의 특성이나 이미지를 자신들의 필요나 이익에 맞게 적용시켜 경쟁력을 확보하기 위한 마케팅 전략으로 사용하기 때문이다. 그래서 로컬은 신자유주의적 경제구조의 지배 아래에서 이윤중심의 성장주의에 포획된다. 이때 로컬화는 전 지구적인 관계와 상호의존성을 심화시키는 세계화의 한 과정일 뿐이다.

이 글에서는 기후변화, 화석연료 정점 그리고 신자유주의 세계화의 영향으로 다양한 위기 상황에 처한 현실에서 로컬을 새롭게 보기 위해 '생태적 재로컬화ecological relocalization'라는 용어를 사용하고자 한다.[6] 이는 로컬이 주체가 되어 로컬에 작동하는 다양한 힘, 관계, 원리를 생태주의적으로 재구성하고 전환하는 과정이다. 로컬(지역)화 개념에 대한 기존 연구들을 살펴보면 로컬화는 중심(중앙, 제국)에 의해 주변화 되어가는 것을 의미하기도 하고 로컬을 기반으로 이에 대항하는 것을 뜻하기도 한다.[7] 또 다른 관점에서, 신자유주의 세계화에 편승하는 것을 로컬화로 보기도 하고[8] 세계화에 저항하기 위한 대안의 하나로 로컬화가 등장하기도 한다.

생태주의 사회로 전환하기 위해서는 전지구적으로 작동하는 자본주의적 경제구조에 근본적으로 영향을 끼칠 수 있는 대안적 실천전략이 필요하다.[9] 이런 측면에서 볼 때, 생태적 재로컬화는 로컬이 능동적, 실천적 주체가 되어 자본주의 시장체계가 아닌 새로운 순환체계를 만들

---

6   이 글에서는 다양하게 사용되고 있는 로컬화 개념과 구분하고 생태주의적 관점에서의 전환을 강조하기 위해 '재로컬화'라는 용어를 사용한다.
7   배윤기, 「전지구화 시대 로컬의 탄생과 로컬 시선의 모색」, 『미국학논집』 40(3), 2008, 76쪽; 배윤기, 「〈보더타운〉—지구화와 로컬화의 현장」, 『문학과영상』 11(1), 2010, 91쪽.
8   김성균, 앞의 책, 94쪽.
9   이상헌·정태석, 앞의 글, 124쪽.

어가는 과정이라 할 수 있다. 사람들의 일상생활이 영위되는 로컬을 거점으로 생태주의로의 사고 전환뿐만 아니라 생태친화적 경험과 실천이 이루어져야 하며 이는 인간만을 위한 개발, 발전을 지향하는 것이 아니라 인간과 자연의 조화로운 공생을 추구하기 위한 것이다.

또한 생태적 재로컬화는 기존의 로컬에 대한 관점이나 방식이 생태주의 원칙에 근거하여 획기적으로 전환되어야 함을 의미한다. 홉킨스R. Hopkins는 생태적 재로컬화를 위한 구체적 실천방안의 하나로 '전환마을transition town' 운동을 주장한다. 그는 아일랜드 킨세일Kinsale[10]에서 생태디자인과 순환농업개념을 결합시킨 '퍼머컬처permaculture'[11] 강좌를 진행하였다. 이 프로그램은 2005년 킨세일 마을차원에서 추진된 에너지감축행동계획과 결합되었고 이를 통해 에너지전환 로드맵, 2021년까지의 연차별 계획을 담은 보고서가 만들어졌다. 2005년 토트네스Totnes로 옮겨온 홉킨스는 킨세일에서의 성과를 바탕으로 다른 활동가들과 함께 토토네스에서 전환마을 프로젝트를 본격적으로 추진하였다.[12] 전환마을운동은 석유생산의 정점과 기후변화의 위기를 극복하기 위해 에너지, 먹거리, 경제 등 여러 부문에서 로컬에 기반한 자립, 자급 방식으로 재로컬화하고 공동체의 회복력을 높이는 소통, 공유, 협력의 모델이다.[13] 이웃간 관계 회복과 공동체 회복을 통해 삶의 방식을 전환하는 것이 중요하며 여기서 리질리언스는 현실의 위기에 대응할 수 있

---

10  킨세일은 아일랜드 코크주(Cork County)에 있는 마을(town)로서, 2011년 기준 6.65km²의 면적에 약 4,900명의 주민들이 거주한다.
11  permaculture는 permanent+agriculture의 합성어이다.
12  이유진, 『전환도시』, 한울, 2013, 30~35쪽.
13  이나미, 앞의 글, 20~21쪽.

는 중요한 자원으로 작동한다.

　최근 전환마을운동은 '전환네트워크transition network'를 형성하여 전 세계적으로 활동하고 있다. 영국을 비롯하여 캐나다, 호주, 뉴질랜드, 미국, 이탈리아, 칠레 등 전 세계 40여 개 국가에 480개 정도의 전환마을이 있다.[14] 마을, 소도시를 중심으로 시작된 전환마을운동은 이제 전환거리, 전환작은마을transition village, 전환대도시transition city 등으로 다양화되면서 '전환운동transition initiative'이라는 새로운 단계로 나아가고 있다.


## 3. 리질리언스와 사회생태시스템

### 1) 생태적 리질리언스의 개념

　최근 우리사회에서는 기후변화, 사회·경제변화 등에 의한 불확실성, 예측불가능성, 불안정성이 증가하고 있다. 이런 현상을 새로운 시각으로 이해하고 이에 대처하기 위해 학계, 정책 분야에서 가장 주목받고 있는 개념이 '리질리언스resilience'이다.[15] 이는 물리학에서 처음 사용된 것으로 물질이 가지고 있는 탄성, 즉 외부 힘에 의해 변형된 물체가 원래 상태로 되돌아가려는 힘을 뜻한다. 다시 말해 외생적 충격으로부터의 저항력resistance과 물질의 안정성stability을 의미하는 것이다. 이

---

14　전환네트워크 홈페이지(www.transitionnetwork.org).
15　김동현 등, 「도시의 새로운 패러다임 가능성 ─ 리질리언스」, 『도시정보』 405, 2015, 4쪽.

때 외부의 힘, 외생적 충격, 교란은 홍수, 지진 등의 자연 재해나 금융 위기, 전쟁, 변혁 등과 같은 사회적 대변동을 의미한다.

리질리언스 개념은 생태학, 자연과학, 공학 그리고 사회과학, 경제학, 심리학, 정신분석학 등 다양한 분야에서 사용되고 있다. 최근에는 학술적 연구뿐만이 아니라 정책 입안자나 실무자 등 정책 분야와 기업의 경영전략에서도 리질리언스가 통용되고 있다. 물론 분야별로 다소 다르게 사용되기도 하지만 일반적으로 리질리언스는 시스템이 외부 충격에 직면했을 때 시스템 내부에서 구성요소들 사이의 피드백과 기능, 구조 등을 충격 이전의 상태로 유지 또는 회복하려는 시스템의 힘이나 능력을 의미하며 복원력이나 회복탄력성 등으로 해석된다.

홀링C. S. Holling은 공학적, 생태학적 측면으로 구분하여 리질리언스를 정의하는데[16] 공학적 리질리언스engineering resilience는 교란 후 균형equilibrium 또는 안정 상태steady-state로 되돌아가려는 시스템의 능력을 의미한다. 교란에 대한 저항과 시스템이 균형 상태로 되돌아가는 속도나 시간으로 리질리언스를 측량한다. 즉, 시스템이 빨리 복원될수록 리질리언스는 높은 것이며 고장안전설계fail-safe design[17]를 위해 효율성efficiency, 항구성constancy, 예측성predictability을 강조한다. 반면에 생태적 리질리언스ecological resilience는 시스템이 자신의 구조를 변화시키기 전에 흡수할 수 있는 교란의 크기magnitude로 정의한다. 충격에 적응하

---

16  C. S. Holling, "Resilience and stability of ecological systems", *Annual Review of Ecological Systems* 4, 1973, pp.1~23; C. S. Holling, "The resilience of terrestrial ecosystems : Local surprise and global change", W. C. Clark & R. E. Munn(Eds.), *Sustainable Development of the Biosphere*, London : Cambridge University Press, 1986, pp.292~317.
17  고장안전설계는 조작상의 과오로 기기 일부에 고장이 생겨도 시스템 전체의 안전성이 유지되도록 하는 설계방식이다.

고 존속할 수 있는 능력에 초점을 두는 것이다.

　홀링의 공학적, 생태적 리질리언스 개념에서 가장 큰 차이점은 생태적 리질리언스에서는 하나의 안정된 균형 상태만이 존재하는 것이 아니라 다양한 균형 상태가 존재하며 그래서 또 다른 안정된 상태로 넘어가기 위한 시스템의 가능성을 인정한다는 점이다.[18] 따라서 공학 분야에서 리질리언스는 시스템이 이전의 상태single-equilibrium로 되돌아갈 수 있는bounce back 능력이지만 생태학 분야에서 리질리언스는 이전의 상태로 회복되는 것만이 아니라 또 다른 새로운 상태multi-equilibrium로 나아갈 수 있는bounce forth 가능성이 열려 있다는 것이다. 즉, 공학적 리질리언스가 단순한 시스템에서의 개념이라고 한다면 생태적 리질리언스는 복잡계로 확장된 개념이라고 할 수 있다. 다양한 구성요소들로 이루어진 생태계는 복잡계로서 외부의 충격에 항상 같은 방법으로 대처하지 않고 충격의 정도나 여건, 구성요소들의 대응 양상에 따라 또 다른 상태로 진행될 수 있기 때문이다.


## 2) 사회생태시스템의 리질리언스 모형

　홀링의 생태학적 리질리언스 개념에서 한 단계 더 나아가 워커B. Walker와 솔트D. Salt는 리질리언스를 심리학이나 공학 분야에서의 복원력, 회복탄력성만을 의미하는 것이 아니라 "그런 상황을 만들어내는 외부 충격과

---

[18] S. Davoudi, "Resilience : A Bridging Concept or a Dead End?", *Planning Theory & Practice* 13(2), 2012, pp.300~301.

시스템 내부의 대응 방식 그리고 빠른 성장, 보존, 해체, 재구성이라는 단계를 포함하는 적응주기의 개념"까지를 아우르는 것으로 보았다.[19] 워커와 솔트의 리질리언스 모형은 생태적 리질리언스 사고를 확장하여 사람-사회-자연으로 구성된 사회생태시스템을 해석하는 새로운 패러다임을 제시하고자 하였다. 단순한 공학적 리질리언스 개념, 즉 이전의 상황으로 복원하는 과정에 걸리는 시간과 투입 비용 등으로 이해하는 것이 아니라 외부 상황의 변화와 내부의 구조적 변화 등에 의한 시스템의 진화 과정으로 리질리언스를 해석한 것이다.[20]

생태계가 스스로를 구성하고 또한 변화하는 세상에 대응하는 방식을 빠른 성장-보존-해체-재구성의 단계로 표현한 것을 '적응주기'라고 한다.[21] 시간이 흐르면서 시스템이 어떻게 행동하는지, 적응주기에 따라 시스템의 리질리언스가 어떻게 다른지를 나타내는 것이다. 적응주기의 각 단계마다 시스템 내부에 있는 구성요소들의 연결 강도, 시스템의 유연성과 리질리언스가 달라지기 때문에 시스템이 하나의 단계에서 다른 단계로 이동하는 양상도 달라진다. 또한 일반적으로 시스템은 성장-보존-해체(방출)-재구성으로 이어지는 적응주기에 따라 움직이지만 상황에 따라 순서에 상관없이 다른 단계로 이동할 수도 있다.

적응주기를 포함한 리질리언스 모형은 처음에는 (자연)생태계에서 일어나는 변화를 나타내는 것으로 고안되었지만 사회생태시스템의 하

---

19  브라이언 워커 · 데이비드 솔트, 고려대학교 오정에코리질리언스연구원 역, 『리질리언스사고 - 변화하는 세상에서 환경과 인간의 공존방식』, 지오북, 2015, 12쪽.

20  김동현 등, 앞의 글, 9쪽.

21  L. H. Gunderson & C. S. Holling, eds., *Panarchy : Understanding Transformations in Human and Natural Systems*, Washington D. C : Island Press, 2002.

나인 로컬의 변화 양상을 해석하는 데도 유용하다. 로컬은 무수한 변화에 지속적으로 적응해야 하는 복잡적응계complex adaptive system[22]이기 때문이다. 복잡적응계는 비교적 유사하면서 부분적으로 연결되어 있는 미세구조microstructure의 집합체라고 할 수 있다. 상호작용의 동적 네트워크dynamic network이기 때문에 복잡성을 가지며 개인과 집단의 형태가 변화에 반응하면서 변하기 때문에 적응성을 띤다.

리질리언스 모형을 단계별로 살펴보면,[23] 빠른 성장rapid growth 단계는 적응주기의 초기 단계로서 로컬은 새로운 기회와 가용자원을 적극 활용하여 빠르게 성장한다. 로컬의 자본과 지식들이 축적되며 지역경제의 상대적 우위를 통해 성장을 이루게 되는 것이다. 기회활용자(외부 변화와 불확실한 상황에 잘 적응하는 인간이나 단체 등)가 등장하게 되는데 새로운 재화의 생산자로서 새롭게 열린 시장에서 점유율을 확보하고 짧은 기간 동안 활발하게 활동한다.

보존conservation 단계에서는 시스템의 에너지가 비축되고 각종 자원이 서서히 축적된다. 로컬의 성장이 지속되면서 기존 산업에 대한 의존성이 커지고 새로운 산업이나 기업의 등장은 줄어든다. 기회활용자 대신 스스로 유대관계를 보강하여 변화에 따른 충격을 줄이는 전문가들이 경쟁에서 우위를 차지한다. 시스템의 구성요소들이 서로 강하게 결합될수록 시스템의 내부는 강력하게 통제된다. 연결성이 커질수록 시스템의 성장 속도는 느려지고 유연성도 줄어든다. 아울러 리질리언스도 낮아진다.

---

22  브라이언 워커 · 데이비드 솔트, 앞의 책, 37쪽.
23  위의 책, 132~138쪽.

연결된 시스템 또는 시스템 자체에 의해 야기된 교란, 충격이 시스템의 리질리언스를 능가한다면, 즉 임계점threshold을 넘는다면 보존단계에서 보강되었던 유대관계와 연결망은 끊어진다. 이것이 해체 또는 방출release 단계이다. 견고했던 연결고리가 찢어지고 통제가 느슨해지면서 시스템의 자원들이 방출된다. 로컬 경제는 침체에 빠지게 되고 기존의 경제구조는 해체된다. 짧은 해체 단계를 거치고 나면 시스템의 동역학은 카오스에 빠진다. 그러나 그 뒤 이어지는 파괴에는 창조적 요소가 담겨있다. 기존 구조의 해체와 파괴는 새로운 활동의 가능성을 열어주기도 하기 때문이다. 시스템을 재조직하고 재생하는 동력으로 작동하는 것이다.

재구성reorganization 단계에서는 불확실성이 우세하여 모든 선택권이 열려있고 여러 가지 미래가 나타날 수 있다. 즉, 카오스적 동태에 변화가 생기기 시작하는데 이는 이전 적응주기 반복, 새로운 정체성 출현, 시스템 붕괴의 3가지 형태 중 하나로 나타난다. 첫째, 단순히 이전 적응주기가 같은 방식으로 되풀이될 수도 있다. 이때 시스템의 정체성은 해체 이전 단계와 동일하다. 시스템의 리질리언스가 교란을 흡수하여 해체된 시스템을 유지할 수 있을 정도의 능력을 가져야 가능하다. 둘째, 이전에 볼 수 없었던 새로운 방식으로 재구성되어 빠른 성장 단계가 새롭게 시작될 수도 있다. 참신함이 넘쳐나면서 발명, 실험, 혁신이 일어나고 이때 새로운 정체성이 나타난다. 시스템의 리질리언스가 충격에 대응하여 재구성, 전환으로 이어질 수 있을 정도로 강하게 작동했다는 의미이다. 그러나 셋째, 해체 단계에서 카오스에 빠졌던 시스템이 더 빨리 붕괴될 수도 있다. 시스템의 리질리언스가 약해 시스템의 유지 또는 전환이 불가능한 경우이다.

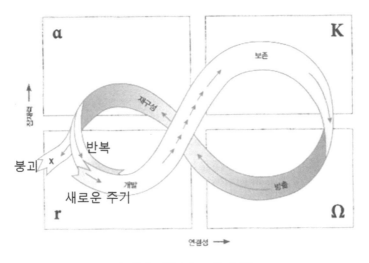

〈그림 1〉 리질리언스 모형 개념도

자료 : L. H. Gunderson & C. S. Holling, eds., *Panarchy : Understanding Transformations in Human and Natural Systems*, Washington D. C : Island Press, 2002 재구성

여기서 주목할 점은 시스템은 단독으로 적응주기를 거치고 있는 것이 아니라 시간적, 공간적으로 서로 다른 스케일의 시스템에 연결된 계층구조로 구성되어 있다는 점이다.[24] 여러 스케일에 걸려있는 연결고리에 따라, 즉 연결되어 있는 시스템의 상황이나 동태에 따라 시스템들은 서로 영향을 주고받게 된다. 다시 말해 복잡계에서 시스템들은 변화를 유발시키기도 하고 변화에 영향을 받기도하기 때문에 특정 스케일에만 집중한다면 시스템을 제대로 이해하거나 관리할 수 없게 된다. 따라서 시스템의 상하 위계에 대해 통합적인 관점에서 접근하는 것이 필요하다.

---

24  위의 책, 151~152쪽.

# 4. 토트네스의 전환마을운동

석유 정점, 기후온난화 그리고 생태위기가 전 지구적 문제로 대두되면서 다양한 생태지향적 패러다임과 모델들이 등장하고 있다. 이 중에서도 '로컬'이 이를 위한 전략적 요소로 부각되어 로컬 자체를 아래로부터의 혁신을 위한 창의적인 생산 주체로 보는 관점이 나타나고 있다.[25] 생태위기를 인식하고 자원순환적 마을을 만들기 위해 노력하는 생태마을eco village, 퍼머컬처, 전환마을 등이 새롭게 등장한 것이다. 여기서는 일상적 삶의 터전이면서 생태위기 극복을 위해 실천적 주체로 등장한 영국 토트네스의 사례를 살펴보고자 한다. 리질리언스 사고를 접목하여 토트네스를 복잡적응계의 하나, 즉 사회생태시스템으로 본다.

## 1) 위기에 직면하다

영국 잉글랜드 남서부 데본주Devon County에 속해 있는 토트네스에는 2011년 기준 약 2.5km² 의 면적에 약 8,000명의 인구가 거주한다.[26] 907년 마을에 처음으로 성이 지어졌고 12세기부터 중요한 시장마을market town이 되었다. 이는 수상운송이 가능하고 접근이 용이한 다트강과 잉글랜드 남서부의 주도로 중 하나에 면한 토트네스의 지리적 입지 덕분이었다.[27] 중세와 튜더왕조 시기 토트네스는 양털에서 추출한 모

---

25 김성균, 앞의 책, 47쪽.
26 토트네스는 행정교구(parish)에 해당한다.

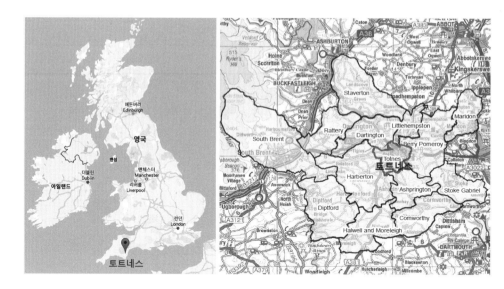

〈그림 2〉 토트네스 위치

자료 : (왼쪽) www.google.co.kr/maps (오른쪽) www.devon.gov.uk/devontownprofiles

직과 채굴한 주석의 수출로 데본에서 부유한 마을 중 하나였다. 16~
17세기 건설된 상인들의 건물 개수에서 토트네스의 번영과 중요성 정
도를 가늠할 수 있다.

이처럼 토트네스는 영국에서 주목받는 곳 중 하나로서 성장단계를
거쳐 왔다. 다양한 형태의 자본이 축적되는 시기였으며 리질리언스는
높아졌다. 1980년대 중반까지 토트네스는 성장 단계에 이어 보존 단계
에 있었고 시스템 내부의 구성요소들은 다양한 가용자원을 이용하여
번성하고 활동하면서 꾸준하게 유대관계를 이어왔다. 그러나 보존 단
계 후반을 거치면서, 즉 산업화와 신자유주의 세계화의 흐름 속에서 토

---

27  사우스햄스(http://www.southhams24.co.uk/folder-432-totnes).

| 구분 | | 토트네스 | 토트네스지역* | 사우스햄스 | 데본 |
|---|---|---|---|---|---|
| 1991년 | | 7,020 | 19,853 | 77,565 | 646,903 |
| 2001년 | | 7,443 | 20,754 | 81,849 | 704,493 |
| 2011년 | | 8,076 | 25,137 | 83,140 | 746,399 |
| 2011년 | 0~19세 | 21.6% | 21.1% | 21.1% | 21.4% |
| | 20~39세 | 19.7% | 16.4% | 17.2% | 20.8% |
| | 40~59세 | 29.2% | 30.5% | 29.7% | 27.5% |
| | 60~79세 | 22.7% | 25.4% | 26.1% | 23.5% |
| | 80세 이상 | 6.8% | 6.6% | 6.7% | 6.8% |

* market town area 또는 Totnes area
자료 : www.devon.gov.uk/devontownprofiles

트네스는 새로운 정책에 투자하기보다는 축산, 면화, 광산 등 몇 가지 정책만 집중하여 현 시스템을 유지하였고 외부의 자본, 서비스, 식량, 에너지 등에 의존하는 정도도 점차 증가하게 되었다.

1980년대 중반 몰아닥친 광우병 사태와 양털모직산업의 몰락 등으로 토트네스는 큰 위기에 처하게 되었다. 실업률은 증가하였고 로컬 경제는 쇠퇴하였다.[28] 그리고 2010년 화물연대 파업으로 외부 경제, 대형마트에 의존한 물류시스템 문제를 새롭게 인식하게 되었다. 리질리언스 사고로 해석하면, 시스템이 해결하기 어려운 교란, 충격의 상황에 처하게 된 것이다. 로컬은 시간적, 공간적으로 서로 다른 스케일의 다른 로컬들과 연결되어 있기 때문에 좁게는 주변지역, 넓게는 국가, 세계 시스템의 영향을 받을 수밖에 없기 때문이다. 그러나 토트네스의 이러한 위

---

[28] 2004년 기준 토트네스지역, 사우스햄스, 데본의 실업률이 각각 1.4%, 1.0%, 1.3%인데 반해 토트네스의 실업률은 2.0%였다. 인구 1,000명당 범죄도 93.6건으로서 주변지역의 53건, 46.2건, 64.1건에 비해 높은 편이었다.

기는 슘페터J. Schumpeter가 주장한 '창조적 파괴creative destruction'[29]와 같이 새로운 전환을 위한 기회로 작동하였다.

카오스적인 해체 단계에서 시스템 스스로 자신이 가진 자원을 최대한 끌어내 창조적으로 바뀔 수 있는 방안을 모색하게 되었다. 위기로 다가온 에너지, 기후 그리고 자본의 세계화 전략에 능동적으로 대항, 적응하기 위해서는 로컬이 자기주도적으로 재로컬화의 다양한 방법들을 구상하고 개발해 나가야 하기 때문이다.[30] 여기서 로컬이 가진 리질리언스가 드러나게 된다. 그 무엇도 예측할 수 없는 불확실한 시기이지만 리질리언스의 역량에 따라 붕괴될 수도, 획기적인 방식으로 재구성될 수도 있기 때문이다.


## 2) 생태적으로 전환하다

주민들은 화석연료인 석유 정점과 기후변화 그리고 외부에 의존하는 경제체계 등이 그 원인이라고 판단하고 이런 위기상황에서 미래세대를 위해 자신들이 할 일이 무엇인지에 대해 고민하기 시작하였다. 그 결과, 토트네스는 홉킨스와 같은 리더를 중심으로 전환마을운동을 추진하게 되었고 비영리 시민단체인 '전환마을 토트네스Transition Town Totnes'(이하 TTT)를 만들었다.[31] 주민들은 참신함, 독창성, 창의적 아이

---

29 창조적 파괴는 경제학자 슘페터가 경제발전을 설명하기 위해 제시한 개념으로, 기술혁신을 통하여 낡은 경제구조를 파괴하는 동시에 새로운 구조를 창조하여 변혁을 일으키는 변화의 과정을 지칭하는 것이다.
30 배윤기, 앞의 글, 2010, 101쪽.

〈표 2〉 TTT의 그룹과 프로젝트 현황(2016년 기준)

| 그룹·프로젝트 | 주요 활동 | 특징 |
|---|---|---|
| 건축주택·에너지<br>(Building·Housing & Energy) | 건축, 주거, 에너지절감<br>생태주거전시회(Eco Homes fair 2016)<br>전환주택(Transition Homes)<br>전환거리(Transition Streets) | 생태적 기반조성 |
| 먹거리그룹(Food Group) | 로컬푸드<br>폴라톤숲 정원(Follaton Forest Garden)<br>견과나무심기(Nut Tree Planting)<br>종자를 지키는 여성모임(Seedy Sisters) | 생태적 기반조성 |
| 기술공유 프로젝트<br>(Free Skillshare Project) | - | 확산 |
| 내적인 전환(Inner Transition) | 멘토링과 웰빙 지원<br>전환지원그룹 | - |
| 놀이그룹(Play Group) | - | - |
| Totnes REconomy Project | REconomy Centre<br>토트네스 로컬경제계획<br>로컬기업가포럼<br>로컬화폐(Totnes Pound) | 생태적 기반조성 |
| 전환거리(Transition Streets) | 에너지절감, 재생가능에너지생산 | 생태적 기반조성 |
| 전환예술네트워크<br>(TTT Arts Network) | 영화페스티발<br>TTTAN Upcyclopedia<br>SPARC Recyclopaedia<br>TTT Film Club | - |
| 전환투어(Transition Tours) | - | 확산 |
| 운송<br>(Traffic and Transport Forum) | 자전거 그룹(Cycling Group)<br>자전거수리(DoctorBike) | 생태적 기반조성 |

디어로 로컬에서 식량과 에너지를 스스로 생산, 소비하는 방식으로 바꾸었고 마을의 소규모 매장을 중심으로 농산물을 유통시키는 유통구조의 변화도 이끌어냈다. 로컬순환형인 유기농 친환경농업으로, 집단사

---

31 TTT 내부에는 이론과 실천, 학습과 이해를 통해 자발적으로 형성된 다양한 그룹과 프로젝트들이 있다. 이는 TTT에 대한 인식·네트워크 형성 단계(2006~2007), 조직 강화·통합 단계(2007~2008), 에너지절감 단계(2008~2009), 사회적 기업 단계(2009~2010) 등 TTT의 진행 단계에 따라 꾸준하게 변하고 있다. TTT 홈페이지(http://www.transitiontowntotnes.org)참조

육방식에서 전통적인 목축방식으로 전환하였고 태양열, 풍력, 바이오 가스 등을 이용한 재생에너지 자립운동을 전개하였다.

이 중에서 먹거리에 대한 주민들의 실천은 로컬의 일상생활 속에서 이루어졌다. 정원에 꽃과 나무 대신 채소를 심고 마을텃밭도 공동으로 운영하였다. 토종씨앗을 보존하기 위해 노력하고[32] 약초를 재배해 치료에 이용하기도 하였다. 그리고 들판에서 소, 양을 방목하여 기르고 항생제와 동물성 사료를 쓰지 않았다. 말콤채소농장, 리버포드농장, 랭스턴목장 등 로컬에서 생산되는 유기농 농산물, 축산물을 매개로 생산자와 소비자의 신뢰를 회복하였다. 또한 로컬푸드 음식점 확산, 로컬머니 사용 그리고 공동체 사업의 활성화를 유도함으로서 경제가 로컬 내에서 순환되도록 이끌었다. 생산, 유통, 소비 등의 영역에서 다양한 이해당사자들이 자율적으로 규제하는 경제거버넌스 구조를 구축하기 위해 노력하였다. 이를 통해 토트네스는 외부 경제로부터 자유로운, 로컬에 기반한 경제, 로컬 내에서의 순환경제가 가능한 곳으로 탈바꿈하게 된 것이다.

특히 로컬머니인 토트네스 파운드Totnes Pound는 경제학자 리에테르 B. Lietaer가 제안하여 2007년 토트네스 지역발전모임에 의해 만들어졌다.[33] 2007년 5월 18개 상점을 중심으로 시작하였으나 2008년 1월에는 75개 상점과 사업에서 사용할 수 있게 되었다. 2014년 10월부터 전자식 토트네스 파운드도 제공되고 있다.[34] 로컬 화폐로 로컬 생산물,

---

32  종자를 지키는 여성모임(Seedy Sisters)에서는 토종씨앗을 교환, 보존하고 재배법을 교육한다.
33  김성균, 앞의 책, 167~168쪽.
34  토트네스 파운드 홈페이지(http://www.totnespound.org).

상품을 구매함으로써 생산자와 소비자의 관계를 더욱 견고하게 만들고 로컬 경제를 활성화시키는 역할을 하였다.

에너지 자립운동 역시 공동체가 자발적으로 함께 기획하고 실행하였다. 이것의 목적은 석유에 의존하지 않는 삶으로의 전환이었다. 6~8가구의 전환가정이 모여 전환거리transition street를 이루고 이런 거리들이 모여 전환마을을 만들어나간다는 아이디어였다. 이것이 전환거리 프로젝트로서 전환마을운동의 주요사업 중 하나이다. 가족, 이웃, 친구 등이 그룹을 이뤄 에너지, 물, 음식, 쓰레기, 교통 등에서 탄소배출을 줄이며 비용을 절감하는 방법을 배우고 실생활에 적용·실천하는 행동 전환 프로젝트이다. TTT는 전환거리 프로젝트에 필요한 운영기금 형성, 인력 개발 등을 지원하고 있다. 에너지의 20~30% 정도를 줄이게 되면 단열개선사업을 하고 다음 단계로 지원을 받아 태양광판을 설치하게 되는데 이때 각 가정은 일정 정도의 비용을 투자해야 한다. 에너지 절약실천모임(절약실천활동)에서 출발하여 주택단열개선사업(에너지이용 효율화)으로 이어지고 태양광판을 설치하는 운동(재생가능에너지 생산)으로 확대되었다. 이 과정에서 관심영역이 가정에서 공동체로 확대되고 공동체는 로컬을 변화시키는 주체가 될 수 있었다.

또한 토트네스 주민들은 '재생가능에너지협동조합'을 만들어 풍력발전, 바이오가스발전 등 에너지전환사업을 진행하고 있으며 2030년까지 사용하는 에너지를 절반으로 줄이고 그 절반을 재생가능에너지로 전환하는 것을 목표로 하고 있다. 직접적인 재생가능에너지의 생산과 공급, 캠페인과 교육을 통한 시민참여, 에너지 효율과 대안 모색 등을 시도하는 전환마을운동은 영국 공동체에너지의 활성화에 중요한 계기

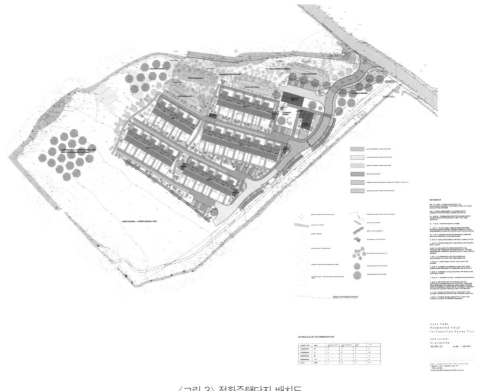

〈그림 3〉 전환주택단지 배치도

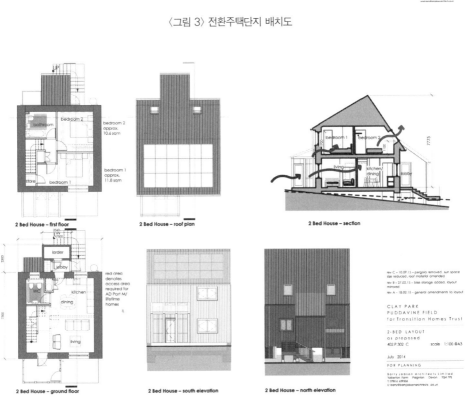

〈그림 4〉 전환주택 예시(2개 침실 타입)

로 작용하였다.[35] 여기서 공동체에너지는 "공동체가 기획, 추진, 소유, 운영에 적극적으로 참여하여 전력 소비, 판매의 방식으로 로컬 주민들이 집단적으로 향유하는 재생에너지"를 뜻한다.

전환마을운동은 주거문제에도 관심을 기울여 왔는데 최근 그 성과가 가시적으로 드러나고 있다. 2016년 TTT가 설립한 공동체토지신탁Community Land Trust은 공유주택cohousing에 대한 프로젝트를 추진 중이다. 로컬 주민들이 감당할 수 있으면서affordable 지속가능한sustainable 전환주택transition homes을 건설하는 것이 목적이다. TTT에서 꾸준하게 추진해 온 에너지절감과 공유주택의 개념을 접목하여 전체 부지 2.8ha 중 1.48ha에 친환경생태주택 27동을 건설하고 나머지는 농경지나 자연경관으로 둔다는 계획이다. 27동의 주택 중 19개는 지불가능주택affordable housing이고 나머지는 일반주택으로 지어진다. 공유주택, 지불가능주택의 공급으로 주민들의 주거문제를 해결할 뿐만 아니라 친환경주택의 건설을 통하여 주거영역에서의 생태적 전환을 시도하고 있는 것이다.

토트네스가 먹을거리와 에너지에 대한 생산, 유통, 소비방식에서 생태적 삶을 실천할 수 있었던 이유는 슈마허대학Schumacher College[36]과 연계하여 교육, 훈련, 경험 등을 쌓을 수 있었기 때문이다. 아울러 타고르재단, 센츠재단, 샤프불교공동체 등을 통해 토트네스 주민들에게는

---

35  이정필·한재각, 「영국 에너지전환에서의 공동체에너지와 에너지시티즌십의 함의」, 『ECO』 18(1), 2014, 81·88쪽.

36  슈마허대학은 영국의 대안경제학자 슈마허(E. F. Schumacher)의 영향을 받아 쿠마(S. Kumar) 등이 1991년 토트네스에 설립한 국제적인 생태교육기관이다. 심층생태학을 기본이념으로 강사와 학생, 직원과 자원봉사자가 함께 만들어가는 대안 공동체학교이다.

| 구분 | | 토트네스 | 토트네스지역* | 사우스햄스 | 데본 |
|---|---|---|---|---|---|
| 소득보조금 | 2004년 | 9.0% | 5.0% | 4.0% | 4.5% |
| | 2011년 | 5.5% | 4.1% | 2.9% | 3.4% |
| | 증감 | -38.9% | -18.0% | -27.5% | -24.4% |
| 구직자수당 | 2004년 | 1.7% | 1.0% | 0.9% | 1.1% |
| | 2011년 | 2.1% | 1.8% | 1.4% | 1.8% |
| | 증감 | 23.5% | 80.0% | 55.6% | 63.6% |
| 실업률 | 2005년 | 2.0% | 1.4% | 1.0% | 1.3% |
| | 2011년 | 2.8% | 2.0% | 1.7% | 2.2% |
| | 증감 | 40.0% | 42.9% | 70.0% | 69.2% |

* : market town area 또는 Totnes area
자료 : www.devon.gov.uk/devontownprofiles

오래 전부터 협력과 공유의 전통이 뿌리내리고 있었기 때문이다.[37]

전환마을운동에 참여하는 토트네스 주민들은 2014년 기준 약 3,300여명에 이른다. TTT는 주민들 스스로가 에너지 위기와 기후변화를 주도적으로 맞이하기 위해 삶과 관계의 능동적 전환을 모색하고자 노력한 시도이며 주민주도 지역혁신, 풀뿌리운동, 전환운동 등의 성공사례로 평가받고 있다.[38] 이런 변화는 2004년과 2011년 조사에서도 나타난다. 소득보조금Income Support[39]의 경우 2004년 요구비율이 9.0%였으나 2011년 5.5%로 약 39% 감소하였으며 구직자 수당의 경우 2004

---

37  김성균, 앞의 책, 168쪽.

38  게세코 폰 뤼프케, 박승억·박병화 역, 『두려움 없는 미래』, 프로네시스, 2010; G. Seyfang & A. Haxeltine, "Growing grassroots innovations : exploring the role of community-based initiatives in governing sustainable energy transitions", *Environment and Planning C : Government and Policy* 30, 2012, pp.381~400; 이정석, 「주민주도 지역혁신의 필요성과 성공조건」, 『BDi 포커스』192, 2013; 이정필·한재각, 앞의 글.

39  영국에서 소득이 전혀 없거나 극히 낮은 사람들에게 정부가 주는 보조금이다.

년 1.7%에서 2011년 2.1%로 다소 증가하였지만 그 증가폭은 다른 지역에 비해 적었기 때문이다. 구직자수당과 마찬가지로 전체 지역에서 실업률이 증가하였지만 토트네스와 토트네스지역은 상대적으로 증가율이 적은 것으로 조사되었다. 조사결과로 미루어 볼 때, 토트네스는 전환마을운동으로 인하여 주변지역보다 다소 긍정적인 변화를 보이는 것으로 해석할 수 있을 것이다.

## 5. 리질리언스와 지속성을 갖춘 로컬로의 전환

### 1) 리질리언스와 재로컬화 그리고 생태주의적 전환

토트네스는 생태위기에 적극적으로 대응하여 로컬을 새롭게 재구성하고 공동체를 회복함으로써 삶의 방식과 관계망을 전환하였다. TTT의 공동설립자인 홉킨스는 전환마을운동의 2가지 핵심 전략은 로컬을 기반으로 하는 재로컬화와 리질리언스의 형성이며 전환마을운동은 이를 통해 가능했다고 강조한다.[40] TTT의 재로컬화는 석유에 의존하지 않고 탄소를 절감하면서 로컬 내에서 먹거리, 건축자재, 에너지 등의 수요를 충족하여 로컬 경제에 가능성과 잠재력을 제공하는 것이었다. 또한 TTT는 공동체에 기반한 리질리언스를 실천하기 위해 경제구조(로컬 내 순환, 로컬경제 강화), 물리적 하부구조(로컬 푸드의 생산과 소비, 로컬 에너지, 저탄소주택 등), 사회시스템(사회정의, 공정성 지속 등)의 측면에서 접

---

40 TTT 홈페이지(http://www.transitiontowntotnes.org/about/what-is-transition/how-transition-works).

근하였다(그림 5 참조). 이를 통해 로컬 커뮤니티에 유리하도록 외부의 충격에 적응할 수 있는 리질리언스를 재형성하고자 한 것이었다.

생태적 재로컬화와 리질리언스 사고로 토트네스의 생태적 전환을 해석해 보면, 토트네스는 재구성 단계에서 이전의 적응주기가 다시 반복되는 것이 아니라 이전에 볼 수 없었던 새로운 방식으로 전환되었다. 이것이 로컬이 실천적 주체가 되어 로컬 내부의 구성요소, 체계를 재구성한 생태적 재로컬화이다. 생태적 재로컬화의 가장 큰 특징은 기존의 외생적 수요와 공급에 의해 조성된 생활체계가 아니라 최대한 내생적 수요와 공급을 고려한 순환적·호혜적 생활체계가 뿌리내린 삶의 방식으로의 전환이라고 할 수 있다.[41] 이 지점에서 로컬은 일상생활이 이루어지는 삶의 터전이자 인간과 자연환경의 조화를 지향하면서 생명·순환의 가치를 가진 생태주의를 실천하는 주체라는 의미를 가질 수 있다.

또한 토트네스는 주민, 집단, 단체 등 다양한 구성요소와 이를 연결하고 피드백할 수 있는 주민 간 또는 집단 간의 사회적 관계망 등으로 리질리언스를 갖추고 있었기 때문에 위기상황에 대처하면서 생태적 전환을 이룰 수 있었다. 그리고 이를 바탕으로 새롭게 빠른 성장 단계로 진입하면서 전환마을이라는 새로운 정체성을 드러내고 있다. 즉, 토트네스는 위기에 직면했을 때 자기성찰적 리질리언스를 통해 새롭게 발견되는 삶의 터전을 비판적으로, 혁신적으로 재구성함으로써 '생성의 로컬리티generative locality'를 이루어낸 것이다.[42]

새로운 정체성을 가지게 되었다는 것은 생태적 재로컬화의 과정을

---

**41** 김성균, 앞의 책, 97쪽.
**42** 배윤기, 앞의 글, 2010, 93쪽.

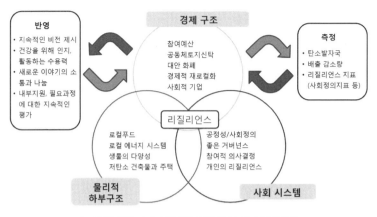

〈그림 5〉 커뮤니티 수준에서 리질리언스의 실천(TTT)

거쳐 생태주의적 전환을 이룬 것이다. 다시 말해, 시스템의 구성요소, 작동방식 등이 크게 바뀌고 새롭게 확인된 변수들이 시스템으로 유입되어 새로운 구조와 피드백을 가지게 되었다는 의미이다. 이는 곧, 재구성 단계를 거치면서 기존 시스템이 혁신적 전환을 겪었다는 것이며 또한 이를 위해 시스템의 리질리언스가 강하게 작동했다는 것을 뜻한다. 따라서 리질리언스는 로컬의 생태적 전환을 위한 핵심 개념이자 전략으로서 가장 기본적이며 필수적인 전제조건인 것이다. 나아가 불확실한 미래나 위기 상황에 대처하기 위한 중요한 동력, 자원인 것이다.

## 2) 생태주의적 전환을 위한 요인

위기, 변화에 대한 불확실성, 예측불가능성 등은 지속적으로 로컬을 위협한다. 일상적 삶의 터전이면서 생태위기 극복을 위해 실천적 주체로 등장한 토트네스 사례를 통해, 리질리언스와 지속성을 갖춘 로컬로 전환하기 위한 구체적 요인들은 살펴보고자 한다.[43]

첫째는 다양성diversity으로서, 임계점을 넘는 충격에 대응할 수 있는 선택 가능한 대안이나 대응할 수 있는 역량이 다양해야 한다는 것이다.[44] 또한 시스템에서 역할을 수행하거나(기능) 영향을 미치는(반응) 구성요소들이 다양해야 하는데 이를 기능 다양성과 반응 다양성으로 표현하기도 한다. 시스템의 기능과 반응이 다양할수록 충격을 흡수하는 시스템의 능력도 증가하고 교란에 대해 여러 가지 방법으로 대응할 수 있게 된다. 하지만 다양성이 줄어들면 시스템의 대안 선택권도 줄어 시스템의 리질리언스는 약해진다. 다양성을 좀 더 광의적으로 해석하면 중복성redundancy(잉여 또는 여분)과 이질성heterogeneity의 의미도 포함한다. 중복성은 위기 상황으로 시스템의 특정 부분에 문제가 발생했을 때 같은 기능의 것으로 대체할 수 있고 이질성은 새로운 것으로의 대안 역할을 할 수 있다. 따라서 위험의 확산을 방지하기 위한 중요한 요인이 된다. 토트네스의 여러 집단들[45]과 TTT의 그룹들은 위기의 상황에

---

**43** S. A. Levin, *Fragile Dominion : Complexity and the Commons*, Perseus Books, Cambridge, Massachusetts, 1999; J. Ahern, "Urban landscape sustainability and resilience : the promise and challenges of integrating ecology with urban planning and design", *Landscape Ecology* 28(6), 2013, pp.1203~1212; 마이클 루이스・팻 코너티, 미래가치와 리질리언스 포럼 역, 『전환의 키워드, 회복력―위기의 시대를 살아가기 위한 12가지 이야기』, 따비, 2015, 54~58쪽; 브라이언 워커・데이비드 솔트, 앞의 책, 226~231쪽.

**44** 제이콥스도 도시를 생태계의 하나로 해석한다. 도시라는 생태계를 유지하기 위해서는 많은 다양성을 필요로 하고 다양성은 시간이 흐르면서 유기적으로 발달하여 구성요소들은 복잡한 방식으로 상호 의존하게 된다. 그리고 다양성의 틈새가 많을수록 수용력 또한 커진다(제인 제이콥스, 유강은 역, 『미국 대도시의 죽음과 삶』, 그린비, 2010, 12쪽).

**45** 말콤채소농장, 리버포드농장, 랭스턴목장 등의 농축산물 생산자집단과 이를 로컬화폐로 구매하는 소비자집단이 있고 TTT를 비롯한 에너지전환모임(전환거리), 지역발전모임, 종자를 지키는 여성모임, 재생가능에너지협동조합 등의 실천집단 그리고 슈마허대학, 슈타이너 대안학교, 타고르재단, 센츠재단, 샤프불교공동체 등의 지원집단 등이 있다.

서 다양한 기능과 다양한 반응으로 시스템이 동질화, 단순화되는 것을 보완하고 보충하면서 리질리언스를 증가시키는 역할을 수행하였다.

둘째, 모듈화modularity이다. 모듈화는 시스템의 구성요소가 연결되는 방식, 구조에 관한 것으로서, 시스템의 구성요소들은 느슨하게 연결되어 독립적으로 작동하면서 각자의 영역에서 기능을 담당해야 한다. 그래서 모듈화는 결합성의 최소화, 기능 응집성의 최대화라고 할 수 있다. 충격에 직면했을 때 시스템의 한 부분에 이상이 생기더라도 다른 부분은 계속 작동될 수 있어야하기 때문이다. 앞에서 언급한 중복성과 연계하여 본다면 중복되고 분산된 구성요소들로 이루어진 모듈은 실패를 억제할 수 있고 또한 개별적, 부분적 실패가 전체로 확산되는 것을 막아줄 수 있다. 셋째, 피드백의 조직화organization of feedback이다. 시스템의 어느 부분에 변화가 발생했을 때 다른 부분에서 이를 인지하고 대응하는 것을 뜻한다. 피드백이 길어질수록 전체 시스템은 변화에 대처하기 어렵게 된다. 위험과 변화를 재빠르게 인지하고 대처할 수 있도록 느슨하지만 긴밀하게 결합된 연결망이 조직되어야 한다.

모듈화와 피드백의 조직화는 시스템의 각 구성요소(또는 개체)가 시스템에 구속, 억압된 것이 아니라 자유로운 개체성을 가지면서 호혜의 네트워크를 긴밀하게 조직하는 것을 의미한다. 개체의 정체성을 중시하면서 대동단결大同團結이 아니라 화이부동和而不同의 조직화를 지향하는 것이다.[46] 토트네스의 생산자, 소비자, 실천집단, 지원집단 그리고 TTT 내부의 개별 그룹과 프로젝트 등은 각자의 영역에서 독자적으로

---

[46] 주요섭, 『전환이야기─열망의 유토피아가 온다』, 모시는사람들, 2015, 116쪽, 이나미, 앞의 글, 29쪽.

기능하면서 하나의 유기체적인 시스템으로 긴밀하게 연결되어 있었기에 리질리언스를 형성하여 생태적 전환을 이룰 수 있었다. 이는 로컬시스템의 "구성요소들이 개별적이되 적절히 연계되는 모듈로서 상호작용하는 상향식의 다핵적 거버넌스 구조"가 로컬에서 구축되어야 함을 보여주는 부분이다.[47]

넷째, 사회적 자본social capital으로서 시스템의 리질리언스를 강하게하는 중요한 자원으로 작동한다. 강한 네트워크, 관계망에서의 신뢰, 영향력 있는 리더십 등이 해당된다. 토트네스의 전환마을운동은 생산자와 소비자의 신뢰, 집단 간의 협력네트워크, 홉킨스와 같은 리더가 있었기에 가능했다. 특히 TTT는 평생학습(생활교육), 영성 및 마음훈련(멘토링 & 웰빙 지원), 집행부와의 협력적 거버넌스 그리고 정원공유하기, 종자교환·보존하기, 견과나무심기 등 다양한 그룹 활동과 프로젝트를 통하여 사회적 관계망을 형성하고 공유하였다.[48] 특히 슈마허대학, 타고르재단, 센츠재단, 샤프불교공동체과의 연계는 협력과 공유의 정신을 유지할 수 있도록 이끌었다. 이런 과정을 통해 로컬의 적응성, 리질리언스를 높이는 데 밑바탕이 되는 사회적 자본을 구축할 수 있었던 것이다. 주민들의 힘이 결집된 상향적 네트워크와 협력이 리질리언스와 생태적 전환을 위해 중요한 역할을 한다는 것을 구체적으로 보여주는 부분이다.

다섯째, 혁신innovation이다. 새로운 문제나 위기에 직면했을 때 기존과 같은 사고방식으로는 문제나 위기를 극복할 수 없다. 참신함, 독창성

---

47  김동현 등, 앞의 글, 8쪽.
48  TTT 홈페이지(www.transitiontowntotnes.org).

을 가진 아이디어와 경험들을 연결하고 조합하여 기존의 틀을 깨고 새로운 것을 창출하는 창의성creativity이 필요하다. 창의성은 한 가지 전문 분야만이 아니라 여러 분야를 넓게 섭렵하여 이해의 폭을 확장하고 다른 분야와의 연결고리를 찾아내야만 발현될 수 있다. 혁신에서 또 중요하게 작동하는 것은 창발성emergence이다. 이는 개별요소에서는 특성이 없던 것이 집단을 이루면서 어떤 특정 현상을 발생시키는 것이다.[49] 로컬이라는 사회생태시스템은 다양한 구성요소들이 융합적으로 결합되어 있는 집합체이다. 때문에 여러 가지 개념과 아이디어들을 통섭적으로 적용해 통찰력있게 이해하고 기존의 틀을 깨는, 다시 말해 창의적, 창발적으로 수행되는 실험적 활동이 있어야 한다. 혁신은 창의성, 창발성이 발현될 때 일어나며 재구성, 전환이라는 결과로 이어진다. 혁명, 전복이 아니라 '혁신'이 등장하고 확산됨으로써 결국 전체 시스템을 바꾸는 것이다. 토트네스는 기후변화, 에너지, 자본의 세계화 등의 위기에 대응하기 위해 새로운 접근방법, 즉 전환마을 프로젝트를 추진하였다. TTT 내부의 다양한 그룹을 통해 개인의 지성과 영감을 자유롭게 교환할 수 있는 집단지성의 발판을 구축하였고 이를 실험하고 학습하면서 개방적으로 혁신을 받아들였을 때 생태적 전환을 이룰 수 있었다.

---

[49] 예를 들면, 개미나 꿀벌 무리에서 개체 수준에서는 보이지 않던 역동성이 전체로 확장되면서 특정 패턴을 보이는 전체성(collectivity)으로 생겨나는 것이 창발성이다(신동희, 『인간과 컴퓨터의 어울림』, 커뮤니케이션북스, 2014). 구성요소의 합이 아니라 하나의 통합된 집합체인 사회성 곤충집단이나 생태계를 초유기체(superorganism)라고 부르는데 창발성은 초유기체의 본질을 정의하는 개념이다.

## 6. 생태공동체의 연대와 확산

석유 정점, 기후변화, 생태위기, 자본의 세계화 등으로 로컬은 다양한 위기에 직면해 있다. 하지만 이것을 계기로 오히려 로컬을 새롭게 주목하게 되었고 생태마을, 퍼머컬처, 전환마을처럼 다양한 대안운동들이 로컬에서 시작되고 있다. 기후변화에 대비하는 것, 석유로부터 독립하는 것, 핵에너지의 위험에서 벗어나는 것, 자급자족으로 순환경제를 이루는 것 등 이제 로컬의 생태적 전환은 우리가 선택해야 할 새로운 방향이자 목표이다.

복잡하게 연결된 시스템들 속에서 로컬이 각종 위기에 대처하기 위해서는 개발중심적 사고에서 벗어나 생태적으로 재로컬화 되어야 하며 또한 로컬의 리질리언스를 키우는 방식으로 전환해야 한다. 이는 생태중심적 사고로 로컬의 다양한 구성요소들이 각자의 영역에서 역할을 수행하면서 긴밀하게 관계망을 구축하여 사회적 자본을 형성하고 창의적인 실험들을 실천해 나갈 때 가능하다. 리질리언스가 모든 위기나 문제점을 위한 해결책이 될 수는 없겠지만 생태적 전환을 위해 중요한 밑바탕이 될 수 있기 때문이다. 리질리언스를 갖춘 로컬은 위기에 적극적으로 대응하여 재구성될 수 있으며 이런 로컬에서는 생태적 인식과 경험이 주민들의 일상적인 하비투스가 되어 삶의 터에서 실천되고 먹거리, 에너지에 대해 자립, 자급할 수 있는 순환체계를 갖추게 된다. 이 과정이 생태적 재로컬화인 것이다.

크고 작은 스케일의 시스템들은 다양한 연결고리로 긴밀하게 얽혀있기 때문에 특정 시스템에서의 혁신, 전환은 다른 스케일의 시스템에까지 영향을 미친다. 따라서 생태적 재지역화로 전환한 로컬은 국지적이고 폐쇄적인 생태공동체에 머물러서는 안 된다. 로컬의 생태공동체들이 수평적 반성장주의, 생태주의 연대를 형성하여 네트워크를 확산할 때 지구적 수준에서의 생태주의적 전환이 가능할 것이라 기대한다.

# 참고문헌

김동현 · 전대욱 · 하수정 · 김태현 · 김진오 · 신진동 · 한우석 · 정승현 · 강상준, 「도시의 새로운 패러다임 가능성 – 리질리언스」, 『도시정보』 405, 대한국토 · 도시계획학회, 2015.

김성균, 『분명한 전환 – 생태적 재지역화 개념, 이론 그리고 모색』, 이담, 2015.

돕슨, A., 정용화 역, 『녹색정치사상』, 민음사, 1993(Dobson, A., *Green Political Thought*, Unwin Hyman, 1990).

루이스, M., & P. 코너티, 미래가치와 리질리언스 포럼 역, 『전환의 키워드, 회복력 – 위기의 시대를 살아가기 위한 12가지 이야기』, 따비, 2015(Lewis, M. & P. Conaty, *The Resilience Imperative : Cooperative Transitions to a Steady-state Economy*, New Society Publishers, 2012).

배윤기, 「전지구화 시대 로컬의 탄생과 로컬 시선의 모색」, 『미국학논집』 40(3), 한국아메리카학회, 2008.

_____, 「〈보더타운〉 – 지구화와 로컬화의 현장」, 『문학과영상』 11(1), 문학과영상학회, 2010.

신동희, 『인간과 컴퓨터의 어울림』, 커뮤니케이션북스, 2014.

워커, B. & D. 솔트, 고려대학교 오정에코리질리언스연구원 역, 『리질리언스 사고 – 변화하는 세상에서 환경과 인간의 공존방식』, 지오북, 2015(Walker, B. & D. Salt, *Resilience Thanking : Sustaining Ecosystems and People in a Changing World*, Washington · Covelo · London : Island Press, 2006)

이나미, 「기후변화로 인한 사회적 위기와 공동체의 대응」, 『인문과학』 60, 성균관대 인문학연구원, 2016.

이달석, 『석유안보 강화방안 연구 – 석유안보 취약성지수 분석과 시사점』, 에너지경제연구원, 2013.

이상헌 · 정태석, 「생태담론의 지역화와 지역담론의 지역화」, 『공간과사회』 33, 한국공간환경학회, 2010.

이유진, 『서울연구원 미래서울 연구총서 3 – 전환도시』, 한울, 2013.

이정석, 「주민주도 지역혁신의 필요성과 성공조건」, 『BDi 포커스』 192, 부산발전연구원, 2013.

이정필 · 한재각, 「영국 에너지전환에서의 공동체에너지와 에너지시티즌십의 함의」, 『ECO』 18(1), 한국환경사회학회, 2014.

제이콥스, J., 유강은 역, 『미국 대도시의 죽음과 삶』, 그린비, 2010(Jacobs, J., *Death and life of great American cities*, Random House, 1961, 1993).

주요섭, 『전환이야기 – 열망의 유토피아가 온다』, 모시는사람들, 2015.

최병두 · 이근행, 「환경운동의 전략으로서 담론과 연대」, 『공간과사회』 7, 한국공간환경학회, 2002.
폰 뤼프케, G., 박승억 · 박병화 역, 『두려움 없는 미래』, 프로네시스, 2010(von Luepke, G., *Future Comes from Crisis*, Riemann, 2009).

Ahern, J., "Urban landscape sustainability and resilience : the promise and challenges of integrating ecology with urban planning and design", *Landscape Ecology* 28(6), 2013.

Davoudi, S., "Resilience : A bridging concept or a dead end?", *Planning Theory & Practice* 13(2), 2012.

Gunderson, L. H. & C. S. Holling, eds., *Panarchy : Understanding Transformations in Human and Natural Systems*, Washington D. C : Island Press, 2002.

Gupta, E., "Oil vulnerability index of oil-importing countries", *Energy Policy* 36, 2008.

Holling, C. S., "Resilience and stability of ecological systems", *Annual Review of Ecological Systems* 4, 1973.

Holling, C. S., "The resilience of terrestrial ecosystems : Local surprise and global change", Clark, W. C. & R. E. Munn(Eds.), *Sustainable Development of the Biosphere*, London : Cambridge University Press, 1986.

Hopkins, R., *The Transition Handbook : From Oil Dependency to Local Resilience*, Green Books, Totnes, Devon, 2008.

Levin, S. A., *Fragile Dominion : Complexity and the Commons*, Perseus Books, Cambridge, Massachusetts, 1999.

Seyfang, G. & A. Haxeltine, "Growing grassroots innovations : exploring the role of community-based initiatives in governing sustainable energy transitions", *Environment and Planning C : Government and Policy* 30, 2012.


구글지도(http://www.google.co.kr/maps).
데본자치단체의회(http://www.devon.gov.uk/devontownprofiles).
사우스햄스(http://www.southhams24.co.uk/folder-432-totnes).
전환네트워크(http://www.transitionnetwork.org).
전환마을 토트네스(http://www.transitiontowntotnes.org).
토트네스 파운드(http://www.totnespound.org).

# 탈식민주의와 생태학의 접점에서
### 이론적 검토와 킨케이드의 글들에 대한 생태 비평적 읽기

이유혁

제국의 역사를 생태 비평적 고려에서 분리하는 것은 자연을 비역사화하는 것이며 이는 종종 녹색 오리엔탈리즘의 담론에 기여를 한다. 이는 과거를 잘못 재현하는 것 때문만이 아니라 우리의 생태적 미래들로 인해서 불행한 일이다. 왜냐하면 이러한 길고도 복잡한 [제국의] 역사에서 우리 모두 배워야 할 것이 많기 때문이다(Elizabeth DeLoughrey and George B. Handley, "Introduction : Towards an Aesthetics of the Earth").

정원이 나에게는 기억의 연습이며 나 자신의 머지않은 과거를 기억하는 방식이며 내게 속한 것(카리브 해)의 과거, 나와 간접적으로 관련된 그 과거(멕시코와 그 주변의 정복)에 이르는 방식이다(Jamica Kincaid, *My Garden(Book):* )

# 1. 탈식민적 생태학에서 관계의 문제와 텍스트로서 로컬리티

이 글은 '탈식민적 생태학postcolonial ecology'이라는 탈식민주의와 생태주의의 논의의 접점에서 제기되는 인간과 장소의 관계에 대한 '다른' 가능성의 모색이라는 주제를 검토한다. 탈식민주의와 생태주의가 탈식민적 생태학을 통해 연결되는 지점에 놓인 핵심적인 문제의식은 바로 '관계'에 대한 것이다. 기존의 탈식민주의 연구는 서구의 제1세계의 사람과 비서구의 제3세계의 사람 사이의 관계 ― 지배와 피지배의 관계 ― 가 사회, 문화, 경제, 정치의 전반에 야기한 다양하고 복잡한 문제들에 초점을 맞춘다. 탈식민적 생태학은 이와 비슷한 방식의 지배와 피지배의 관계가 인간과 비인간적인 타자(여기서 '비인간적인 타자'라는 표현은 인간을 제외한 동식물과 자연환경 등을 가리키기 위해 사용한다) 사이에도 식민주의 시대를 넘어 탈식민의 시대에 이르기까지 지속되며 이로 인해 발생하는 다양하고 복잡한 문제들을 연구한다. 탈식민적 생태학은 이러한 인간과 비인간적인 타자 사이의 지배와 피지배적인 관계의 비정상성과 이것의 파괴적인 영향에 대해 깊은 문제의식을 가지며 다른 방식의 관계 맺기의 가능성을 모색한다. 이러한 다른 관계 맺기의 가능성의 모색은 인간이 세계의 중심적이고 지배적인(이는 종종 수직적이고 억압적이고 착취적이라는 함의를 가지고 있다) 위치에 있다기보다는 자연의 다양한 존재들과의 수평적인 관계 안에 존재하며 그런 맥락에서 상호간에 긴밀한 영향을 주고받는 유기적인 관계라는 의식을 기반으로 한다.

이러한 탈식민적 생태학의 논의에 대한 이해를 위해 이 글은 두 부분

— 이론적인 설명과 문학적인 텍스트의 분석 — 으로 구성된다. 이론적인 부분에서는 ① 탈식민주의와 생태주의가 어떻게 만나게 되며 여기에서 발생하는 논의들을 간단히 정리한다. 특히 탈식민주의와 생태주의가 탈식민적 생태학이라는 이름하에 응용되는 것과 관련하여 서구에 의한 제국주의와 식민주의의 확장과 환경과 생태의 문제의 관련성에 대한 논의 — 구체적으로 이 둘 사이의 역사적인 인과관계와 그 기저에 놓인 핵심적인 이데올로기적 매커니즘 — 를 중심으로 살펴본다.[1] 또한 이러한 구조적인 틀이 과거의 체계일 뿐만 아니라 오늘날에도 다른 모습으로 지속되고 있음을 드러낸다. 이런 맥락에서 이 글의 핵심 주제인 인간과 장소 또는 좀 더 확장하여 비인간적인 타자의 관계에 대한 다른 가능성의 모색의 범위를 좀 더 넓혀 로컬리티의 문제와 연결하고자 한다. 그 이유는 이러한 관계들이 이루어지고 모색되는 지점은 항상 구체적인 로컬리티이기 때문이다.

이때 로컬리티는 구체적인 장소 또는 지역과도 연관되지만 좀 더 추상적인 의미에서 "이미 고정되고 확정된 텍스트가 아니라, 유동적이고 생성적인" 텍스트로 볼 수 있다.[2] 이는 사회·문화적인 차원에서 쓰이고 생성되는 유동적인 텍스트로서 로컬리티의 가능성을 가리킨다.[3] 로컬리티에 대한 이런 관점은 과거의 제국주의적 서구 중심주의와 맞닿

---

1  이 글에서는 '생태'와 '환경'이라는 단어를 동시에 사용하는 경우가 종종 있는데 이는 탈식민주의 생태학의 논의에 가담하는 많은 학자들이 이 단어를 뚜렷한 구분 없이 비슷한 맥락에서 사용하는 것을 그대로 따른 것이다. 물론 이 두 단어는 개념적으로 겹치는 부분이 있지만 동시에 상당한 의미의 차이가 존재한다.

2  문재원, 「로컬리티 개념을 둘러싼 고민들」, 『로컬리티 인문학』 15, 2016, 308쪽.

3  이에 대한 자세한 논의를 위해서는 Diana Brydon, "Mobile Localities Beyond Monocultures of the Mind", *Localities* 4, 2014, pp.7~49를 참고하기 바란다.

아 있는 오늘날의 서구 중심적 생태 또는 환경 담론의 대안이 모색되는 지점으로서의 로컬리티의 가능성을 인식하는 데 도움을 준다. 즉 로컬리티는 제국주의적이고 수직적이고 억압적인 특징을 가지는 글로벌적 차원의 영향력에 대해서 수동적인 피해자의 위치로만 남아 있지 않고 좀 더 수평적인 관계를 지향하며 저항과 대안의 움직임들이 역동적으로 발생하는 곳이라는 것이다.

그리고 이때 로컬리티는 국가적인 차원과는 다르며 국가적인 차원 아래에 존재하는 장소적인 또는 지역적인 차원을 가리킨다. 이 지점은 때로 국가적인 영향 하에 포섭되기도 하면서도 동시에 국가적인 차원과 글로벌한 차원에 대항하며 대안을 제시하는 움직임들이 모색되는 지점이기도 하다. 이 글에서 분석할 킨케이드의 안티구아의 탈식민적 로컬리티는 이러한 국가적인 차원과 글로벌한 차원의 복잡한 정치문화 생태적인 영향 아래에 놓여 있는 것이 그 특징이며, 그녀는 이러한 안티구아의 탈식민적 로컬리티에 대한 자신의 비판적인 시각을 글쓰기를 통해 재현한다. 그런 의미에서 그녀의 글쓰기는 텍스트로서의 로컬리티를 재현할 뿐만 아니라 동시에 그러한 문화정치적인 텍스트의 재생에 기여를 한다.

② 이론적인 부분의 두 번째 주제는 인간과 장소 또는 좀 더 확대하면 인간과 비인간적 타자의 관계에 대한 다른 가능성의 탐색에 대한 이론적인 논의의 특징에 대해서 간단히 살펴본다. 이러한 논의는 인간중심주의에 대한 성찰에 기반을 두고 있고 인간을 중심으로 한 인간의 타자로만 — 그래서 인간의 유익을 최대한 추구하기 위한 이용의 대상으로만 여겨져 왔던 자연의 다른 존재들과의 새로운 — 좀 더 수평적이고

대화적인 관계―가 어떻게 가능할 지에 대한 진지한 고민과 이를 위한 구체적인 방향과 방법의 모색을 추구한다. 그리고 이를 통한 인간의 위치, 구체적으로 로컬적 존재로서의 인간의 위치에 대한 (재)인식은 인간을 고립된 중심적인 존재라기보다는 이 세계의 다른 존재들과 밀접하게 연결된―생태적으로 연결된―존재라는 인식의 필요성을 역설한다.

이러한 생태적·로컬적 존재로서의 인간의 위치에 대한 (재)인식은 탈식민적 생태학의 논의에서도 중요한 주제이며 이는 기존의 탈식민주의 논의에서 제대로 논의되지 않았던 문제에 대해 좀 더 바른 인식을 갖게 하는데 도움을 준다. 즉 제국주의와 식민주의의 과정에서 타자로서의 비서구인들에 대한 억압과 지배, 그들의 문화에 대한 훼손과 동시에 이루어진 자연의 존재들에 대한 억압과 지배와 훼손의 문제가 전혀 분리된 것이 아니라 밀접하게 연결되어 있다는 것이다. 이러한 과거의 역사와 이것이 현재에까지는 미치는―탈식민적―영향력에 대한 분석은 더 나은 미래를 위한 인간과 인간, 인간과 비인간적인 타자의 새로운 관계와 질서의 필요성을 깨닫게 해주며 더 나아가 현재의 시점에서 이것이 어떻게 모색되고 추구될 수 있을지를 고민하게 한다.

이러한 이론적 논의와 함께 이 글의 또 다른 축인 문학적 텍스트에 대한 생태 비평직 분석은 카리브 해 출신으로 미국에 기반을 두고 오랫동안 문학적 글쓰기를 해 온 작가인 자메이카 킨케이드Jamaica Kincaid의 다음 세 편의 텍스트―*A Small Place, My Garden(Book):, Among Flowers : A Walk in the Himalayas*―를 중심으로 이루어 질 것이다. 이들은 모두 작가의 에세이적인 글쓰기로 분류될 수 있고 각각의 텍스트에는 카리브 해에 위치한 킨케이드의 고향의 조그마한 섬 안티구아, 그녀가 직접 만든 정원, 히말라야의 대자연이 등장한다. 이러한 킨케이드의 텍스트들에 주목하는 이유는 각각의 텍스트에서 킨케이드가 자신의 탈식민적 생태학의 문제의식을 강하게 드러내고 있기 때문이다. 특히 그녀는 탈식민적 생태학의 중요한 주제인 인간과 비인간적인 타자 ― 특히 장소들 ― 와의 관계의 문제를 지속적으로 고민하며 이를 통해 그녀 자신의 탈식민적 로컬리티에 대한 생각들을 드러낸다.

자신의 고향의 섬 안티구아는 킨케이드의 글쓰기적 상상력을 위해 중심적인 위치에 놓여 있다. 이것을 주로 다루는 작품이 *A Small Place*이다. 정원 가꾸기의 체험과 이를 위한 히말라야로의 종자채집여행은 단순히 거기에만 머무르지 않는다. 글쓰기는 이것들의 의미를 고민하고 승화시키는 기회를 제공해주었고 이를 통해 *My Garden*(Book):와 *Among Flowers : A Walk in the Himalayas*라는 그녀의 작품들이 탄생하였다. 그녀는 이러한 자신의 작품들을 통해 안티구아의 탈식민적 로컬리티의 문제를 지속적으로 천착하고 있으며 이를 통해 자신의 독특한 탈식민적 글쓰기와 생태 의식적 사유를 풀어나간다. 이러한 킨케이드의 글쓰기에 드러난 그녀의 개인적인 고민에 대한 고찰은 텍스트로서의 로컬리티의 문제, 즉 고정되고 확정된 것이 아닌 관계성 속에서 인식되고 (재)구성되는 유동적이고 생성적인 문화정치적인 텍스트로서의 로컬리티의 문제를 고민하게 한다. 이러한 논의를 통해 탈식민의 생태학적 문제의식을 드러내는 텍스트로서의 킨케이드의 글쓰기의 특징을 검토하고자 한다.

## 2. 탈식민주의와 생태주의의 만남에 대해서

### 1) 탈식민적 생태학, 제국의 역사를 생태 비평적 사고와 연결하기

비판적 담론으로서 탈식민적 생태학이란 용어는 탈식민주의 연구와 생태주의를 연결시킨 논의에서 생성된 것으로서 뉴밀레니엄이 시작되면서 이러한 논의가 서서히 불붙기 시작하였다. 필자의 지금까지의 연구에 의하면 탈식민주의 생태학에 대한 논의는 주로 기존의 탈식민주의 문학과 문화 연구에 몰두하던 학자들에 의해서 주도되고 있는 상황이다.[4] 과연 탈식민적 생태학이 기존의 탈식민주의 논의의 한계를 극복하고 그 연구 범위를 확장하기 위한 방편은 아닌가 하는 의구심이 들수도 있다. 실제로 뉴밀레니엄이 시작되면서 탈식민주의 연구는 다양한 인접 분야와의 연계를 통한 논의의 범위의 확장을 통해 기존 연구의 한계를 극복하고 학문적인 응용력과 생명력을 지속시키고 있는 측면이 없지 않다.[5] 이러한 절충주의적인 비판적 담론으로서 탈식민적 생태학의 논의의 특징이 이 글에서 어느 정도 드러날 것이다.[6] 이와 관련하여

---

[4] 이 글의 인용문헌의 목록에서 Buell, Cilano and Deloughrey, Deloughrey and Handley, Deloughrey et al., Heise, Huggan, Huggan and Tiffin, Mount and O'Brien, Nixon, Roos and Hunt와 같은 탈식민적 생태학의 논의의 선도적인 위치에 있는 학자들의 이력을 살펴보면 그들 대부분의 학문적 기반이 문학과 문화연구에 있음을 확인할 수 있다.

[5] 이러한 논의와 관련한 저서들로는 다음과 같은 것들이 있다. 대체적으로 두 가지 방향으로 진행되어 왔는데 한편으로 탈식민주의에 대한 전반적인 새로운 논의의 가능성을 모색하는 것으로서 Ania Loomba, 2005; Janet Wilson, 2010; Lucienne Loh, 2015; Chantal Zabus, 2015의 저서들이 좋은 예들이고, 다른 한편으로 구체적인 장르의 글을 통한 탈식민주의 논의의 확장과 관련한 것으로 예를 들면 Bart Moore-Gilbert, 2009와 Justin Edwards, 2011의 저서들이 있다.

[6] 영어권에서의 탈식민적 생태학의 논의의 최근의 흐름에서 주목할 만 한 점은 심지어 이러한 논의를 인문학 연구의 새로운 패러다임을 모색하는 방향으로까지 나아가고 있다는 것이다.

그래험 후건Graham Huggan의 논지를 주목할 필요가 있다.

초국적 기업의 거래가 로컬적 / 토착적인 생태시스템에 미치는 압도적인 영향에 대한 최근의 보고서들에서 (…중략…) 녹색 아이디어들을 위한 매개 수단들로서 탈식민 문학들과/또는 문학비평의 효율성에 관한 매우 이론적으로 지향된 의견들에 이르기까지, 탈식민주의 비평의 환경에 대한 헌신은 뒤늦게 발견된 것이라기보다는 오히려 이를 위해 효과적으로 새로워 진 것이라고 할 수 있다. 이는 생태적으로 잘못된 관리로 인한 현재적인 위기들이 제국주의적인 착취와 권위주의적인 혹사의 역사적인 유산들과 분리될 수 없다는 탈식민주의 비평의 주장을 확증한다.[7]

이것은 탈식민주의와 생태주의의 관계를 말할 때 자주 언급되는 인용문으로서 탈식민적 생태학이라는 이름하에 일어나는 최근의 비평적 움직임을 긍정적으로 평가하고 있다. 위의 인용문의 뒷부분에서 후건은 탈식민주의와 생태 또는 환경 문제가 밀접하게 연결되어 있으며, 특히 이 두 주제의 역사적인 인과관계를 지적한다. 서구에 의한 제국주의 역사는 단지 다른 나라의 땅을 무력으로 점령하고 그곳에 살고 있는 사람을 죽이고 착취하고 강제로 다른 지역으로 이동시키고 그곳의 고유

---

구체적으로 이러한 연구는 '환경적 인문학(environmental humanities)'이라는 제목 하에 체계적으로 이루어져왔다. 이는 단순한 담론의 개발 수준을 넘어 학제적 연구를 위한 프로그램, 전문적인 저널, 다양한 시도의 학제적인 연구들로 이어졌다. 이에 대한 자세한 논의를 위해서는 Elizabeth DeLoughrey의 *Global Ecologies and the Environmental Humanities: Postcolonial Approaches*의 서문을 참고하기 바란다.

7    Graham Huggan, "'Greening' Postcolonialism : Ecocritical Perspectives", *Modern Fiction Studies* 50.3, 2004, p.702.

한 문화를 훼손하는 등의 파괴적 행위들과 이를 정당화하기 위한 식민 주의 이데올로기적 담론을 만들어 피식민지인 들에게 강제로 주입하는 것에만 한정되지 않는다.[8] 탈식민적 생태학에서는 이와 유사한 제국주 의 역사가 비인간적인non-human 존재들 — 동물, 식물, 자연 환경 등을 포함하여 — 에게 가해진 것들에 주목하고 그동안 숨겨지거나 소외된 이와 같은 다른 측면의 식민의 역사에 대한 다시 쓰기와 재평가를 시도 한다.[9] 이와 함께 서구에 의한 제국의 형성의 과정과 이것이 지구적 환 경 또는 생태 시스템에 미치는 영향력에 대해 논할 때, 서구 제국에 의 해 식민의 상황에 놓이게 된 비서구 지역이 훨씬 더 심각하게 이러한 부정적인 영향력 하에 놓이게 되었다는 사실에 대해서는 탈식민적 생 태학 논의를 주도하는 대부분의 학자들에 의해서 인정되고 공유되고 있다.[10]

서구 제국주의의 형성 과정에서 대개 비서구 지역의 사람들과 그들 의 삶과 관련된 정치, 경제, 문화를 식민화하기 위해 식민주의 이데올 로기적 담론의 생산이 절대적으로 중요한 역할을 하였듯이, 서구에 의 한 비서구지역의 비인간적인 존재들의 '식민화'의 과정에서도 서구중

---

8   여기서 제국에 의한 식민의 역사의 과정이 제국에서 식민지로의 일방적인 방식으로만 이루
    어진 것으로 단순하게 언급되어 있지만 실제로 이 과정은 훨씬 더 복잡한 양상으로 이루어졌
    고 반드시 일방적인 방식으로만 이루어졌던 것도 아니다. '저항과 협력'이라는 표현이 간단
    하지만 제국에 의한 제3세계의 식민의 역사의 과정을 압축적으로 묘사한다.
9   여기서 human과 non-human을 구분하는 문제는 또한 생태학과 환경 연구에서 중요하고 어
    려운 주제이기도하다. 이 글의 후반부에서 제한적으로나마 이 주제가 다루어 질 것이다.
10  이와 유사한 방식으로 서구 자본주의의 지구적 확장의 과정에서 야기된 전 지구적 환경과 생
    태 시스템의 파괴로 인해 제3세계가 겪게 되는 불균형적인 피해는 오늘날에도 자주 목격하
    게 되는 것이다. 지구온난화로 인해 해수면이 높아짐으로써 태평양의 섬나라 사람의 생존이
    위협받고 있다는 이야기는 이제 널리 알려진 예이고 이상 기후로 인해 극단적인 피해를 입는
    곳은 대개 이에 대한 대처가 잘 되어 있지 않은 제3세계일 경우가 많다.

심의 생태적 또는 환경적 지식의 생산을 통해 이러한 생태적 식민화 또는 제국주의의 과정을 정당화한다.[11] 이러한 생태적 식민화 또는 제국주의 과정에서 서구중심의 담론 생산과 관련하여 엘리자베스 딜러리 Elizabeth DeLoughrey와 조지 핸들리George Handley는 다음 두 가지를 언급한다.

첫째는 칼 리네우스Carl Linnaeus의 식물분류법의 탄생과 이것이 미친 영향력에 관한 것이다. 이들이 주목하는 것은 이러한 분류법에 따라 전 세계의 식물군과 동물군을 범주화한다는 단순한 사실을 넘어 하나의 단일 언어(라틴어)로 전 지구적 공간에 대한 새로운 지식의 지형학이 만들어 지는 것이며, 이는 궁극적으로 새로운 유럽식의 '지구적 의식planetary consciousness'을 탄생시킨 다는 것이다.[12] 이는 오늘날 초국가적 기업에 의해 행해지는 비슷한 현상을 설명하기 위해 반다나 쉬바Vandana Shiva가 사용하는 용어로 '지식의 단일문화monoculture of knowledge'를 낳는다는 것이다.[13] 그런데 딜러리와 핸들리에 의하면 유럽의 계몽주의에 영향을 받은 이러한 식물들과 동물들에 대한 분류가 인간의 종의 분류에 까지 확장되어 인종, 젠더, 자연에 대한 생물학적 결정론에 기여를 하여 인종의 계급화를 낳게 되며, 이것의 한 예로서 1967년까지 오스트레일리아에서는 원주민들이 인간이라기보다는 동물군fauna으로 분류된 것을 제

---

11  이 글에서 '생태적 제국주의'에 대해 언급은 주로 문학과 문화비평의 관점에서 탈식민적 생태학을 다루는 것에 초점을 둔다. 생태적 식민화 또는 제국주의에 관한 포괄적인 연구를 위해서는 Alfred Crosby의 *Ecological Imperialism*과 Richard Grove의 *Green Imperialism*을 참고하기 바란다.

12  Elizabeth DeLoughrey and George B. Handley, "Introduction : Toward an Aesthetics of the Earth", Ed. Elizabeth DeLoughrey and George B. Handley, *Postcolonial Ecologies : Literatures of the Environment*, New York : Oxford University Press, 2011, p.10.

13  Ibid., p.11.

시한다.[14]

둘째로 딜러리와 핸들리는 초기의 산림보호지구에 대한 시범적인 실천들이 유럽 밖의 지역에서 시행되었음을 지적한다. 이것이 왜 문제가 되는가 하는 것은 그들에 의하면 뉴잉글랜드나 남아프리카와 같은 당시의 식민지역에 지정된 산림보호구역들은 반드시 그 지역이 자연적으로 오래되거나 원시적인 특징을 유지하고 있어서 보호할 가치가 있다는 것을 나타내려 하기 보다는, 오히려 나무를 심거나 보호구역으로 표시를 함으로써 새로운 경치를 만들어내고자 하는 교묘히 작용하는 다른 세계와 그곳의 자연 환경에 대한 인간(식민주의자들)의 권력에 대한 자의식적 관심을 드러내고 있기 때문이다.[15]

딜러리와 핸들리가 위에서 제시하는 생태적 식민화 또는 제국주의의 두 가지 특징은 그래험 후건과 헬렌 티핀Helen Tiffin의 '환경적 인종 차별주의environmental racism'라는 용어로 요약될 수 있다. 이에 대한 그들의 설명은 다음과 같다.

환경적 인종차별주의는 아마 사회학적인 현상으로 가장 잘 이해되며, 사회적으로 주변화 된 또는 경제적으로 불우한 민족들을 환경적으로 차별하여 대하고 생태적인 문제들을 그것들이 원래 발생한 지역에서부터 외부의 다른 곳으로 옮기는 것 (추론적으로, 예를 들면 다른 민족의 '너러운 땅들'에 대한 상상적인 인식을 통해서 또는 물질적으로, 예를 들면 제1세계의 상업 쓰레기를 실제적으로 다시 수송함으로써)이 좋은 예들이다. 무엇보다,

---

14  Ibid., p.12.
15  Ibid., p.12.

환경적인 인종차별주의는 플럼우드(Plumwood)가 '헤게모니적인 중심주의' — 즉 그녀가 인종차별주의, 여성차별주의, 식민주의 모두의 기저에 놓인 것으로 간주하는 자기를 특권화하는 견해 — 라고 부른 것의 극단적인 형태이다. 이 세 가지는 서로를 지지하고 확증하며 이들은 역사적으로 자연을 착취하려는 목적을 위해 이용되었고 비인간적인 존재들의 공유된 지구에 대한 권리요구를 최소화한다.[16]

딜러리와 핸들리가 제시하는 첫 번째 항목은 위의 환경적 인종차별주의와 연관된다. 하나는 한 국가 내의 특정 지역의 특정 대상에 대한 것이고 다른 하나는 한 국가 밖의 특정 지역의 특정 대상에 대한 것이다. 이들이 제시하는 두 번째 항목, 즉 초기의 산림보호지구에 대한 시범적인 실천들이 유럽 밖의 지역에서 시행된 것은 어떻게 보면 후건과 티핀이 지적하는 환경적 인종차별주의의 두 번째 항목과는 직접적인 연관이 없어 보인다. 그 이유는 후건과 티핀이 지적하는 이러한 행위 — 제3세계의 지역을 '더러운 땅'이라고 개념화거나 제1세계의 상업적 쓰레기를 제3세계로 이동시키는 것 — 는 제3세계의 사람들에게 직접적인 해를 끼칠 수 있는 문제인 반면에 딜러리와 핸들리가 지적한 것은 그렇지 않아 보이기 때문이다.

그러나 초기의 산림보호지구에 대한 시범적인 실천들이 유럽 밖의 지역에서 시행될 때 이러한 프로젝트가 겉으로는 '환경적·생태적'인 모습을 하고 있지만 실상은 그렇지 않다는 점이다. 예를 들면, 이러한

---

16  Graham Huggan and Helen Tiffin, *Postcolonial Ecocriticism : Literature, Animals, and Environment*, 2nd ed, New York : Routledge, 2015, pp.4~5.

프로젝트의 시행 과정에서 그 지역에 사는 사람들의 목소리가 억압되거나 제대로 반영되지 않고 토착민들이 자신들의 오랜 거주 지역에서 강제로 다른 지역으로 이주되거나 아무 대책 없이 추방당하는 것이 실상이었기 때문이다.[17] 또한 대규모로 유럽의 동물들, 식물들, 농작물들을 제3세계 지역으로 이동하는 것은 그 지역에 오랫동안 유지되었던 환경과 생태의 질서에 종종 예상했던 것보다 훨씬 더 심각한 문제를 야기하였다.[18] 이는 결국 후건과 티핀이 위의 인용문 뒷부분에서 지적하듯이 인간에게 뿐만 아니라 비인간적인 존재들에게도 악영향을 미치게 된다.[19]

딜러리와 핸들리는 래리 로흐만Larry Lohman의 '녹색 오리엔탈리즘green orientalism'이라는 용어를 빌어서 위에서 언급한 문제가 오늘 날에도 여전히 진행 중인 것임을 논한다. 이는 간단히 설명하면, 남반부 또는 제3세계의 사람들은 북반부 또는 제1세계의 사람들보다 여러 면에서 열등하고 뒤쳐져있기 때문에 환경적인 문제와 관련하여서도 자신들의 인도를 받아야 한다는 것이다.[20] 여기서 그들이 강조하는 것은 서구

---

17 과거에 뿐만 아니라 오늘날에도 (자연과 자원의) 보호론 자들 — 이들은 종종 한 국가의 중앙 정부와 서구의 자본주의의 지원을 받는 세력과 결탁되어 있으며 — 이 추구하는 목적들과 로컬의 원주민들의 권리들 사이의 충돌은 쉽게 풀리지 않는 난제이다. Huggan과 Tiffin이 공동 편집한 *Interventions*(2007)의 논문들에서 이 주제와 관련한 다양한 측면들 — 특히 구체적인 사례들 — 을 다루고 있다.

18 유럽에 의한 제국주의와 식민지의 확장의 과정에서 동식물들과 농작물들과 같은 것들의 유럽에서부터 식민지로의 불균형적으로 대규모의 체계적인 이동과 그것이 이 지역의 환경과 생태에 미치는 압도적인 영향에 대해서 Huggan과 Tiffin(2015)이 잘 요약해서 설명해주고 있다(6~8쪽).

19 Zygmunt Bauman이 그의 저서 *Wasted Lives*에서 제시하는 서구의 근대화의 과정에서 사람을 비롯한 다양한 것들이 제1세계에서 제3세계로 이동하는 것에 대한 예리한 분석도 참고할 만하다.

20 DeLoughrey, Elizabeth and George B. Handley. "Introduction : Toward an Aesthetics of the Earth", Ed. Elizabeth DeLoughrey and George B. Handley, *Postcolonial Ecologies : Literatures*

와 비서구세계 사이의 힘의 불균형이며 이러한 힘의 구조가 서구에 의한 비서구지역의 지배 논리로 — 담론의 형성과 그것의 영향력뿐만 아니라 이에 기반을 둔 실제적인 지배와 착취의 구조의 형성에 있어서 — 작용한다는 것이다. 이것은 앞에서 제시한 딜러리와 핸들리와 후건과 티핀의 논의와 상당히 밀접하게 연결되어 있으며 생태적 식민화 또는 제국주의가 — 에드워드 사이드가 오리엔탈리즘의 형성과 운용원리에 대해 설득력 있게 논증하듯이 — 아주 교묘하게 영향력 있는 방식으로 지속적으로 작용하고 있음을 보여준다.

탈식민적 생태학의 최근 논의에서 여러 학자들이 공통적으로 지적하고 있는 것은 서구중심주의의 한 주된 양상으로서의 미국 중심주의이다.[21] 이는 오늘 날 지배적인 영향력을 미치는 생태적 식민화 또는 제국주의의 주된 형태이며, 이것의 이데올로기적인 기반은 '녹색 오리엔탈리즘'(또는 '환경적 오리엔탈리즘')이다. 이는 미국 중심적 생태주의 또는 환경 담론의 영향력이 아주 교묘하고 강력하게 작용하고 있음을 함축적으로 드러낸다.[22]

여기서 필자가 주목하는 것은 미국중심주의를 극복하기 위해 랍 닉슨 Rob Nixon이 제시하는 대안이다. 그는 "서벌턴 연구가 서구를 지방화하려는 프로젝트를 시작했던 것처럼, 우리가 만약 환경 분야를 재생시키고

---

*of the Environment*, New York : Oxford University Press, 2011, pp.18〜19.

21  이에 대한 좀 더 자세한 논의를 위해서는 Nixon, Mount and O'Brien, DeLoughrey and Handley를 참고하기 바란다.

22  오늘날 생태와 환경담론의 서구 특히 미국 중심적인 경향과 관련하여 Cara Cilano와 Elizabeth DeLoughrey가 Ramachandra Guha와 Arne Naess 사이에 벌어진 논쟁을 통해 지적하는 제3세계의 탈식민주의자들과 제1세계의 생태주의자들이 서구 중심으로 형성되고 확산되는 생태 또는 환경 담론에 대한 근본적인 이해의 차이에 대한 설명은 주목할 만하다(71〜73쪽). 또한 Rob Nixon의 미국 중심주의에 대한 비판은 신랄하면서도 정리가 잘 되어있다.

다양화하고자 한다면 우리도 또한 미국적 환경주의를 지방화할 필요가 있다"고 주장한다.[23] 이러한 닉슨의 제안은 — 그것이 실제적으로 얼마나 효과적인가에 대한 논의와는 별도로 — 상당히 흥미롭고 주목할 만하다. '서구의 지방화하기'는 디페쉬 차크라바티Dipesh Chakrabarty가 2000년에 출판한 책 제목 — 『유럽의 지방화하기Provincializing Europe』 — 의 아류이며 그의 야심찬 시도는 세계의 많은 학자들에게 영향을 미쳤다. 여기에서 닉슨이 차크라바티의 영향을 받아 미국적 환경주의를 지방화 할 필요가 있다고 역설하는 것도 하나의 야심찬 도전이며 꼭 필요한 과제라고 할 수 있다. 이에 대한 자세한 논의는 이 글에서 충분히 다루기 힘든 주제이며 여기에서 다만 주목하고 싶은 것은 닉슨의 제안이 탈식민적 생태학의 논의가 로컬리티의 문제 — 즉 대안적 지점으로서의 로컬리티의 복원과 그것의 가능성 — 에 대한 재인식과 어떻게 연관될 수 있는지를 고려함에 있어서 중요한 방향성을 제시한다는 것이다.

이와 관련하여 딜러리와 핸들리가 자신들의 논문의 "Genealogies of Ecocriticism : Rhizomatic Roots"라는 소단락에서 제시하는 설명은 주목할 만하다.[24] 이들은 먼저 생태주의 또는 환경 담론의 미국 (또는 서구) 중심적인 경향을 극복하기 위해 전 지구적 차원에서 다양한 생태적 또는 환경적 담론의 형성에 영향을 미친 인물들과 그들의 사상을 간단하게 언급한다. 이들이 언급하는 인물들은 마하트마 간디, 칼 막스와 프리드리히 엥겔스, 막스 호크하이머와 씨어도르 아도르노이고, 이

---

23 Rob Nixon, "Environmentalism and Postcolonialism", Ed. Ania Loomba, Suvir Kaul, Matti Bunzl, Antoinette Burton and Jed Esty, *Postcolonial Studies and Beyond*, Durham : Duke UP, 2005, p.247.

24 Elizabeth DeLoughrey and George B. Handley, op. cit., pp.14~20.

러한 인물들에 대한 아주 개략적인 수준의 설명을 제시한다. 이러한 시도를 통해 그들이 제안하는 두 가지 지향점은 의미심장하다.

첫째, 미국의 생태 담론의 계보를 리좀적인rhizomatic 방식 — 그 형성 과정에 영향을 미친 복수적인 사상들의 조합과 이들 간의 수평적인 질서로 구성된 방식 — 으로 다시 바라보는 것이다.[25] 둘째는 사이드의 '이동하는 이론들traveling theories'의 관점을 통해 미국적 생태 담론이 국가 간의 경계를 넘어 이동하는 여러 사상들로부터 영향을 받아서 형성된 것이라는 것이다.[26] 그들에 의하면 이러한 재인식적 관점이 미국적 (또는 서구적) 생태 담론의 중심주의와 예외주의를 극복할 수 있는 길을 열어 줄 수 있다는 것이다. 이 둘은 모두 중심 — 이것이 국가일수도 있고 전 지구적인 형태의 제국이 될 수도 있다 — 에 대항하여 대안을 제시할 수 있는 중요하고 의미 있는 지점으로서의 로컬과 로컬리티를 설정하고 있다. 그것은 로컬리티가 리좀적인 사상이 형성되는 장소이고 이동하는 이론들이 만나고 새로운 형태의 이론을 만들어 내는 지점이 될 수 있기 때문이다. 이는 또한 생태주의 또는 환경 연구의 서구 또는 미국 중심주의를 비판하는 탈식민적 생태학의 논의에서 대안의 상상력이 모색될 수 있는 지점으로서 로컬리티의 가능성을 보여준다.

이런 맥락에서 딜러리와 핸들리의 지적은 설득력이 있다 : "제국의 역사를 생태 비평적 고려에서 분리하는 것은 자연을 비역사화하는 것이고 이는 종종 녹색 오리엔탈리즘의 담론에 기여하게 된다. 이는 불행하게도 과거에 대한 잘못된 재현일 뿐만 아니라 우리의 생태적 미래들

---

25  Ibid., p.15.
26  Ibid., p.16.

에도 불행할 뿐이다. 그러므로 우리 모두는 이러한 길고 복잡한 [제국의] 역사에서 배워야 할 것이 많다."[27] 제국의 역사를 생태 비평적 사고와 분리하지 않는다는 것, 다시 말해 이 둘의 복잡하게 얽혀 있는 역사를 정확히 분석하는 것이 바로 탈식민적 생태학의 주요한 과제 중의 하나이다. 이 글에서 분석하게 될 킨케이드의 텍스트들에서 그녀가 안티구아의 탈식민의 문제를 통해 지속적으로 천착하는 것이 바로 제국의 역사와 생태 비평적 고려를 끊임없이 연결시키는 것이다. 이는 그녀가 자신과 관계를 맺고 있는 장소(또는 로컬리티)의 역사와 진실하고 의미 있는 대화를 시도하는 것이고, 이를 통해 다른 관계의 가능성을 모색하려는 고민과 시도라고 할 수 있을 것이다.


## 2) 인간과 장소 또는 비인간적 타자의 관계에 대한
### 다른 가능성의 탐색


탈식민적 생태학의 논의에서 다수의 학자들이 인간과 비인간적 타자의 수평적인 관계의 문제를 그들의 논의의 핵심적인 논점으로 제시하는데 이는 제국주의 또는 식민주의와 생태학의 논의에서 공통적으로 지적되는 문제가 인간중심주의이기 때문이다. 탈식민주의 관점에서 볼 때 제국주의 또는 식민주의는 유럽과 미국을 중심으로 한 서구라고 하는 특정한 지역의 인간과 사상을 중심으로 다른 지역의 인간과 사상을

---

[27]  Ibid., p.20.

억압하고 지배하고 왜곡하는 것이라고 한다면, 생태학이나 환경 담론의 관점에서는 인간을 중심에 두고 자연의 모든 다른 존재들을 인간의 입장에서 바라보고 그에 따라 해석하고 지배하고 오용하고 훼손하는 것이라고 할 수 있다. 이에 대해서 후건과 티핀이 잘 요약해서 설명하고 있다.

> 플럼우드가 논하듯이 (…중략…) 인간성의 서양적 정의는 '인간이 아닌 자들' — 비문명인들, 동물과 동물적인 것들 — 의 존재에 의존했었고 여전히 그러하다. 침략과 식민화를 위한 유럽적인 정당화는 여기에 기초하였고, 비유럽적인 땅들과 거기에 거주하는 사람들과 동물들을 '사용되지 않고, 덜 사용되거나 비어있는 공간들'로 이해하였다. 인간중심주의와 유럽중심주의가 분리되지 않는 곳에 식민화의 이데올로기가 놓여 있으며, 유럽중심주의의 기저에 있는 인간중심주의는 '토착적인 문화들을 원시적인 것, 덜 이성적인 것, 아이들, 동물들과 자연에 가까운 것'으로 간주하는 유럽적 식민주의의 양상들을 정당화하기 위해서 이용되었다.[28]

이러한 유럽중심주의에 기반을 둔 인간중심주의의 한계와 문제점을 극복하기 위해서 후건과 티핀은 자연에 존재하는 인간의 장소를 다시 고려하고 이에 따라 인간의 장소(또는 로컬리티)를 재조정·재형성할 필요가 있음을 제안한다.[29] 이는 결국 인간과 자연이 분리되어 존재하고 인간이 그것을 지배한다는 관점에서가 아니라 인간도 자연의 일부이며

---

28 Graham Huggan and Helen Tiffin, op. cit., p.5.
29 Ibid., p.6.

이런 맥락에서 자연과의 수평적인 관계를 지향하는 것을 말한다. 이는 다시 말해서 비인간적인 자연의 존재들과의 수평적인 관계 속에서 인간의 장소와 위치를 로컬화 하는 것 ─ localizing the human place in nature ─ 이라고도 할 수 있다.

위의 인용문에서 제시된 것처럼, 유럽 중심적인 또는 서구중심적인 인간의 개념은 인간이 아니라고 개념화된 자연의 존재들 또는 불완전한 인간(또는 자연에 더 가깝거나 동물에 더 가까운 것)으로 개념화된 비서구 세계의 사람들과의 대비를 통해 만들어진 것이다. 후건과 티핀은 이러한 human과 non-human(또는 less-human)의 수직적 구조가 자연적인 것이 아니고 역사를 통해 만들어 진 인위적인 것임을 드러내면서 이러한 존재들이 근본적으로 생태적으로 밀접하게 연결되어 있음을 강조한다.[30] 이렇게 볼 때 이 글에서 자연을 '비인간적인 타자'로 지칭하는 것도 인간중심주의의 한 양상이라고 할 수 있다. 그럼에도 불구하고 이 표현을 쓸 수밖에 없는 것은 자연의 여러 존재들 ─ 예를 들면, 동물, 식물, 산, 강, 바다 등 ─ 과 인간 사이의 완벽하게 수평적이고 대등한 상호적인 관계를 이룬다는 것이 지금의 현실에서는 가능하지 않아 보이기 때문이다. 이러한 관계는 상호간의 대등한 소통의 과정을 통해 서로의 입장을 충분히 이해할 수 있는 구조 속에서라야 가능하기 때문인데, 과연 그러한 소통과 이해를 위한 언어가 존재하는가 하는 것이며 그렇지 않다면 과연 유사한 소통과 이해의 매커니즘을 만들어 낼 수 있을까 하는 것이다. 문제가 있지만 여전히 인간의 입장에서 자연을 향해서 접근할

---

30  Ibid.

수밖에 없으며 그렇게 하고 있는 것이 현재의 상황이기 때문이다.[31]

실라노와Cilano와 딜러리Deloughrey가 이러한 딜레마에 대해서 잘 요약하고 있다. 첫째는 필자도 앞에서 간단히 언급한 인간과 비인간적인 타자의 관계에서 제기되는 언어의 문제인데 이들은 암브러스터Armbruster를 인용하면서 다음과 같이 주장한다 : "우리가 인간의 언어를 사용하여 자연을 재현하는 방식에 대해 자연이 도전할 수 없기 때문에 우리도 우리가 선택하는 어떤 방식으로 자연을 객관화하고 구성하려는 유혹에 저항해야 한다."[32] 이 주제는 아주 중요한 것이지만 여기에서 제대로 다루기에는 벅찬 것이기도 하다.

둘째는(이는 첫 번째 제시된 것과 연관된 문제이기도 하다) 도미닉 헤드Domic Head의 논지를 통해 이들은 문학 작가들이 자연의 비인간적 존재들을 재현함에 있어서 직면하게 되는 이중적 또는 양가적인 입장의 문제를 다룬다. 다시 말하면, 이 문제는 작가도 인간의 일원으로서 자연을 인간중심적인 관점에서 접근하고 그에 따른 일방적인 해석과 지배와 훼손의 공모자라는 것이며(물론 이러한 인간의 공모적인 참여는 각자가 처한 상황

---

31 이 글을 준비하는 과정 중에 TV프로그램 동물농장을 우연히 시청하게 되었다. 흥미로웠던 것은 방송국 관계자에 의한 어려움에 처해 있는 동물에게의 접근은 계속해서 실패하다가 동물 의사가 왔을 때 비로소 성공하게 된다는 것이다. 그 이유는 이 동물 의사는 그 동물이 필요한 것이 무엇인지를 짐작하고 그 동물의 입장에서 조심스럽게 접근함으로써 결국은 이 동물을 안전하게 병원으로 이동시킬 수 있었고 이 동물이 정말 필요한 것이 무엇인지를 알아내서 필요한 도움을 줄 수 있었기 때문이다. 결국 이를 통해 배우는 것은 관계성 맺기라는 것은 일방적인 것이 아니고 상호간의 소통에 기초한 지속적인 배우는 과정이며 현 단계에서 인간과 비인간적인 타자의 관계 맺기는 여전히 불완전하지만 궁극적인 지향점을 두고 지속적으로 추구해 가야 할 중요한 과제라는 생각이 든다. 물론 동물의사와 같은 특별한 지식을 갖고 있는 사람들이 중요한 매개체의 역할을 하는 것도 아주 중요하고 필요하다.

32 Card Cilano and Elizabeth Deloughrey, "Against Authenticity : Global Knowledges and Post-colonial Ecocriticism", *Interdisciplinary Studies in Literature and Environment* 14.1, Summer 2007, p.76.

에 따라 정도의 차이는 있을 것이다) 이러한 현실에도 불구하고 자연을 재현하게 되는 딜레마적인 상황을 지적하는 것이다. 그런데 여기에서 흥미로운 것은 실라노와 딜러리는 이러한 상황을 아주 부정적으로 보기보다는 그것이 가져다 줄 수 있는 생태적 글쓰기와 글읽기의 가능성에 주목한다는 것이다. 즉 그들에 의하면 "이러한 이중성—공모와 재현의 필요성의 접점"에서 작가는 그 나름대로의 독특한 생태적 글쓰기를 수행하게 되며 이러한 글쓰기의 세계에서 독자들은 그 작가가 고민하는 생태적 인식과 세계관의 특징을 이해할 수 있다.[33]

이러한 이중성으로 인한 딜레마적인 상태와 연관하여 킨케이드의 텍스트를 두 가지 층위에서 분석한다. 하나는 킨케이드가 자신의 고향 안티구아의 탈식민적 로컬리티의 문제와 관련하여 이 장소/지역과 관계 맺는 이중적인 양상—내부자이면서 외부자로서—의 특징을 살펴보고자 한다. 다른 하나는 킨케이드가 네팔에 있는 히밀라야 지역에 여행객으로서 시간을 보내는 기간 동안 자신과 자신의 백인 친구들과 자신과 네팔의 원주민들 사이에서 경험하는 내부자이면서 동시에 외부자인 자신의 이중적인 위치가 가져다주는 복잡한 감정과 관련된 것이다. 킨케이드는 이러한 자신의 공모와 재현의 필요성의 접점에 놓인 이중성을 지속적으로 직면하고 있으며 이는 그녀의 생태적 글쓰기의 주요한 특징을 이루고 있다.

비록 이것은 킨케이드 개인의 내적인 차원의 문제일 수도 있지만 킨케이드가 한 장소 또는 한 지역의 다른 존재들—사람들과 자연의 존

---

33  Ibid., p.76.

재들—과의 관계의 외적인 차원도 지속적으로 고민한다는 측면에서 좀 더 넓은 범위로 확대해서 생각해 볼 여지가 있다. 다시 말해, 이러한 킨케이드의 관계의 문제는 탈식민적 생태학의 논의에서 주요한 주제인 인간과 비인간적인 타자의 관계의 문제를 고민할 때 이 주제가 단순하고 손쉽게 해결될 수 없는 복잡하고 어려운 문제라는 점에서 우리가 지속적으로 지향해 나갈 방향성과 관련하여 시사하는 바가 적지 않다는 것이다.

## 3. 공모와 재현의 필요성의 접점에서
### —킨케이드의 텍스트들에 대한 생태 비판적인 글 읽기

여기에서는 킨케이드의 세 편의 글—*A Small Place*, *My Garden(Book):*, *Among Flowers : A Walk in the Himalayas*—에 대한 생태 비평적 분석을 하고자 하며, 구체적으로 그녀의 텍스트에 나타난 탈식민적 생태학과 로컬리티의 문제를 분석한다.[34] 이때 로컬리티는 개인으로서 킨케이드가 구체적인 장소와 지역과의 관계를 맺는 과정을 통해 구성해가는 텍스트로서의 로컬리티를 의미한다. 킨케이드는 카리브해 지역의 안티구아 출신으로서

---

[34] 한국에서의 생태주의 문학과 문화비평이 90년대 중후반부터 활발하게 이루어지고 있고 다양한 장르의 문학작품과 문화적인 이슈와 관련한 논문들이 발표되어왔다. 그러나 생태주의와 탈식민주의를 연결한 논의는 거의 전무하다. 필자가 발견한 본격적인 연구 논문은 세 편 정도이다(강민건, 신정환, 이형권). 강민건의 논문은 다른 두 편의 비해 일찍(2006) 탈식민주의와 생태주의를 연결하고자 시도했다는 점에 주목할 만하지만 내용적인 면에서 본격적인 탈식민적 생태학의 논의와는 거리감이 있다. 이에 비해 신정환과 이형권의 논문은 탈식민주의와 생태주의를 연결한 본격적인 논의가 이루어지고 있고, 특히 신정환의 논문은 탈식민주의의 생태비평을 이론적으로 체계적으로 정리하여 잘 제시하는 점이 돋보인다.

이 지역의 식민의 역사와 탈식민의 문제는 널리 알려져 있고 관련 연구들이 다양한 분야에서 수행되어 왔다. '탈식민의 문제'라는 용어를 통해 여기에서 의미하는 것은 과거의 식민의 역사적 경험이 정치적으로 독립을 이룬 탈식민의 시대에도 여전히 한 국가 또는 한 지역에 지속적인 영향을 미치는 삶의 조건이 된다는 것이며, 이런 점에서 탈식민이라는 삶의 조건은 극복의 과정이 쉽지 않은 복잡한 문제이고 지속적인 노력이 필요한 과제이다.

킨케이드는 자신의 고향 안티구아의 탈식민의 문제에 대한 다시쓰기 또는 재현을 통해 안티구아의 탈식민의 문제와 좀 더 확대하여 과거의 식민지였던 지역의 탈식민의 문제에 대한 비판적 시각을 제시한다. 이러한 그녀의 글쓰기에서 흥미로운 것은 그녀는 단지 안티구아의 탈식민의 문제를 사람을 중심으로 한 정치, 경제, 문화적인 측면에만 초점을 맞추는 것이 아니라 정원이라는 조그마한 만들어진 자연 공간과 이와 관련한 자신의 활동과 연결하여 제시한다는 것이다. 그녀는 직접 정원을 가꾸는 일에 몰두하며 이와 관련한 종자채집 여행을 다녀오기도 한다. 이와 관련한 자신의 생각들이 그녀의 글들에 드러나 있고 자신의 고향 안티구아를 중심으로 한 탈식민의 역사가 그녀의 정원 가꾸기와 밀접하게 관련되어 있음을 밝힌다. 이때 정원 — 물리적 공간으로서의 정원과 글쓰기의 공간으로서의 정원 — 은 그녀에게 기억의 연습장이 되며 그녀 자신과 관련된 과거의 식민의 역사를 기억하는 방식의 역할을 한다.[35] 그러므로 킨케이드의 글쓰기에 대한 분석은 탈식민에 대한 문제의식이 생태적 문제의식과 밀접하게 연관되어 구체화되는 그

---

[35] Jamaica Kincaid, *My Garden(Book):*, Farrar, Straus and Giroux : New York, 1999, p.8.

녀의 탈식민의 생태학적 글쓰기의 특징을 살펴볼 수 있게 해준다.

킨케이드의 *A Small Place*는 그녀의 고향인 카리브 해의 조그마한 섬 안티구아에 대한 이야기이다. 이 책에서 그녀는 북미와 유럽인들의 관광지로서 만들어지고 소비되는 안티구아의 로컬리티에 대한 비판적인 시각을 제시한다. 특히 이러한 안티구아의 로컬리티와 밀접하게 연관된 과거의 식민의 역사 — 예를 들면 유럽인들에 의한 아프리카 인들의 노예의 역사와 영국인들에 의한 식민 지배의 역사 — 와 탈식민의 시대에도 지속되는 다른 방식의 식민의 역사, 즉 부패한 정부 관료들과 전지구적 자본과의 결탁, 이것이 안티구아 인들의 일상의 삶에 가져다주는 부패와 부정과 억압의 구조를 드러낸다. 이러한 안티구아의 삶에 영향을 미치는 복잡한 요소들을 통해 그녀는 안티구아의 로컬리티가 구성되고 이해되어야 하는 다층적이고 복잡한 역사의 양상을 드러낸다. 먼저 그녀는 관광객의 입장에 대해서 다음과 같이 묘사한다.

당신은 당신이 화장실의 물을 내렸을 때 그 내용물이 정확히 어떻게 처리되는지에 대해 전혀 의구심을 갖지 않는다. 당신은 욕조의 물을 막고 있는 것을 당겼을 때 그 물이 어디로 가는지에 대해 전혀 의구심을 갖지 않는다. (…중략…) 아, 이 모든 것이 당신이 수영하고 있는 그 물이 될지도 모른다. 당신의 화장실의 내용물들이 아마도 당신이 태평스럽게 물을 걷고 있을 때 당신의 발목을 부드럽게 스쳐 지나갈지도 모른다. 왜냐하면 안티구아에는 적절한 하수 처리 시스템이 없기 때문이다. 그러나 카리브 해는 아주 크고 대서양은 훨씬 더 크다. 이 대양이 삼킨 흑인 노예들의 수를 당신이 알게 되면 당신은 더욱 놀라게 될 것이다. 당신이 맛있는 식사를 하기 위해 앉아있을 때, 당신이 먹고 있는 것의 대부분이 마이애미에서 온 비행기에서 운반된 것임을 당신이 모르는 것이 더 낫다. 그리고 이것이 마이애미의 비행기에 실리기 전에, 어디에서 온 것인지 누가 알겠는가? 먼저 아주 싸게 안티구아와 같은 곳에서 길러진 뒤, 마이애미로 보내졌을 것이며, 그리고 나서 다시 보내졌을 것으로 추측할 수 있다. 여기에는 어떤 세계가 있으나, 당장 그것에 대해 자세하게 이야기 할 수는 없다.[36]

위의 인용문이 보여 주듯이, 킨케이드는 관광객의 시선을 신랄하게 비판하는 데 그 이유는 이러한 관점은 근본적으로 피상적일 수밖에 없어 그(녀)가 소비와 즐거움만을 위해 방문하는 그 지역의 실상—그 지역을 구성하는 복잡한 로컬리티의 문제—을 제대로 파악할 수 없기 때문이다. 아니, 위의 인용문이 암시하듯이, 관광객은 그럴 필요도 의도도 없을지도 모른다. 그들이 그곳을 방문하는 목적은 애초부터 전혀 다른 데 있기 때문이다.

킨케이드는 이러한 관광객의 입장을 영국에 의한 과거의 식민의 역사와도 연결시킨다. "그들이 갔던 곳은 어느 곳이든지 간에 그들은 그곳을 영국으로 만들었다. 그리고 그들이 만나는 사람은 누구든지 영국인으로 만들었다. 하지만 어떤 곳도 진정으로 영국이 될 수는 없었고, 그들과 똑같은 모습을 하지 않은 사람은 아무도 영국인이 될 수 없었다. 당신은 여기에서 발생한 사람들과 땅의 파괴를 상상할 수 있을 것이다."[37] 이는 영국에 의한 식민의 역사에 대한 아주 단순한 묘사이지

---

36  Jamaica Kincaid, *A Small Place*, Farrar, Straus and Giroux : New York, 1988, pp.13~14.
37  Ibid., p.24.

만 여기서 강조하는 것은 식민의 과정에서 식민화된 타자의 삶의 모든 영역이 식민주의자의 자기중심적 관점에서 해석되고 왜곡되고 파괴되는 것을 보여준다. 이러한 과정은 종종 '보편화·동질화' 또는 '선진화'라는 말로 포장되지만 이는 결국 오랜 역사를 통해 형성된 로컬적 특성이 담긴 식민지의 고유한 로컬리티 — 문화적인 영역과 자연의 영역을 모두 포함하여 — 가 영국이라는 중심적(또는 '보편적') 질서의 기준에 맞게 재구성되는 과정이다.

이렇게 관광객의 입장을 영국의 식민의 역사와 연결시킴으로써 킨케이드는 북미와 유럽에서 온 관광객의 시선을 통해 안티구아를 바라보는 것이 식민주의적인 시선과 맞닿아 있음을 나타낸다. 즉 이런 방식으로 안티구아의 로컬리티를 경험하고 바라보는 시각 — 수직적이고 일방적이고 고정된 자기중심적인 시선 — 은 식민주의자들의 그것과 비슷하다는 것이다. 이러한 입장은 식민의 시대에 식민주의자들이 식민지의 한 지역을 의도적으로 '자연보호구역' 또는 관광지로 개발하여 그곳으로 잠시 여행을 떠나 그곳에서 벌어지는 일과는 전혀 상관없이 그곳의 아름다운 자연과 경치를 그저 즐기고 곧 자신의 일상으로 돌아오는 것과 유사하다. 이는 이 글의 앞부분에서 언급한 녹색 오리엔탈리즘과 연결된다.

그런데 킨케이드의 이야기에서 흥미로운 것은 안티구아에 살고 있는 안티구아인들조차도 이러한 안티구아의 탈식민적 로컬리티의 복잡한 구성방식을 정확하게 인식하지 못한다는 점이다. 그녀는 다음과 같이 묘사한다.

작은 장소의 사람들은 더 큰 그림 속에서 자신들을 볼 수 없다. 그들은 자신들이 무엇, 어떤 것의 연쇄의 일부일지도 모른다는 것을 알 수 없다. (…중략…) 안티구아에서 사람들은 노예제와 그것의 해방에 대한 그들의 집착과 호텔 훈련 학교(졸업식들이 라디오와 텔레비전에 방송된다)에 대한 그들의 찬사 사이의 관계를 알 수 없다. 사람들은 노예제와 그것의 해방에 대한 그들의 집착과 그들이 부패한 사람들에 의해 통치되고 있다는 사실, 또는 이러한 부패한 사람들이 그들의 나라를 부패한 외국인들에게 넘겼다는 사실 사이의 관계를 알 수 없다. 안티구아를 지배하는 사람들은 공개되고 자유로운 선거를 통해서 정권을 잡았다. 흑인들의 포획과 노예화에 대한 설명을 하면서 거의 어떤 노예도 누가 그를 또는 그녀를 잡아서 유럽의 주인에게 넘겼는지를 언급하지 않는다. 그들의 부패한 정부에 대해 말하면서 안티구아 사람들은 20년의 이런 저런 형태의 자치 정부를 통해 한 번의 5년의 예외만 있을 뿐 그들이 현재의 정부에게 계속해서 권력을 주었다는 것을 말하지 않는다.[38]

탈식민적 상황에도 불구하고 안티구아인들의 탈식민적 상황의 복잡한 역학관계와 그러한 관계의 유지에 의식적, 무의식적으로 가담하고 있는 자신들의 모습을 정확히 인식하지 못하는 것에 대한 킨케이드의 분석은 예리하고 강력하다. 이러한 분석이 좀 더 구체적이고 압도적으로 묘사되어 있는 곳은 *A Small Place*의 마지막 부분이다.[39] 한편으로 제1세계의 사람들을 위한 아름다운 관광지로 잘 만들어 진 고립되고

---

38  Ibid., pp.52 · 55~56.
39  Ibid., pp.77~81.

이상화된 자연의 장소로서의 안티구아의 모습이 마치 관광객을 유치하기 위한 광고에 나오는 묘사처럼 아름답게 표현되어 있다 : 이는 녹색 오리엔탈리즘의 한 양상으로 이해될 수 있다. 동시에 이러한 상황에 완전히 포섭된 안티구아 사람들의 현실을 묘사하고 있다.

안티구아에서 태어나고 그곳에서 청소년 시절을 보냈으나 성인시절부터는 미국에서 살고 있는 킨케이드의 위치는 안티구아의 상황을 비판적으로 바라볼 수 있는 비판적 거리를 가질 수 있게 해준다. 킨케이드의 이러한 이중적인 위치 — 내부인 이면서 동시에 외부인의 위치에 놓인 상황 — 가 안티구아의 탈식민적 로컬리티를 구성하는 생태적·정치 지형에 대한 비판적 시각을 갖게 해주지만, 동시에 그녀가 지속적으로 직면해야 하는 것은 자신이 외부자라는 사실이며 또한 어느 정도는 자신이 신랄하게 비판하는 관광객의 입장에 자신도 처해 있지 않는가라는 도덕적 회의감이다.

*Among Flowers : A Walk in the Himalayas*에 이러한 이중적인 자신의 위치에 대한 그녀의 자의식이 아주 강하게 드러나 있다. 이 글은 킨케이드가 종묘원을 소유하고 각자의 정원을 가꾸고 있는 백인 친구들과 함께 떠난 히말라야로의 종자채집 여행에 관한 에세이집이다. 이 글을 읽으면서 내내 필자의 뇌리에 남는 것은 북미와 유럽에서 안티구아를 방문하는 백인 여행객들에 대해서 상당히 부정적이고 비판적인 입장을 취하고 있는 킨케이드가 바로 그러한 여행객의 입장이 되고 있다는 인상을 지울 수 없다는 것이며, 동시에 이러한 여행객의 입장과는 다르고자 하는 당위적인 명제와 현실적인 한계 사이에서 갈등하며 노력하는 킨케이드의 자의식적인 모습이다.

킨케이드는 물론 자신의 여행의 목적은 다르다고 — 정원을 꾸미기 위해 씨를 구하는 여행 — 이라고는 종종 언급하지만 그 장소에 거주하는 원주민의 입장에서는 이것이 과연 얼마나 다르게 받아들여질까? 이것을 식민주의자와 피식민주의자의 입장 — 좀 더 확대해서 인간과 비인간적인 타자(여기서는 주로 식물들) — 의 입장에서 생각할 때 — 왜냐하면 킨케이드 일행의 관심은 그들의 성원에 적합한 종자를 발견하여 원래 있던 지역과는 다른 지역에 심는 것에 있다 — 어떻게 논할 수 있는가? 그리고 한 지역의 로컬리티의 구성과 관련하여 — 네팔을 둘러싼 복잡한 정치 지형의 문제를 정확히 파악하지 못함으로 인해 — 외부자의 시선이 가지는 근본적인 한계에 대한 문제는 어떻게 볼 수 있을까? 다음 인용문은 킨케이드의 이러한 이중적이면서도 복잡한 심리 상태를 그녀가 머무르고 있는 호텔의 공간적 지형의 특징을 통해 잘 드러내고 있다.

나의 호텔은 카투만두의 테멀 지구라고 하는 곳에 있었다. 이곳은 특별한 지역으로서 도시의 다른 지역과는 구별된 작은 마을과 같다. 가게들과 식당들과 초라하고 더럽고 흙투성이의 옷을 입고 있는 유럽인들로 가득 차 있다. 하지만 이것은 실제로는 사치의 모습이다. 왜냐하면 이들은 여행객들이고 아무 때라도 일어나서 집에 갈 수 있기 때문이다. 카투만두의 유럽 여행객들에 대해 많이 읽었지만 아무것도 좋은 인상을 주지는 않았다. 그 장소에서 그때 이 사람들을 보는 것이 내 마음을 바꾸어야 한다는 생각을 하도록 만들지는 않았다. 물론 나는 유럽인의 후손인 댄과 여행을 하고 있었다. 그러나 그는 카투만두에 있어야 할 진정한 목적이 있었다. 그는 원예

가이고 정원사이어서 식물들이 필요하다. 네팔에는 정원에 심길만한 가치가 있는 식물들이 많다. 카투만두는 네팔의 수도이다.

　(…중략…)

　내 호텔의 창문 밖에는 가로 세로 40피트로 지어진 콘크리트로 둘러싸인 공간이 있었다. 그곳에는 파이프들이 있었고 거기에서 물이 끊임없이 흘러나왔다. 이는 물이 필요한 작업들을 위한 공동의 장소였다. 사람들은 목욕을 하고 있었고 옷을 빨거나 부엌도구들에다가 물을 채우고 있었다. 나 자신의 독특한 역사로 인해 이 상황에서 내가 본 모든 사람이 내게는 익숙해 보였다. 그러나 동시에 나 자신의 독특한 역사로 인해 이 상황에서 내가 테멀에서 본 모든 사람이 또한 익숙했다. 어떤 사치가 부족한 것으로 인해 불평을 하는 식당의 그 사람도 낯익다. 모든 종류의 사치를 갈망하는 공동 목욕탕의 그 사람도 익숙했다. 혼란스럽고 당혹감에 빠진 그 사람도 익숙했다.[40]

　인용문에는 유럽인들의 편에도 완전히 속해 있지 않고 네팔인 들의 편에도 완전히 속해 있지 않는 킨케이드의 이중적인 위치 — 소위 제1세계와 제3세계의 삶을 모두 경험하였고 이 두 세계에 대한 상당한 이해를 가지고 있는 그녀의 위치 — 에 대해 묘사하고 있다. 이러한 그녀의 위치로 인해 그녀는 양쪽의 입장을 어느 정도 이해할 수 있다. 그런데 킨케이드가 경험하는 이중성은 단순하지 않고 복잡하고 지속적인 긴장 가운데 놓여 있다. 심지어는 이러한 그녀의 이중적인 입장은 특히 다른 백인 여행객들과는 다른 개인적인 역사 — 안티구아의 식민의 역

---

**40** Jamaica Kincaid, *Among Flowers : A Walk in the Himalayas*, National Geographic : Washington, D. C., 2005, pp.17~18.

사—에 대한 자의식으로 인해 그녀는 여행 내내 윤리적 딜레마를 쉽게 떨쳐 버릴 수가 없다.[41]

이는 공모와 재현의 필요성의 접점에 놓인 그녀가 가지게 되는 필연적인 불안 또는 위기의식과도 같은 것이다. 네팔의 원주민들 — 특히 킨케이드 일행을 돕기 위해 여러 수고를 하는 사람들 — 과의 관계에서, 자신의 일행인 백인 친구들과의 관계에서, 뿐만 아니라 네팔의 자연과 자연의 다양한 존재들과의 관계에서, 특히 자신의 여행의 목적인 네팔에서 자생하는 종자들을 미국의 버몬트 주에 있는 자신의 정원에다가 심어서 정원을 가꾸고자하는 목적과 연관하여 킨케이드는 여행 내내 이러한 이중적 의식과 일종의 씨름을 해야 했다. 여기에서 발생하는 윤리적인 딜레마에 대해서 킨케이드는 자신의 다른 저서 *My Garden (Book):*에서 다음과 같이 간단히 잘 요약하고 있다.

정원가꾸기와 정복 사이의 관계는 무엇인가? 정복자는 정원사이고 정복당한 자는 들에서 일하는 사람인가? 남부 아프리카의 기후가 최근에 이르러 꽃을 피우는 허브들에게 호의적이 된 것은 아니다. 그래서 이 탐부라는 소녀의 조상들이 의학적 가치를 위해서 뿐만 아니라 약해지기 시작한 빛 아래 늦은 오후에 그 자체로 사랑스러운 허브들을 보는 순전한 기쁨을 위해서도 그들에 수복을 하고 그들을 경작했을지도 모른다. 어느 순간에 이

---

41  이러한 그녀의 자의식과 윤리적인 딜레마에 대해서 Jill Didur도 자신의 논문들에서 잘 지적하고 있다. 예를 들면, Jill Didur, "Strange Joy : Plant-hunting and Responsibility in Jamaica Kincaid's (Post)colonial Travel Writing", *Interventions : International Journal of Postcolonial Studies* 13.2, 2011, p.245와 Jill Didur, "'Gardenworthy' : Rerouting Colonial Botany in Jamaica Kincaid's *Among Flowers : A Walk in the Himalaya*", *Public* 41, 2010, p.182를 참고하기 바란다.

러한 생각이 사라져 버렸는가? 어느 순간에 그렇게 평범하고 일상적인 미가 사치가 되었는가?⁴²

여기서 킨케이드는 정원가꾸기와 식민지배의 관계에 대해서 설명하면서 정원가꾸기가 식민지배의 과정을 거치면서 소수의 특권적인 식민주의자들과 피식민지 인들 중에 소수의 특권층들의 전유물이 됨으로써 일반인들이 즐길 수 없는 것이 되어 버린 것에 대해서 비판을 한다. 자신의 저서 *My Garden(Book):*에서 킨케이드는 식민지배와 정원 가꾸기를 연결하여 이것의 문화 · 정치적인 함의를 풍부하게 논한다. 그녀가 위의 인용문에서 언급한 순전한 기쁨의 예로서 치치 당가렘가Tsitsi Dangarembga의 *Nervous Conditions*에 나오는 여자 주인공 탐부Tambu의 경험, 즉 그저 즐거움을 위해 무언가를 기른다는 것을 통해 그녀가 경험하게 되는 해방liberation의 경험을 지적한다.

이와 같이 정원 가꾸기에는 양면적인 특징이 있다. 한편으로는 식민지배의 역사와 밀접하게 연결되어 있으며 다른 한편으로는 개인적인 차원에서 얻게 되는 기쁨과 자유이다. 이는 앞에서 언급한 공모와 재현의 필요성이라는 이중적인 위치에서 킨케이드가 갖게 되는 윤리적인 딜레마와도 관련된다. 이러한 윤리적인 딜레마에도 불구하고 킨케이드가 정원 가꾸기 — 한편으로 실제적인 정원가꾸기와 관련한 종자채집 여행을 하는 것, 다른 한편으로 글쓰기를 통해 (이때 글쓰기는 추상적인 메타포로서 정원 가꾸기에 비유될 수 있다) — 에 지속적으로 천착하는 이유를

---

**42** Jamaica Kincaid, *My Garden(Book):*, Farrar, Straus and Giroux : New York, 1999, pp.116~117.

자신의 저서 *My Garden(Book):*의 서문에서 다음과 같이 밝히고 있다.

> 내가 만들고 있었던 (여전히 만들고 있으며 항상 그렇게 할 것인) 정원이 카리브 해와 그것을 둘러싸고 있는 바다의 지도를 닮았다는 것을 깨달았을 때 나는 내가 하고 있는 것이 무엇인지 또는 내가 시도하고 있는 것이 무엇인지를 설명해 주기를 붏었던 정원사들에게 이에 대해 말하지 않았다. 정원이 나에게는 기억의 연습이며 나 자신의 머지않은 과거를 기억하는 방식이며 내게 속한 것 (카리브 해)의 과거, 나와 간접적으로 관련된 그 과거 (멕시코와 그 주변의 정복)에 이르는 방식이다.[43]

킨케이드에게 정원 가꾸기는 단순히 아름다운 정원을 꾸민다는 것을 넘어 문화정치적인 함의를 가진 행위이며 그녀 자신의 방식대로 안티구아의 탈식민적 로컬리티와 관계 맺기를 하는 것이다. 이러한 정원 가꾸기의 문화정치적인 함의의 기저에 작동하는 원리에 대해서 킨케이드는 다음과 같이 요약한다. "내가 정원들과 역사의 관계를 발견한 것은 나의 첫 번째 정원에서였다. 당신이라면 그곳의 식물들을 통해 제국의 역사를 쓸 수 있었을 것이다. 인간들이 지구의 모습, 그것이 어떻게 보이는지와 그것의 풍경의 배열을 어떻게 바꾸었는지는 정말 놀랄 만큼 충격적이다. 비록 자애로워 보이지만 항상 힘의 표현이다. 놀랍게도 위협적이지 않아 보이지만 힘의 행사이다."[44]

---

43 Ibid., pp.7~8.
44 Kathleen M. Balutansky and Jamaica Kincaid, "On Gardening", *Callaloo* 25.3, Summer 2002, p.793.

여기에서 킨케이드가 실제의 물리적인 공간으로서의 정원 가꾸기와 이와 관련한 자신의 글쓰기를 통해서 발견한 것은 개인적인 차원에서의 정원 가꾸기 작업과 국가적인 차원에서 제국의 형성이라는 정원가꾸기의 작업에서 작용하는 타자에게 가해지는 폭력성에 대한 것이다. 그런데 이러한 폭력성이 정원이라는 화려한 겉모습에 의해 포장되고 가려지기 쉽다는 것이다. 이러한 정원 가꾸기의 이중적인 측면을 킨케이드는 자신의 저서 *Among Flowers*에서 다음과 같이 묘사한다.

> 정원은 그 자체가 야생적이고 이상한 것을 수용하여 받아들여지고 안락하고 익숙한 것으로 만드는 하나의 방식이었다. (…중략…) 우리는 우리가 정원을 만들 때 자연스러운 어떤 것, 예상치 않게 생겨난 것이지만 볼만한 즐거움이 되는 어떤 것, 또한 질서와 힘든 일 실망스러운 일들과 슬픔에 대한 관념을 떨쳐버리는 어떤 것을 만들고 있다고 생각하며 그렇게 느낀다. 그런데 실상은 정원은 때때로 바로 이러한 모든 것들로 구성되어 있다는 것이다.[45]

이러한 정원 가꾸기의 이중적인 측면은 한편으로 정원 가꾸기에 개입되는 인위적인 폭력성을 드러내지만 또 다른 측면에서 이러한 정원 가꾸기의 과정이 긍정적이고 창조적인 과정으로 전환될 수 있음을 시사한다. 이때 관념과 실제로서의 정원은 작가로서 킨케이드가 안고 있는 탈식민의 생태학적 질문들을 창조적이고 의미 있게 풀어 낼 수 있는 독특한 기회를 제공해 주는 장의 역할을 한다. 웬디 네퍼Wendy Knepper

---

[45] Jamaica Kincaid, *Among Flowers : A Walk in the Himalayas*, National Geographic : Washington, D. C., 2005, pp.44 · 189.

에 의하면, 킨케이드의 정원은 "다른 장소들[구체적으로 버몬트, 카리브해의 안티구아, 영국, 중국, 등]과의 상호접촉을 통해 정체성과 관계들이 새겨지는 장소"의 역할을 하며,[46] 또한 작가 / 정원사가 타자성, 불균등한 권력의 역학, 지역적인 불평등을 다루게 되는 장소의 역할을 한다고 논한다.[47] 그러므로 공모와 재현의 필요성의 접점에서 이루어지는 킨케이드의 탈식민적 생태학의 글쓰기는 한편으로 그녀로 하여금 지속적으로 인간과 비인간적인 타자의 수평적인 관계의 모색이라는 쉽게 해결될 수 없는 주제를 지속적으로 천착하도록 이끌면서, 또한 다른 한편으로 이러한 딜레마적인 상황 가운데서 그녀가 갖게 되는 고민은 그녀의 생태적 글쓰기의 원천이 되기도 한다.

## 4. 탈식민적 생태학, 어려운 싸움의 딜레마적 공간으로 들어가기

이 글에서는 먼저 탈식민적 생태학 담론의 이론적인 특징에 대해서 살펴본 뒤, 이를 기초로 하여 킨케이드의 세 편의 글에 대한 생태 비평적 읽기를 수행하였다. 본문에서 논하였듯이, 탈식민적 생태학의 핵심 주제인 인간과 비인간적인 타자 사이의 다른 관계의 가능성에 대한 모

---

46 Wendy Knepper, "'How Does Your Garden Grow? or Jamaica Kincaid's Spatial Praxis in *My Garden(Book): :* and *Among Flowers: A Walk in the Himalaya*", Ed. Andrew Teverson and Sara Upstone, *Postcolonial Spaces : The Politics of Place in Contemporary Culture*, New York : Palgrave Macmillan, 2011, p.53.

47 Ibid., p.54.

색이라는 주제는 쉽게 해결될 수 없는 주제이다. 그러나 그럼에도 불구하고 쉽게 포기될 수 없는 주제이기도 하다. 본문의 이론적인 논의와 킨케이드의 세 편의 작품에 대한 분석을 통해서도 지적한 것처럼 이러한 관계의 문제를 진지하게 다루는 학자들, 활동가들, 작가들이 지속적으로 직면하게 되는 상황은 다이아나 브라이던Diana Brydon이 "어려운 싸움의 딜레마적인 공간들에 들어가는 것entering into dilemmatic spaces of difficult engagements"이라는 표현으로 요약될 수 있다.[48]

브라이던의 논지를 좀 더 인용하면 다음과 같다. "내 생각으로는 탈식민적 정치학은 값싼 냉소주의와 쉬운 정답에서부터 보니 호니그Bonnie Honig가 어려운 싸움의 딜레마적인 공간들이라고 하는 것으로 들어가는 것을 의미한다. 이러한 딜레마적인 공간들은 겸손하게 접근하는 것, 기꺼이 잘못된 것으로 입증되고자 하는 것, 문제들을 제기하는 새로운 방식들에 대해 열린 자세, 어떤 종류의 최종적인 해결을 추구하기보다는 오히려 무한한 리허설의 요구들에 기꺼이 따르는 것을 필요로 한다."[49] 이것은 브라이던이 새로운 탈식민적 정치학의 가능성을 모색하면서 제시한 것이다. 이를 통해 그녀가 제시하는 탈식민적 정치학은 이항대립적이고 적대적이고 수직적인 형태의 정치학보다는 답을 쉽게 찾을 수 없는 딜레마적인 상황 가운데서 수평적이고 민주적인 방식의 문제 해결을 지속적으로 고민하며 대안을 모색하려는 그 노력의 과정을 더욱 중요시한다. 왜냐하면 때로 우리가 답이라고 하는 것이 종종 쉽고 빠르게 찾아지지 않는 것이 현실이고 우리에게 답이라고 주어지는 것은 종종

---

**48** Diana Brydon, "Is There a Politics of Postcoloniality?", *Postcolonial Text* 2.1, 2006.
**49** Ibid.

답이 아닐 가능성이 있기 때문이다.

브라이던이 제시하는 이러한 탈식민적 정치학은 이 글에서 검토한 탈식민적 생태학의 주요한 주제인 인간과 비인간적인 타자의 관계의 문제에 대한 논의에도 의미 있는 시사점을 제시한다. 킨케이드의 글에 대한 분석을 통해서 보여주었던 것처럼 한편으로 그녀의 어려운 싸움의 딜레마적인 공간들에 들어가는 행위는 그녀로 하여금 쉽지 않은 싸움에 지속적으로 몰두하도록 하였지만 다른 한편으로 이것을 통해 자신만의 독특한 탈식민의 생태학적 사유의 세계를 글쓰기를 통해 구축해 갈 수 있게 해주었다고 할 수 있다. 좀 더 확대하자면 브라이던의 탈식민적 정치학에 대한 제안은 여러 활동가들이나 학자들에게도 그들이 참여하고 있는 싸움에 대한 현실적인 어려움과 장기적인 방향성 — 즉 쉽지 않은 싸움이지만 그럼에도 불구하고 지속적으로 추구해야 하는 싸움에 대한 인식과 지향 — 을 제시해준다. 그렇기 때문에 탈식민적 생태학의 논의는 아직도 여전히 진행 중인 싸움을 다루는 것이고, 우리가 어떻게 답을 찾고 우리의 미래가 어떻게 펼쳐질지는 현재 여기에서 우리가 이러한 어려운 싸움의 딜레마적인 공간들에 적극적으로 들어가 어떻게 그것에 몰두하느냐에 달려 있다고 할 수 있다.

# 참고문헌

강민건, 「탈식민적 사유를 위한 생태주의적 글읽기 ─ 세이머스 히니의 「비의 선물("Gifts of Rain")」 분석」, 『한국 예이츠 저널』 25, 2006.

문재원, 「로컬리티 개념을 둘러싼 고민들」, 『로컬리티 인문학』 15, 2016.

신정환, 「탈식민주의 생태비평과 라틴아메리카 문학」, 『Foreign Literature Studies』 47, 2012.

이형권, 「한국 생태시의 탈식민주의 고찰 ─ 자연의 타자화, 탈인간화와 관련하여」, 『한국시학연구』 40, 2014.

Balutansky, Kathleen M. and Jamaica Kincaid, "On Gardening", *Callaloo* 25.3, Summer 2002.

Bauman, Zygmunt, *Wasted Lives*, London : Polity Press, 2004(정일준 역, 『쓰레기가 되는 삶들 ─ 모더니티와 그 추방자들』, 새물결, 2008).

Brydon, Diana, "Is There a Politics of Postcoloniality?", *Postcolonial Text* 2.1, 2006(Available online at http://postcolonial.org/index.php/pct/article/viewArticle/508/852).

_____, "Mobile Localities Beyond Monocultures of the Mind", *Localities* 4, 2014.

Buell, Lawrence, *Writing for an Endangered World : Literature, Culture, and Environment in the U. S. and Beyond*, Cambridge, MA : Belknap Press of Harvard UP, 2003.

Chakrabarty, Dipesh, *Provincializing Europe : Postcolonial Thought and Historical Difference*, New Edition with a new preface by the author. Princeton and Oxford : Princeton University Press, 2008.

Cilano, Cara and Elizabeth Deloughrey, "Against Authenticity : Global Knowledges and Postcolonial Ecocriticism", *Interdisciplinary Studies in Literature and Environment* 14.1, Summer 2007.

Crosby, Alfred W., *Ecological Imperialism : The Biological Expansion of Europe, 900-1900*, New Edition, Cambridge, UK : Cambridge University Press, 2004.

Dangarembga, Tsitsi, *Nervous Conditions*, New York : Seal Press, 1988.

DeLoughrey, Elizabeth and George B. Handley., "Introduction : Toward an Aesthetics of the Earth", Ed. Elizabeth DeLoughrey and George B. Handley, *Postcolonial Ecologies : Literatures of the Environment*, New York : Oxford University Press, 2011.

Deloughrey, Elizabeth, Jill Didur, and Anthony Carrigan, "Introduction : A Postcolonial Environmental Humanities", Eds. Elizabeth Deloughrey, Jill Didur, and Anthony Carrigan, *Global Ecologies and* the Environmental Humanities : Postcolonial Approaches, New York : Routledge, 2015.

Devi, Mahasweta, "Pterodactyl, Puran Sahay, and Pirtha", Translated and introduced by Gayatri Chakravorty Spivak, Imaginary Maps, New York and London : Routledge, 1995.

Didur, Jill., "'Gardenworthy' : Rerouting Colonial Botany in Jamaica Kincaid's Among Flowers: A Walk in the Himalaya", Public 41, 2010.

_____, "Strange Joy : Plant-hunting and Responsibility in Jamaica Kincaid's (Post)colonial Travel Writing", Interventions : International Journal of Postcolonial Studies 13.2, 2011.

Edwards, Justin D. and Rune Graulund, eds., Postcolonial Travel Writing : Critical Explorations, New York : Palgrave Mcamillan, 2011.

Grove, Richard H., Green Imperialism : Colonial Expansion, Tropical Island Edens and the Origins of Environmentalism, 1600-1860, Cambridge, UK : Cambridge University Press, 1995.

Heise, Ursula K, "The Postcolonial Ecocriticism and the Question of Literature", Eds. Bonnie Roos and Alex Hunt, Postcolonial Green : Environmental Politics & World Narratives, Charlottesville : Univ. of Virginia Press, 2010.

Huggan, Graham, "'Greening' Postcolonialism : Ecocritical Perspectives", Modern Fiction Studies 50.3, 2004.

Huggan, Graham and Helen Tiffin, Postcolonial Ecocriticism : Literature, Animals, and Environment, 2nd ed, New York : Routledge, 2015.

_____, "Green Postcolonialism", Interventions 9.1, 2007.

Kincaid, Jamaica, A Small Place, Farrar, Straus and Giroux : New York, 1988.

_____, My Garden(Book):, Farrar, Straus and Giroux : New York, 1999.

_____, Among Flowers : A Walk in the Himalayas, National Geographic : Washington, D. C., 2005.

Knepper, Wendy, "'How Does Your Garden Grow? or Jamaica Kincaid's Spatial Praxis in My Garden (Book) and Among Flowers : A Walk in the Himalaya", Ed. Andrew Teverson and Sara Upstone, Postcolonial Spaces : The Politics of Place in Contemporary Culture, New York : Palgrave Macmillan, 2011.

Loh, Lucienne, and Malcolm Sen, eds., Postcolonial Literature and Challenges for the New Millennium, New York : Routledge, 2015.

Lohman, Larry., "Green Orientalism", The Corner House(Available online at http://www.thecornerhouse. org.uk/resource/green-orientialism) First published 1 November 1993.

Loomba, Ania, Suvir Kaul, Matti Bunzl, Antoinette Burton, and Jed Esty, eds., *Postcolonial Studies and Beyond*, Durham : Duke University Press, 2005.

Moore-Gilbert, Bart., *Postcolonial Life-Writing : Culture, Politics and Self-representation*, London : Routledge, 2009.

Mount, Dana, and Susie O'Brien, "Postcolonialism and the Environment", Ed. Graham Huggan, *The Oxford Handbook of Postcolonial Studies*, Oxford, UK : Oxford UP, 2013.

Nixon, Rob, "Environmentalism and Postcolonialism", Ed. Ania Loomba, Suvir Kaul, Matti Bunzl, Antoinette Burton and Jed Esty, *Postcolonial Studies and Beyond*, Durham : Duke UP, 2005.

Roos, Bonnie & Alex Hunt, "Introduction : Narratives of Survival, Sustainability and Justice", Ed. Bonnie Roos & Alex Hunt, *Postcolonial Green : Environmental Politics & World Narratives*, Charlottesville : Univ. of Virginia Press, 2010.

Said, Edward, *Orientalism*, New York : Vintage, 1979.

Szabo-Jones, Lisa., "Interview with Susie O'Brien", *ARIEL* 44.4, 2013.

Wilson, Janet, Cristina Sandru, and Sarah Lawson Welsh, eds., *Rerouting the Postcolonial : New Directions for the New Millennium*, New York : Routledge, 2010.

Zabus, Chantal, ed., *The Future of Postcolonial Studies*, New York : Routledge, 2015.

# 재난과 생명, 그리고 신식민주의

### 3·11 이후의 후쿠시마 읽기

조정민

## 1. '재난'과 '재난 영화'

기후 변화로 지구가 눈과 빙하로 뒤덮이는 재난 상황을 그린 영화 〈투모로우〉(미국, 2004), 거대 쓰나미가 부산 해운대로 몰려오면서 벌어지는 갖은 갈등과 사랑을 그린 영화 〈해운대〉(한국, 2009), 연가시라는 기생충이 인간의 뇌를 조종하여 물속으로 유도해 익사시키는 사태를 그린 영화 〈연가시〉(한국, 2012), 정체불명의 존재인 좀비의 무차별적 공격으로 전 세계가 아수라장으로 변하는 것을 그린 영화 〈월드 워 Z〉(미국, 2013), 고대 마야 문명에서부터 끊임없이 회자되어 온 인류 멸망이 실제로 다가오고 있음을 경고하고 누구도 막을 수 없는 최후의 위기를 그린 영화 〈2012〉(미국, 2013 재개봉) 등. 우리가 알고 있는 재난 영화를 모두 열거하자면 끝이 없을 것이다. 이 같은 재난 영화가 끊임없이 반복적으로 재생산되는 이유는 영화 특유의 스펙터클한 영상미와 그럴 듯하지만 상상을 초월하는 이야기 구성 등이 관객을 사로잡기 때문이다.

그런데 재난 영화에는 실제적인 '재난'이 없다. 다시 말해 재난 영화가 우리에게 제시하는 것은 재난을 재현함으로써 사회적인 공포나 불안을 일으키고, 또 무겁고 진중한 경고를 전달하는 데 있지 않다. 잘 생각해보자. 〈투모로우〉의 경우, 이 영화가 우리에게 주는 주된 메시지는 환경 위기에 대한 미국 정부의 미온적인 대응 방식을 꼬집는 것이지만, 기상학자인 잭 홀 박사가 목숨을 걸고 아들을 구하러 가는 가족애에 더욱 큰 방점이 있다. 〈해운대〉도 마찬가지다. 이 영화는 쓰나미라는 자연 재해로 인해 사람들이 느끼는 공포를 여러 각도로 보여준다. 쓰나미가 몰려들 때 공포에 질려 허겁지겁 해변을 떠나는 피서객의 모습이나 전신주에 매달려서 떨어지지 않으려고 애쓰는 사람들의 모습이 그 예다. 그러나 쓰나미라는 대재앙을 통해 사람들 사이에 존재했던 갈등이 해소되기도 한다. 지질학자 김휘(박중훈 분)와 그의 전 부인 유진(엄정화 분)은 쓰나미에 휩쓸려 목숨을 잃지만 위급한 상황에서도 서로 연락을 주고받으며 자신들의 딸 지민(김유정 분)만큼은 살린다. 자식은 살리고 이혼한 부부는 죽음을 맞이하는 감동(?)스러운 장면이 연출되는가 하면, 구사일생으로 목숨을 건진 만식(설경구 분)과 연희(하지원 분)는 서로의 사랑을 확인하며 쓰나미로 초토화된 연희의 식당을 복구하기 위해 힘을 서로 합친다. 연희가 만식의 프러포즈를 받아들인 것에서 보듯이 쓰나미는 두 사람의 결속을 다지는 새로운 계기가 된 것이다. 이처럼 재난 영화는 재난에 대한 경고보다는 갈등 해소와 봉합, 인간애 등을 전달하는 데 집중하고 있다. 결국 재난 영화의 결론은 '원만한 인간적인 해결'에 있는 것이다.

그러나 현실의 재난은 어떠한가? 2011년 3월 11일 일본 미야기 현宮城県 해저에서 발생한 규모 8.8의 강진은 전 세계를 공포와 충격에 빠트렸다. 일본은 지진이나 쓰나미에 대한 대비가 어느 나라보다 앞서 있다는 것이 일반적인 상식이지만, 그 엄청난 자연 재해 앞에서 일본은 무기력하기만 했다. 지진도 강력했지만 커다란 피해의 근원은 역시 쓰나미였다. 후쿠시마福島 원자력 발전소에 쓰나미가 덮치면서 냉각펌프가 정지되고 수소폭발이 일어나면서 6개 원자로 중 3개 원자로의 핵연료가 녹아내리는 사고가 발생했기 때문이다. 지진과 쓰나미로 인하여 수많은 사상자가 발생했지만 이와 더불어 여전히 심각한 사안으로 남은 것은 원자력 발전소 파괴로 인한 방사능 누출 문제라 할 수 있다. 동일본대지진, 소위 3·11이 '거대 복합 재해'로 불리고 있는 이유도 바로 여기에 있는 것이다.[1] 일본에서 지진이 발생하기 이전인 2010년 1월에는 아이티 대지진(규모 7.0)이 일어난 바 있고 이어서 같은 해 2월에는 칠레 대지진(규모 8.8)이 일어나는 등, 상상을 초월하는 대규모 지진이 세계 곳곳에서 연이어 발생했다. 이들 재난의 결론은 재난 영화처럼 결코 원만하지 않다. 인간의 이성적인 판단은 마비되고 정의나 희생과 같

---

[1] 이 글에서는 동일본대지진과 후쿠시마 원전 사고를 총칭하는 말로 '3·11'이라는 용어를 쓰기로 하겠다. 2011년 3월 11일에 일어난 거대 재난, 재해를 일본 미디어에서는 보통 '동일본 대지진'이라 부른다. 그러나 이렇게 불리는 순간, 피해지역인 동북 지방에 대한 역사적인 차별의 문맥이 감추어져 버린다. 동북 지방은 근대 이전부터 이역(異域)으로 여겨져 차별과 가난 속에 있었다. 전후의 일본재건 속에서도 그 구조는 이어졌다. 동북 지방은 도쿄에 전력과 노동자, 농작물을 공급해 왔다. 동북 지방 사람들은 동북 지방이 일본의 내부 식민지였음을 3·11이 증명했다고 분노한다. 한편 후쿠시마라는 말이 방사능의 대명사가 되거나 동북 지방이 내부 식민지의 대명사로 인식되고 있지만, 사실 이러한 말들은 그 지역에 대한 또 다른 겹겹의 차별을 유발하기도 한다(신지영, 『마이너리티 코뮌―동아시아 이방인이 듣고 쓰는 마을의 시공간』, 갈무리, 2016, 150쪽). 이러한 측면에서 이 글에서는 '3·11'이라는 용어를 사용하되, 인용문의 경우는 원문대로 표기하고자 한다.

은 이타성도 찾아 볼 수 없다. 공적 기관이나 보도 기관에 대한 불신은 높아질 뿐이고, 사회적 혼란을 틈 타 개인의 이익을 추구하는 모습도 적나라하게 드러나는 것이 사실이다. 어쩌면 어떠한 재난 영화보다도 더 스펙터클한 재난이 우리 앞에 발생하고 있는지도 모른다. 그렇다면 이 재난 같은 현실을 우리는 어떻게 인식해야 할까.

## 2. 재난 부재의 후쿠시마, 재난으로 부활하는 '일본'

3·11의 피해 규모를 살펴보면 사망자 약 15,800명, 실종자 약 2,700명, 부상자 약 5,900명 등이며, 건물 29,225동이 완파되고 254,204동은 반파되었으며 건물 손상은 691,766동에 이른다. 도로나 철도, 수도, 전기 등과 같은 도시 기반 시설 역시 크게 파괴되었다. 이 사상 초유의 재앙에도 불구하고 텔레비전에서는 유가족의 통곡을 들을 수 없었으며 시신 또한 볼 수 없었다. 후쿠시마 사람들은 이상하리만큼 조용한 것 같았다. 식수와 생필품, 자동차 기름을 사기 위한 행렬이 700미터 이상 이어지는 가운데서도 누구 하나 새치기를 하거나 끼어들지 않는다. 엄청난 슬픔의 무게와 절망의 한복판에 있으면서도 절규와 분통, 고함은 들리지 않았던 것이다.

대신 각종 미디어를 통해서는 일본과 동북 지방을 응원하는 목소리가 넘쳐났다. 예를 들면 민영 텔레비전 방송국들은 지진, 원전 사고 직후부터 일상적인 광고를 중단하고 공익 광고를 내보냈다. "힘내라 일본, 힘내라 동북 頑張れ日本 頑張れ東北", "일본은 강한 나라 日本は強い国", "일본은 하나日本は一つ" 등, 일본 전역은 한 목소리로 동북 지방과 일본을 격려하고 있었던 것이다.[2] 다른 한편에서는 철저한 에너지 절약이 실천되고 있었다. 철도 회사는 운행 편수를 줄이고 역이나 전차 내의 전등을 껐으며 에스컬레이터 가동을 중지시키는 등 공공기관을 중심으로 에너지 사용을 극한으로 제한했다. 또 사람들이 안전상의 이유로 피해 지역에서 생산되는 야채와 곡식을 기피하자, 동북 지방을 살리기 위해서라도 이들 지방산 야채와 곡식을 소비하자고 선전했다. 이 같은 무절제한 박애주의에 기반한 피해 지역 응원 방법은 교묘하게 민족주의를 고무시키고 있다.

3·11 이후 일본 사회에서는 '희망학'이 새로운 관심 영역으로 등장하게 되었으나, 잘 생각해보면 "힘내라 일본, 힘내라 동북"이라는 희망적 구호가 담고 있는 의미란 공허한 슬로건에 그칠 뿐이다. "힘내라 일본, 힘내라 동북"만으로는 미래에 대한 희망이 만들어지지 않는다. 많은 사람들은 "힘내라 일본, 힘내라 동북"이라 말하지만 이미 여름철에는 절전에도 동참했고 피해 지역에 의연금도 보냈는데 더 이상 어떻게 힘을 내야 하는지 의문을 가지게 된다.[3] 레베카 솔니트Rebecca Solnit가 지적한 바 있듯이 사람들은 재해에 직면하면 "모두가 이타적이 되며,

---

2    다카하시 데쓰야, 한승동 역, 『희생의 시스템, 후쿠시마 오키나와』, 돌베개, 2013, 131쪽.
     3·11이후에 자주 언급되는 단어 중 하나는 '기즈나[きずな, 絆]'이다. 끊을 수 없는 인연이
     나 유대 관계, 친밀성을 나타내는 이 말은 3·11 이후 재난지역에 대한 배려와 동정을 불러일
     으키는 말로 빈번하게 사용되고 있다. 자신의 존재 기반이 붕괴되고 파괴된 것을 목도한 이
     후 가장 알기 쉬운 형태로 연대의 가능성을 찾는 방법은 그 기반이나 뿌리(기즈나, 일본)를
     찾는 일일 것이다(山本昭宏, 『核と日本人―ヒロシマ·ゴジラ·フクシマ』, 中央公論新社,
     2015, 237~238쪽).
3    고선규, 「동일본대지진 이후 일본사회의 패러다임 전환과 지역사회」, 『동북아연구』 17권,
     경남대 극동문제연구소, 2012, 37쪽.

자신이나 가족뿐만 아니라 이웃이나 모르는 사람에게 조차 우선 동정심을 보이고", "모르는 사람들이 친구가 되어 힘을 모으고 아낌없이 물건을 나누며 자신에게 요구되는 새로운 역할을 추구한다"고 하는 파라다이스 즉, 재해 유토피아가 출현하지만 그것은 일과성에 그칠지도 모르는 것이다.[4]

뿐만 아니라 재난 이후에 쏟아지는 갖은 슬로건은 재난 지역 사람들과 그 이외 지역 사람들 사이의 심리적 낙차를 부각시키고 있다. 전체적으로 보았을 때, 피난을 피할 수 없게 된 후쿠시마 주민은 16만 명에 달한다. 살아왔던 토지와 생존 환경을 방사성 물질 때문에 버려야 했던 사람, 이런 저런 긴급한 선택을 하지 않을 수 없어서 생활이 무너지고 가족이 흩어진 사람, 정책과 유치에 어떤 책임도 없지만 가장 먼저 방사선의 영향을 입은 현지의 어린이들, 종사해온 농업이나 어업, 산업을 버릴 수밖에 없었던 지역 사람들, '피해자가 가해자에게 고용된' 형태로 원자력 발전소 사건 해결을 위해 투입되어 계속 방사선 피해에 노출되어 있는 후쿠시마 원자력 발전소의 노동자, 후쿠시마의 농산물과 수산물, 가축과 버려진 애완동물들, 원자로 냉각 후 오염된 물이 흘러들어간 바다, 오염된 강물, 토양…… 방사선의 확산으로 이후 피해가 나타날 가능성이 큰 인근 지역의 모든 생명들.[5] 이 모든 생명들은 각자가 처한 상황에 따라 다양한 모습으로 재난 이후의 삶을 살아가고 있다.

---

4  レベッカ・ソルニット, 『災害のユートピア—なぜそのとき特別な共同体が立ち上がるのか—』, 亜紀書房(이상훈, 「한신대지진과 동일본대지진의 재건 논리」, 『슬픈 일본과 공생의 상상력』, 논형, 2013, 55쪽에서 재인용).

5  하시모토 유이치, 「나의 강을 건너, 여럿의 강으로 흐르다—일본 반핵·탈핵 시위와 그 목소리」, 『이제 여기 그 너머』 No.3, 2015, 38쪽(이 글은 원래 『실천문학』 108호(2012 겨울)에 실려 있었던 것으로 『이제 여기 그 너머』에 재수록된 것이다).

3·11 이후 재난 지역 지원 프로젝트에 참가한 한 연구자는 언론에 보도되지 않았던 후쿠시마 현 사람들과의 대화를 다음과 같이 일부 공개하고 있다.[6] 후쿠시마 현 사람들 가운데는 후쿠시마 현 이름의 차량번호가 달린 자동차를 운전하는 것만으로도 자연스럽지 못한 차간 거리를 당하는 불쾌한 경험을 한 이가 있으며, 출신지가 후쿠시마인 것을 숨기며 취직활동을 이어가는 사람도 있다. 직접적인 방사성 물질의 영향을 받기 쉬운 아이의 건강을 지키기 위해 아이와 어머니가 후쿠시마현 밖으로 피난가고 아버지만 후쿠시마에 남는 등, 이산가족이 되는 경우도 적지 않다. 젊은 여성들 가운데는 출산이나 육아에 큰 불안을 느낀 나머지 아이를 낳지 않겠다고 결심한 이도 있고, 이 때문에 이혼이나 가정 붕괴 등의 비극이 일어나고도 있다. 후쿠시마 원전 건설에 반대해 온 어느 주민은 이번 사고가 강한 반대를 관철하지 못했던 결과라 생각하고 자신의 무력함을 자학적이라고 할 정도로 자책하기도 했다. 가족 전원이 현 외로 피난 간 경우, 대다수의 사람들은 직업을 잃고 새로운 직업을 얻지 못해 생활보호나 의원금 등으로 근근이 생활을 이어가고 있다. 유기농법으로 밝은 미래를 꿈꿨던 농민 중에는 수십 년간 노력하여 개량한 농지가 방사능에 오염되고 농작물을 생산할 수 없게 되자 자살한 사람들도 적지 않다. 가설주택이나 피난처에서 사망한 고령자 또한 눈에 띈다.[7]

---

6  마키노 에이지, 「아시아문화연구와 후쿠시마 원전 사고 이야기─동아시아의 안정과 평화를 위하여」, 『아시아문화연구』 25, 2012, 25쪽. 저자는 호세이대학(法政大學) 지속가능성 연구교육기구 소속 연구원으로, 2011년 10월 22일 후쿠시마 시내에서 일반 시민을 대상으로 「철학카페@후쿠시마 특별편 지금 건강을 철학한다─후쿠시마에서 인간답게 살아가기 위해서」라는 제목의 지원프로젝트를 실시한 바 있다. 저자의 논문에는 당시 주민들로부터 들었던 구술이 상세하게 소개되어 있다.

이들의 목소리에는 끝나지 않을 미래의 불행에 대한 불안과 공포, 그리고 그에 대한 체념이 배어 있으며, 극단적으로는 스스로 목숨을 끊음으로서 재난과 같은 미래와 절연하고자 한 이들도 있다. 방사선이 직접적인 원인이 되어 죽음에 이른 자는 아직 소수지에 그치지만 재난 발생 이후 1년 동안 이재민 가운데 200여 명이 스스로 목숨을 끊었다. 후쿠시마 30km 인근에 살던 93세의 여성은 "무덤으로 피난 갑니다. 죄송합니다"라는 유서를 남기고서는 극단적으로 '무덤'이라는 영원한 피난지를 선택했다.[8] 원전사고 초기에 원전에서 나온 방사성 요오드를 아이들이 대량 흡입하지 않았을까 걱정하는 부모들은 "평생 아이들한테 사과할 수밖에 없어요"하고 말하며 한편으로는 체념하면서도 다른 한편으로는 평생 그 죄책감에 시달려야 한다.[9] 그럼에도 불구하고 재난 지역 당사자들의 목소리가 드러나는 경우는 매우 한정적이다. 이들은 마음의 불안이나 갈등을 호소하면서도 대부분은 신문이나 텔레비전 등의 언론 취재에는 그다지 적극적으로 응하지 않는다. 아마도 이는 언론에 대한 불신과 체념이 그들로 하여금 함구하게 만든 것이라 추측된다.[10]

매 순간 자신을 겨냥해 오는 재난적 상황으로 인해 위험과 불안을 인지하기는 하지만, 동시에 그러한 재난적 상황은 쉽게 사고 바깥으로 밀려나는 것이 사실이었다. 핵/원자력, 핵물질에서 누출되는 방사능, 방사선, 방사성 등은 지진, 쓰나미, 태풍, 홍수 등과 같은 자연재해들과

---

7　위의 글, 27~28쪽.
8　윤여일, 「'멀다'와 '가깝다' 사이」, 『사상으로서의 3・11』, 그린비, 2012, 22쪽.
9　『후쿠시마 민보[福島民報]』, 2011.12.11(정남구, 『잃어버린 후쿠시마의 봄』, 시대의창, 2012, 159쪽에서 재인용).
10　마키노 에이지, 앞의 글, 27~28쪽.

다르고 또 가스폭발, 전쟁 등과 같은 인재와도 다른 측면이 있다. 그것은 눈에 보이지 않기 때문에 구체적으로 식별되는 위험의 대상이 되지는 않고, 또 어느 곳으로나 이동할 수 있고 어디에나 무차별적으로 침투하여 오염시킬 수 있어 공포의 감정을 조장하지만 구체적이고 실제적인 대상을 발견하기 어렵게 한다. 핵, 원자력, 방사능의 이 특수성 때문에 사람들은 3·11에 대해 사유하기를 어려워하고 지금까지의 모든 인지적 프레임이 무효화된다는 느낌을 받는 것이다.[11]

이처럼 눈에 보이지만 동시에 보이지 않는 재난의 현실 속에 안전지대에 있는 사람들의 공허한 응원이 틈입한다. 그러나 재난 현장 안과 바깥에 있는 양자 사이의 거리는 너무나도 분명하다. 재난 피해자는 쓰나미로 모든 것이 휩쓸려 간 데다 가족이나 벗을 잃고 비탄에 잠겨 있거나 원전 사고로 몸에 옷밖에 걸친 게 없는 상태로 '난민화'될 수밖에 없다. 그런 사람들을 향해 "힘내라"느니, "강해지라"느니, "하나로 단결하자"니 하며 일방적으로 자꾸 요구하는 것은 폭력에 다름 아니다.[12] 이처럼 "힘내라 일본, 힘내라 동북", "일본은 강한 나라", "일본은 하나" 등의 구호는 동정과 연민으로 가득 찬 온정적, 낭만적 시선으로 '일본'을 재구성시키고 있다. 피해를 입은 사람들의 상이한 입장과 경험, 상처, 욕망은 '후쿠시마'라는 하나의 용기에 담겨 성급히 균질화 되어버리고 남은 것은 피해자들의 조속한 '극복'과 피해지의 '재건'이다.[13] 이

---

11  조정환, 「인지자본주의와 재난자본주의 사이에서」, 『후쿠시마에서 부는 바람』, 갈무리, 2012, 132~133쪽.

12  다카하시 데쓰야, 앞의 책, 131쪽.

13  3·11 동일본 재난 서사는 '재난과 극복'이라는 보편적인 재난 플롯을 사용한다. 실제 재난은 삶의 토대를 파괴하고 사회적 위기로 발전하며 때로는 파국에 도달하게 만들 수 있다. 보편적인 재난 서사는 이러한 파국으로부터 벗어나기 위해 재난을 극복이라는 목표코드와 결

렇듯 후쿠시마에는 '재난'이 부재하고 그 대신 '강한 일본' 담론이 재차 고개를 들고 있는 실정이다.


## 3. 반복되는 '희생의 시스템'

"힘내라 일본, 힘내라 동북", "일본은 강한 나라", "일본은 하나" 등의 슬로건을 대대적으로 연호하는 현상이 불편하게 느껴지는 것은 그것이 편향된 내셔널리즘을 고취시킨다는 측면 때문만은 아니다. 그것은 추상적인 구호로 성급하게 복구를 재촉함으로써 개인적 차원에서 승화하거나 소화해야 할 경험과 상흔을 마주보지 못하게 만들고, 나아가 지역이나 계급, 성별, 민족 등 여러 층위의 피해를 은폐하는 결과를 낳기 때문이다. 우리가 뭉뚱그려 '후쿠시마 사태'라고 이야기 할 때, 그 지역에 살고 있는 피해자 한 사람 한 사람의 생활상의 처지나 입장은 전혀 고려되지 않는다. 각각의 피해자들이 안고 있는 다양한 고통을 놓치지 않고 보아야 하지만 우리는 본의 아니게 사건을 포괄적으로 말해버림으로써 내부의 다양성, 고통의 차이를 못 보고 있다.[14]

뉴스는 사망자 전체를 통계 숫자로 보여 준다. 우리는 그것을 '일본인 사망자 수'라고 받아들이기 쉽다. 그러나 그 사망자 수에는 외국인, 재일조선인 등 다양한 사람들이 포함되어 있다. 예를 들어 16살 때부

---

합시킨다(신진숙,「재난 서사의 문화적 구성─후쿠시마와 밀양 사례를 중심으로,」『문화와 사회』18, 2015, 536쪽).
**14** 한홍구 · 서경식 · 다카하시 데츠야 좌담,『후쿠시마 이후의 삶』, 반비, 2013, 31~32쪽.

터 종군 위안부로 고통을 받았던 송신도 할머니는 지진이 일어난 동북 지방 해안가에 살고 있었다. 할머니는 한동안 행방불명이 되었다가 18일 미야기 현 대피소에 생존하고 있음이 확인되었다. 자연재해란 누구에게나 공평한 것으로 생각하기 쉽지만, '이동조건'을 생각해 보면 여성과 남성, 노인과 아이, 부자와 빈자 사이에는 차이가 존재한다.[15] "힘내라 일본, 힘내라 동북" 등의 슬로건이 이 같은 복잡한 현실을 담아내지 못하고 있다는 것은 분명한 사실인 것이다.

피해 상황을 추상화시키는 논리는 부활과 재건의 담론에도 똑같이 적용된다. 재건과 복구의 대상으로서 '후쿠시마'를 뭉뚱그려 이야기 할 때, 우리는 그 지역 내부의 복잡하고 복합적인 문제를 응시하지 못하며 그저 목소리만 높이 극복과 부활을 외칠 뿐인 것이다. 앞에서 지적했듯이 '피해자'라는 범주 내부의 내용이 다양하고 애매한 만큼 '비피해자'로 상정되는 내부 역시 애매한 것은 마찬가지다. 방사선 오염의 문제에 대해서는 누가 어디서 어떻게 피해를 입었는지 사태가 명료하지 않으며 어디까지가 진실이고 소문인지도 알 수 없다. 어쩌면 재난지역 주민들의 이야기를 들으면서 자신과 같은 약자를 연민하는 한편 스스로가 그들과는 다른 처지에 놓여 있다고 생각하면서 안심하는지도 모른다.[16] "힘내라 일본, 힘내라 동북", "일본은 강한 나라", "일본은 하나" 등의 구호를 크게 외치면 외칠수록 재난지역 바깥에 존재하는 자신의 위치를 다시 깨닫고 묘한 안도감에 젖는 것이다.

---

15 신지영, 앞의 책, 135쪽.
16 이소마에 준이치, 장윤선 역, 『죽은 자들의 웅성임 한 인문학자가 생각하는 3 · 11대재난 이후의 삶』, 글항아리, 2016, 118쪽.

특히 주목하고 싶은 것은 이들 슬로건이 그 구호에서 소외된 자들, 다시 말해 '일본'이라는 범주의 강조로 인해 오히려 불안과 공포를 느낄지도 모를 사람들의 존재를 구조적으로 더욱 보이지 않게 만드는 부분이다. 일본 복구라는 의식 속에서 일본이라는 집단이 지속적으로 주어나 중심이 되어 논의될 경우, 후쿠시마에 있는 소수자, 마이너리티에 속하는 사람들은 실존하지 않는 존재로 인식되기 쉽다. 더욱이 일본 전역을 난무하는 슬로건이 '천황'이라는 인물과 만나면 '일본'과 '비非 일본'의 구분은 한층 더 뚜렷해진다. 천황은 3·11일 직후인 2011년 3월 16일 '동북지방 태평양 지진에 대한 천황 폐하의 말씀'을 다음과 같이 발표했다.

> 지진 피해자가 겪을 고난을 지금부터 우리 모두가 조금씩 여러 형태로 나누는 것이 중요하다고 생각합니다. (…중략…) 지금부터라도 국민 한 사람 한 사람이 재난을 당한 여러 지역에 마음을 모아 피해자와 함께 그 지역의 복구 과정을 계속 지켜봐 주시기를 진심으로 부탁드립니다.[17]

이후 천황 부처는 3월에는 도쿄 부도칸武道館 피난소를, 4월에는 지바 현千葉県 아시히 시旭市와 이바라키 현茨城県 기타이바리키 시北茨城市, 후쿠시마 현 소마시相馬市, 센다이 시仙台市, 미나미산리쿠 쵸南三陸町와 같은 재난 지역과 피난소를 방문했다. 천황 부처는 재난 피해자와 시선을 맞추면서 무릎 꿇고 이들의 말에 귀를 기울였다. 가족이 행방불명된 이에

---

17  위의 책, 215쪽.

게는 "가족을 찾기를 기원합니다. 건강에 주의하시길"하고 말을 걸었다. 5월에는 이와테 현岩手県, 가마이시 시釜石市, 미야코 시宮古市 오쓰치 쵸大槌町로도 위문을 이어갔다. 나이가 많은 이들 중에는 천황의 방문으로 큰 감동과 함께 용기를 얻은 사람도 적지 않았던 모양으로, "천황께 '몸 건강히 하세요'라는 말을 들었습니다. 대지진 이후에 손주가 작은 흔들림에도 겁을 낸다고 하니 황후께서 손주의 양손을 감싸듯이 쥐어 주셨습니다. 눈물이 나왔습니다" 하는 반응도 확인할 수 있었다.[18]

일본 국민의 통합의 상징이자 국민국가 일본을 체현하는 시스템으로도 작동하고 있는 천황이 위로와 격려, 당부의 메시지를 발표하고 여러 곳의 피난소를 직접 방문하여 위로의 뜻을 표할 때, 그 행위가 가지는 상징적인 의미나 정치적인 의미는 대단히 크다. 즉, 천황을 중심으로 재난에 대한 유감과 위로의 담론이 형성될 때 거기에는 재난에 대한 원인이나 책임은 부차적인 것이 되고 재난에서 비롯된 공포와 불안도 일시적으로 은폐되고 만다. 또한 천황을 중심으로 한 '공감의 공동체' 란 '일본 국민'이라는 견고한 지반을 바탕에 둔 것으로 그것은 일본 국내에 존재하는 수많은 타자들이 개입할 여지를 주지 않는다. 앞에서 일본을 뒤덮고 있는 각종 슬로건이 '천황'과 만났을 때 '일본'과 '비非 일본'의 구분이 더욱 분명해 진다고 지적한 것은 바로 이러한 의미인 것이다.

재일조선인 2세로 태어나 도쿄에 거주하고 있는 서경식 교수는 히로시마와 나가사키에 원폭이 떨어졌을 당시 피해를 입은 조선인들은 일

---

18 위의 책, 216~218쪽.

본 국적을 갖고 있었지만 일본의 구제 틀 밖으로 밀려났던 점을 상기하면서, 원전 사고와 원폭은 그 성격이 다르지만 국가 차원에서 봤을 때 국민이 아닌 사람은 뒷전으로 밀려나기 쉽다는 측면에서 동일하다고 지적한 바 있다. 나아가 그는 피해 지역에 국제결혼으로 이주한 필리핀 사람이나 노동 연수를 온 외국인 노동자가 상당 수 존재한다는 사실을 언급하며 이들이 피해를 신고하고 피해 보상을 요구하기에는 여러 겹의 장애와 한계가 가로놓여 있음을 강조한다. 구제나 보상의 틀에서 소외된 존재들에 대해 어떻게 관심을 가질 것인가 하는 것도 우리가 직면한 여러 과제 중 하나인 것이다.[19]

후쿠시마에서 태어나 유소년, 청소년기를 보낸 도쿄대학의 다카하시 데쓰야 교수 역시 같은 지적을 하고 있다. 그는 고등학교를 졸업할 때까지 후쿠시마 현 내에 소재한 학교에 다니고 있었고 특히 후쿠시마 제2원전이 있는 도미오카마치富岡町에서 4년간 소학교 시절을 보냈다. 소년 시절을 후쿠시마에서 보낸 그에게 있어 원전 사고가 남의 일같이 느껴지지 않았던 것은 바로 이 같은 배경이 있었기 때문이다.[20] 후쿠시

---

19 한홍구·서경식·다카하시 데츠야 좌담, 앞의 책, 27·34쪽. 이 책에서 서경식이 소개하고 있는 '까마귀'라는 그림과 글은 매우 인상적이다. 원폭 이후 버려지고 소외된 조선인의 눈을 까마귀가 파먹고 있는 것을 형상화한 것인데, 여기에는 극한의 상황에서 마치 쓰레기처럼 버려지고 내던져진 조선인의 목숨과 그러한 상황을 배태한 일본 제국주의의 차별 구조가 담겨 있다. 이하에 그림 설명 전문을 소개한다.
원폭이 떨어진 다음 / 조선 사람의 시체가 제일 마지막까지 남았지. / 일본 사람은 많이 살아남았지만 / 조선 사람은 조금밖에 살아남지 못했어. / 어쩔 수가 없었지. / 까마귀가 저 높이 하늘에서 날아드네. / 조선 사람 시체의 눈알은 까마귀가 와서 먹는다네. / 까마귀가 눈알을 먹으러 온다네.

20 "나는 후쿠시마 현에서 태어나 자랐다. 부모님은 후쿠시마 시 사람들이었으나 나는 아버지 사업 관계로 지금의 이와키 시에서 태어났고 2살 때 1년간 도쿄에 가 있었던 걸 빼고는 고교 졸업 때까지 이곳 하마도리, 나카도리, 아이즈 지역 학교들을 전전했다. 소학교에 입학한 곳이 후쿠시마 제2원전이 있는 도미오카마치. 거기서 4년간 살았다. 이번 대지진도 그렇지만 후쿠시마 원전 사고가 내게는 남의 일이 아니었던 건 그 때문이다. 인생 첫 시기의 기억이 남

마 현 내에서 오랫동안 학창 시절을 보냈던 그였지만 같은 공간에 조선 초중급학교가 있다는 사실에 대해서는 알지 못했다.[21] 이는 다카하시 개인의 인식의 게으름이나 부주의에서 비롯된 것이라기보다는 패전 이후부터 지금까지 일본 사회 내에서 재일조선인이 처한 구조적이며 인습적인 차별의 구도를 대변하는 것이라 보는 편이 타당할 것이다. 다시 말해 존재하지만 존재하지 않는, 혹은 보이지만 보고 싶지 않은 재일조선인의 존재는 일본 사회 내에서 유리되고 은폐되어 왔으며, 일본인 납치 사건이나 핵 실험 문제와 같이 북한과 일본의 외교 문제가 불거질 때마다 증오와 혐오의 구체적인 표적이 되어 대상화되기 일쑤였던 것이다.

3·11을 바라볼 때 오버 랩 되는 것은 1923년 관동대지진 때 재일조선인들이 직면했던 학살의 현장이다. 당시 일본 정부는 흉흉해진 민심을 관리하고 3·1운동이 일본으로 퍼지는 것을 막기 위해 사회주의자와 재일조선인 등이 약탈을 일삼고 폭동을 일으킨다는 소문을 퍼뜨렸다. 그 소문은 일본 대중에 의해 확산되어 조선인 6천 명 이상이 학살당했다. 이는 배타적 외부를 만들어 일본 내부의 불안을 그곳으로 향하게 만들고 머물게 만든 결과에 다름 아니었다.[22] 실제로 3·11이 일어난 후 보름이 지난 3월 26일, 아사히신문은 피해 지역에서 근거 없는 유언비어가 퍼지고 있다고 보도했다. 이 신문에 따르면 '외국인 절도단이 있다', '이미 폭동이 일어났다', '강간사건이 많이 발생하고 있다'는

---

은 그 땅의 자연과 사람들이 고통스러워 비명을 지르고 있었다. 묘하게도 내 체내에서도 말로 표현되지 않는 신음 소리가 들려오는 듯했다"(다카하시 데쓰야, 앞의 책, 23~24쪽).
**21** 위의 책, 133쪽.
**22** 신지영, 앞의 책, 137쪽.

등의 유언비어가 나돌고 있으며 경찰 신고 접수 전화번호인 110번에 하루 500~1,000건의 신고가 접수되지만 목격자의 착각에 따른 신고가 적지 않다고 한다. 한 재일조선인 3세는 "빈 집 절도나 현금 절취 등 좋지 않은 소식이 인터넷을 통해 전해지고 있다"며 "인터넷상에서 그런 일이 재일 한국인이나 중국인과 관계있는 것처럼 몰아가는 분위기도 있다"고 우려했다.[23] 이처럼 3·11이 관동대지진이나 나가사키, 히로시마의 원폭 투하를 연쇄적으로 환기시키는 것은, "재일조선인의 형상에 일련의 불순세력들의 이미지를 응축시키고 사회적인 갈등을 재일조선인과의 갈등으로 전치시키는 방법을 통해 일본 사회 내부의 부정성을 은폐하"려는 힘들이 역사적으로 반복되어 왔기 때문일 것이다. 3·11이후 재일조선인들은 사회 안에 부조화를 들여와 사회의 조화로운 통합을 가로막는 존재들이며 이질적인 특성으로 낙인찍혀 사회적 장에서 배제되는 증상의 처지로 더욱 더 전락하고 있다.[24]

---

**23** 「일본서 지진 유언비어 횡행, 한국인에 불똥?」(http://www.dailian.co.kr/news/view/242702).
**24** 허정, 「후쿠시마 원전재난 이후의 한국시」, 『동남어문논집』 38집, 2014, 75~76쪽.

## 4. 선택 불가능한 삶—동물권[25]에 대한 환기

재해가 일어난 이듬해인 2012년부터 피난지시 구역을 단계적으로 해제하는 방침을 취한 일본 정부는 2014년부터 주민들의 귀환을 더욱 구체화시켜 나갔다. 주민 귀환의 기준을 연간 피폭량 20밀리시버트$^{mSv}$로 잡고, 귀환 곤란 구역(연산 50mSv 이상)과 거주 제한 구역(연간 20mSv~50mSv 미만), 피난 지시 해제 준비 구역(연간 20mSv 이하)으로 나눈 뒤, 2014년 4월과 10월에 후쿠시마 현 다무라 시田村市 미야코지都路지구와 후쿠시마 현 후타바군雙葉郡 가와우치무라川内村를 각각 피난지시 해제했다. 이어서 2015년 9월에는 후쿠시마 현 나라하마치楢葉町에 대해서도 피난지시를 해제했다. 일본 정부는 앞으로 귀환 곤란 구역을 제외한 모든 피난 구역에 대해 2017년 3월까지 재난 지시를 해제하겠다는 방침을 발표한 바 있다.

일본 정부가 제시한 주민 귀환 기준(연간 피폭량 20mSv)은 많은 논란을 초래했다. 민간 전문가로 정책 결정에 자문 역할을 해 오던 도쿄대학의 고사코 도시소小佐古敏荘 교수는 2011년 4월 29일 기자회견에서 사임을 발표하면서, "나의 휴머니즘을 바탕으로 생각할 때 납득할 수

---

**25** 동물권(動物權, animal rights)은 동물의 권익을 지칭한다. 18세기 유럽의 인도주의 영향으로 '가난한 사람들의 고통에 대한 동정심'은 인간과 같은 고통을 틀림없이 느낄 동물에 대해서도 베풀어져야 한다는 생각이 널리 퍼지게 되었고, 19세기에 이르러서는 미국에까지 전파되어 동물의 권리, 동물해방론 등이 서구 사회 전체에 받아들여졌다. 20세기 후반 오스트레일리아의 철학자 싱어는『동물의 해방』(1988)에서 인간과 동물의 '권리' 차이를 인정하면서도 '고통으로부터의 동물의 해방'을 주장하였고 특히 공장식 축산과 연구 재료 등 동물의 도구적 이용에 대해 재고를 요구했다. 이와 같은 논의는 동물의 해방과 동물 복지 등, 인간의 동물에 대한 의식과 태도 변화에도 큰 영향을 끼치고 있다(오제키 슈지・가메야마 스미오・다케다 가즈히로 편, 김원식 역,『환경사상 키워드』, 알마, 2007, 53~55쪽).

없는 일"이며, 특히 원자력 발전소 작업원의 긴급시 피폭량 한도를 100mSv에서 250mSv로 올린 것에 대해서는 "마치 두더지잡기 게임처럼 임기응변적인 대응으로 절차를 무시한 정책 결정"이라고 할 수밖에 없다고 지적했다. 또한 주민 귀환 기준이자 학교 교정 이용 기준인 연간 20mSv에 대해서도 "이 기준을 유소 아동, 소학교 학생에까지 요구한다는 것은 학문적 견지에서 보더라도 납득할 수 없는 일이며 이를 용인하는 것은 나의 학자 생명의 끝을 의미합니다. 그 이전에 나는 나의 아이들에게 그런 일을 당하게 하는 것이 싫습니다"라고 눈물을 흘리면서 말했다.[26] 전문가의 지적과 항의가 있었음에도 불구하고 일본 정부의 방침이 재고되는 일은 없었으며, 문부과학성의 경우에는 이 기준치에 따라 학생들의 옥외 활동을 제한하면 문제가 될 것이 없다는 식으로 대처했다.

한편 일본 정부는 피난지시 해제와 연동하여 피난자에게 무상으로 제공하던 주택을 2017년 3월부로 중단하겠다고 밝혔으며, 또한 피난지시 해제 여부와 상관없이 해당 지역 주민들에게 정신적 보상금으로 지불하던 월 10만 엔을 2018년 3월까지 일괄적으로 중단할 방침도 내놓았다. 피난 지시 구역은 여전히 방사선량이 높고 인프라 복구도 미진한 상태이다. 피난 지시 해제로 일부 주민들이 돌아가더라도 그들이 편하고 안전한 생활을 누리기란 불가능하다. 게다가 매달 받았던 보상금마저도 중단되면 생활에 당장 지장이 생기지 않을 수 없다. 일본 정부가 피난 주민을 대상으로 실시한 귀환 여부 의식조사에서는 '돌아가지

---

26  https://www.youtube.com/watch?v=rnJdAYllWMI.

않겠다'는 의견이 50% 이상을 차지하고 있고, '아직 판단할 수 없다'는 의견도 20~30%를 차지하고 있다. 말하자면 대부분의 주민들이 귀환을 꺼리고 있는 실정인 것이다. 체르노빌의 경우에는 연간 1mSv 이상 지역에 거주하는 주민들에게 '피난의 권리'를 인정했고, 그들에게 주택지원은 물론이고 배상과 교육, 고용 등의 측면에서 지원을 아끼지 않았다. 이와 비교하면 일본 정부의 내처는 매우 안이하고 무책임하다고 해도 과언이 아니다.[27]

자의이든 타의이든, 자발적이든 강제적이든, 주민들에게는 스스로 귀환을 고민하고 선택할 수 있는 기회가 주어졌지만 이러한 기회에서 완전히 배제된 존재들도 있었다. 원전 사고 이후 경계구역으로 지정된 원전 20km 이내 지역은 피난령이 내려진 상태라 사람들은 모두 자취를 감췄다. 이는 이 구역 내의 동물을 돌볼 이가 아무도 없다는 것을 의미한다. 경계구역, 제한구역에 살던 사람들은 피난령으로 반려동물을 남겨두고 급하게 집을 빠져나온 경우가 많다. 그들은 모두 금방 집으로 돌아갈 수 있을 거라고 믿었지만 피난이 장기화되면서 집에 홀로 남겨진 반려동물들은 묶인 채 굶어죽을 수밖에 없었다. 일부 동물들은 먹을 것을 찾아 거리를 헤매다 건강 상태가 악화되거나 야생화가 되기도 했다. 또한 중성화 수술이 되어 있지 않아 개체수가 증가하고도 있다.[28]

원전 사고는 반려동물뿐만 아니라 가축에게도 큰 고통을 주고 있다. 미야기 현은 홈페이지를 통해 젖소, 육우, 돼지, 닭, 말 등 쓰나미 때 익

27  오하라 츠나키, 「궁지에 몰린, 후쿠시마핵발전소 피해자들─일본정부, 피해자 지원과 배상 잇따라 중단 예고」, 『탈핵신문』 32호, 2015.7(http://nonukesnews.kr/565).
28  오오타 야스스케, 하상련 역, 『후쿠시마에 남겨진 동물들─'죽음의 땅' 일본 원전 사고 20킬로미터 이내의 기록』, 책공장더불어, 2013, 128~129쪽.

사하거나 이후 아사한 가축이 약 118만 마리에 달한다고 밝혔다. 후쿠시마, 이와테 현 등도 같은 일을 겪었으므로 피해 숫자는 몇 배에 달할 것이다. 죽은 가축 가운데 가장 많은 수를 차지한 것은 닭이다. 공장용 축사에 몇 단으로 쌓여진 케이지 속의 산란용 닭들은 지진이 나면서 압사당했고 살아남았다고 해도 정전, 단수 등으로 인해 갇힌 상태로 서서히 죽어갔다. 살아남은 가축에게도 비극은 이어졌다. 익사, 아사를 견딘 가축이 여전히 경계구역 내에 살고 있지만 살아남은 가축 처리법에 대해 고민하던 정부는 사고 2개월 후인 2011년 5월에 소유주의 동의를 얻어 가축의 살처분을 결정했다. 사람의 출입에 통제되어 가축을 돌볼 수 없고 위생상의 문제도 우려되는데다가 방사능에 오염되어 식용으로 판매 불가능했기 때문이다. 살려두면 더 많은 문제가 생긴다는 것이 가축을 대하는 정부의 판단이었다. 이 문제에 대해서는 동물보호단체를 포함해 사회적인 비난이 따랐지만 살처분은 예정대로 진행되었다. 어차피 먹기 위한 수단으로 키워진 동물인데 피폭되었다면 더 이상 살려둘 의미가 없다는 것이다.[29]

여기에서 한 가지 주의하고 싶은 것은 '피폭되었다면 더 이상 살려둘 의미가 없다'는 점에서 동물과 인간은 동일한 '쓰레기'로 취급된다는 점이다. 예컨대 원전 사고 이후 '피폭자'에 대한 차별적인 담론은 다음과 같은 후쿠시마 현민 소각론에 단적으로 드러난다. 우리가 잘 알고

---

29  위의 책, 131쪽.
일부 낙농업자는 현재도 방사능에 오염된 목장에서 가축들을 키우고 있다. 정부의 명령에 따르지 않고 오염된 풀을 먹이며 사육하고 있는 한 낙농업자는 원전 운영사인 도쿄전력과 정부에 항의하기 위해 이러한 결정을 한 것이라 설명하며, "나는 전 세계 모든 사람들에게 나에게 발생한 일들이 내일 어떠한 변화를 낳을지 알려주고 싶다"고 말한다(「후쿠시마 나미에ー아픔 되새기는 일본 '그라운드 제로'」, 『news1』, 2016.3.9(http://news1.kr/articles/?2597539).

있는 해바라기는 땅 속의 방사성 물질을 잘 흡수하는 성질이 있다고 한다. 이 때문에 3·11이 일어난 약 한 달 후에는 후쿠시마 원전 사고로 오염된 토양을 해바라기로 해결하고자 하는 움직임도 일어났다. 방사성 세슘은 비료의 일종인 칼륨과 성질이 비슷해 칼륨 등의 비료를 주지 않으면 해바라기가 세슘을 흡수하기 쉬워지는 원리를 이용한 것이다. 수확한 해바라기를 소각 처분하면 연기가 나 방사성 물질이 확산될 우려가 있기 때문에 퇴비균으로 해바라기를 분해시킨다. 이렇게 하면 해바라기의 부피는 1%정도로 줄어 방사성 폐기물의 양을 줄일 수 있다고 한다. 실제로 1986년 우크라이나의 체르노빌 원전 사고에서도 토양을 정화하는 데 해바라기와 유채꽃이 사용되었다. 일본은 2011년 4월 말, 해바라기를 복구의 상징으로 삼고 후쿠시마 현 내에 있는 이다테무라飯舘村 등의 농지나 목초지에 해바라기를 재배하여 제염 실험에 들어간 바 있다.[30]

그러한 다른 한편에서는 후쿠시마 사람들을 해바라기에 빗대어, 먼저 후쿠시마 사람들로 하여금 방사성 물질을 흡수하게 만든 다음, 그들을 소각해 재로 만들어 저장하면 방사성 물질을 대폭 줄일 수 있다는 이야기가 인터넷에서 나돌기도 했다.

　—어라? 후쿠시마 현민을 심어도 돼?

　—후쿠시마 현민들은 20일간 방사성 물질의 95% 이상을 흡수해.

　—30년이나 걸리잖아.

---

**30** 「ヒマワリ栽培·表土除去 飯舘村で土壌除染の実証実験」, 『朝日新聞』, 2011.5.29(http://www.asahi.com/eco/TKY201105280615.html).

—그런데 그 다 자란 후쿠시마 현민들을 어디에다 버리지?

　—후쿠시마 현민들을 소각해서 만든 재에다 처리제를 혼합해서 가열하면 유리가 돼. 그렇게 되면 방사능은 더 이상 나오지 않을 테니까 그 뒤엔 지하 격납고라도 만들어 쌓아 두면 돼(2011.03.26).[31]

　물론 실제로 살처분 된 가축들이나 동물들과 인터넷 담론 상에서 소각당한 후쿠시마 사람들을 곧장 등치시킬 수는 없다. 그러나 피폭이라는 사회적 불안과 분노, 원한을 약자에게 전가시키고 그들을 소각하여 없애거나 쓰레기로 만들고자 하는 차별적인 인식은 그들 동물과 후쿠시마 사람들에게 어떠한 선택권도 주지 않으며 그저 사라짐과 죽음만을 강요하는 극한의 인권 유린, 동물권 유린에 다름 아니라 할 수 있다.


## 5. 원전이라는 '식민지'

　3·11이 발생한지 얼마 지나지 않은 5월 9일, 일본의 『마이니치신문』은 놀라운 사실을 보도했다. 일본의 경제산업성이 2010년 가을부터 미국 에너지부와 공동으로 방사성 폐기물의 국제적인 저장, 처분 시설을 몽골에 건설할 계획을 극비리에 추진하고 있다는 것이었다. 원전 건설 기술을 제공하는 대신 위험한 핵 쓰레기를 떠넘기겠다는 심산인 것이다.

　몽골의 우라늄 추정 매장량은 150만 톤 이상이라고 알려졌는데 이

---

31　다카하시 데쓰야, 앞의 책, 45쪽 재인용.

를 개발하기만 하면 세계적으로도 큰 우라늄 공급국이 될 것이라는 설도 나오고 있다. 이 같은 사정을 고려해 본다면 미국과 일본은 원전 건설 기술과 핵 쓰레기를 맞바꾸면서 동시에 안정적으로 우라늄 연료를 확보하기 위해 이러한 계획을 세웠다고 해석할 수 있다. 미국과 일본으로서는 손해 보지 않는 장사이지만 몽골은 그렇지 않다. 방사성 폐기물과 관련된 사고, 예컨대 중수 누출, 방사성 요오드 검출 등을 생각하면 몽골은 원전이라는 시스템에 수반되는 몇 겹의 희생을 감내하지 않으면 안 되는 것이다. 결국 몽골 정부가 방사성 폐기물 수입을 거부하면서 이 계획은 수포로 돌아가기는 했다.[32]

고소 이와사부로는 3·11 이후 원전 시설에 관한 세계적 움직임을 '전 지구적 핵체제'로 규정하고 있다. 미국이나 프랑스, 이스라엘의 구제단체와 구제기관들은 후쿠시마에 관심을 보이나 이들은 원자력을 폐지할 의향을 전혀 갖고 있지 않으며 오히려 원자력을 관리할 테크노크라시를 재조직하기 위해 노력하고 있기 때문이다. 또한 이들은 사람들로 하여금 다양한 형태와 다양한 강도의 방사선에 익숙해지도록 강제하면서 핵 재앙을 관리하기 위해 노력하고 있다. 이러한 관리는 원전을 통한 이윤 추구와 지배, 통제를 위한 전략에 다름 아니다.[33]

막대한 자본과 권력을 등에 업고 원전의 이윤을 창출하려는 사람과 원전이 가지는 위험과 잠재적 재앙을 알면서도 떠안을 수밖에 없는 사람의 구분은 원전 시설이 위치한 장소만으로도 충분히 가능할 수 있다.

---

32  위의 책, 62~63쪽.
33  고소 이와사부로, 「녹색 속에 감추어져 있는 송곳니들 혁명과 재앙 사이의 세계와 지구」, 『후쿠시마에서 부는 바람』, 갈무리, 2012, 170~171쪽.

잘 생각해 보면 원전 관련 시설은 적어도 수도 주변에는 존재하지 않는
다. 수도와는 멀리 떨어진, 어쩌면 낙후되었다고 보는 것이 적절한 그
런 지역에 만들어진다. 일본의 경우 원전 시설은 원자력위원회의 지침
(원자력 발전시설 등 입지 지역의 진흥에 관한 특별조치법 및 동법 시행령)에 따라
인구과소지역에 건설됐고, 도쿄, 요코하마, 나고야, 교토, 오사카, 고베
등의 대도시와 주변 지역에는 원전을 세워서는 안 되는 것으로 정해져
있다. 원전을 세운다는 것은 중대 사고가 발생할 경우의 심각한 희생을
상정하는 것과 불가분의 관계에 있는 것이며 그것은 무엇보다도 국가
의 비호 하에 전력회사와 원전 관련 기업들이 막대한 이익을 올리는 차
별 구조를 내포하고 있다.[34] 이렇듯 한 쪽의 편의와 안녕을 위해 다른
한 쪽을 무한한 위험으로 내모는 방식은 차별적이며 지배적이고 폭력
적인 식민지 지배 시스템과 다르지 않다. 미국과 일본이 몽골에 방사성
폐기물을 떠넘기고자 하는 앞의 사례에서도 보듯이, 원전은 국가 내부
는 물론이고 국외에도 식민지를 양산하는 새로운 기제라고 보아도 무
방할 것이다.

더구나 원전에서 일하는 사람들은 TV에서 보여 주듯이 기술자들이
아니다. 피차별 부락민이나 이주노동자 오키나와인 등 '이주 / 유동 노
동자'가 대부분으로 '원전 집시'라고 불리기도 한다. 이들은 하청, 재하
청, 재재하청 등 비정규직으로 고용되어 원전을 점검해야 하는 기간에
투입된다. 원전에서 일하면 위험하다는 것을 알면서도 상대적으로 높
은 임금을 주는 점이나 신분 보장 없이 가능한 일이기 때문에 '어쩔 수

---

[34] 다카하시 데쓰야, 앞의 책, 170~171쪽.

없는 운명'으로 받아들인다. 원전 노동은 비정규직 노동이 지닌 문제를 극단적인 형태로 반영한다. 일각에서는 생계를 위해 어쩔 수 없이 원전 복구에 투입된 그들이나 자위대, 소방관을 '일본을 지키는 자'로 찬미하는 분위기가 확산되고 있다.[35] 이 같은 구국 영웅 만들기가 앞에서 언급한 여러 슬로건과 묘하게 중첩되면서 재해, 재난형 일본 이데올로기를 만들어 내고 있음은 새삼 지적할 필요도 없을 것이다.

또한 동북 지방 안에는 수많은 구 식민지의 흔적이 존재한다. 예를 들면 조선초중급학교는 이번 재해로 큰 피해를 입었다. 벽이 무너지고 교실 바닥이 들려 올라가고 방사능 문제도 심각한 수준이다. 그런데도 다른 일본 학교에는 지급된 방사능 측정기가 조선학교에는 지급되지 않아서 어려움을 겪고 있다. 동북 지방은 홋카이도와 지리적으로 가까워 이곳으로 흘러들어온 아이누들이 많다. 동북 지방에 아이누 언어의 흔적이 남아 있는 이유도 바로 이 때문이다. 이처럼 동북 지방에 대한 도쿄의 경제적 식민화 이면에는 '동아시아 유민들의 역사'가 있다. 3·11 이후 후쿠시마에서는 한국 노동자를 모집한 게 논란을 불러일으켰다. 높은 임금, 짧은 노동시간, 한국식 음식 제공이 조건이었다. 한국에서도 90명 정도 신청했으나 '새로운 징용'이라는 반발에 부딪혀 취소되었다. '징용'이란 말이 보여 주듯이 3·11은 원전 노동자 문제 및 이주노동자 문제, 동북 지방의 내부 식민지 문제와 유민들의 十식민지 문제 등이 긴밀히 연결되어 있음을 보여 주고 있다.[36]

---

35  신지영, 앞의 책, 150쪽.
36  위의 책, 151~152쪽.

# 6. 지역에서 지구를 바꾸는 방법

3·11이 일어나고 약 일 년이 지난 2012년 2월 8일, 일본 정부는 오이<sup>大飯</sup> 원전 3·4호기 재가동을 전제로 한 공청회를 연다. 후쿠시마 제1원전 사고의 원인이 아직 규명도 되지 않은 상태였고, 3·11이 남긴 여러 가지 파장이 어디까지 이어질지 모르는 그런 상황에서 원전 재가동을 추진하기 위한 공청회가 열린 것이다. 이에 대해서는 백여 명의 사람들이 모여 항의를 표했고, 3월 29일에는 240명이 수상 관저 앞에 모여 재가동을 반대하는 구호들을 외쳤다. 이는 지금도 수상 관저 앞에서 이루어지고 있는 금요집회의 시작이 되었다.

정부의 원전 재가동 움직임이 급속도로 진행됨에 따라 2012년 4월 6일에는 집회 참가자수가 천 명 이상으로 늘었다. 6월 14일 오이 원전 소재지인 후쿠이 현<sup>福井県</sup> 오이초<sup>おおい町</sup>의 동장이 재가동에 대한 동의를 공식적으로 표명하자 그 다음날인 6월 15일 집회에는 1만 2천명이 넘는 사람들이 모여들었다. 이후 참가자수는 급속도로 증가한다. 6월 22일에는 4만 5천명이 모였고, 6월 29일에는 20만 명에 달하는 사람들이 반대 집회에 모였다. 그러나 사람들의 '재가동 반대' 물결을 거스르기라도 하듯, 7월 1일 21시 급기야 오이 원전 3호기가 재가동을 시작하고 말았다. 그럼에도 항의 행동은 여름 내내 이어져서 7월 29일에는 다시 20만 명의 사람들이 모였다. 이 같은 대중적인 반핵운동은 2012년에 최고 정점에 이르렀다가 지금은 장기전에 들어간 모양새이지만, 2016년 3월 26일 도쿄의 요요기공원에서 열린 탈핵의 날<sup>No Nukes Day</sup> 집회에는 3만 5천명의 일본 시민과 사회단체, 반핵 운동가들

이 자리를 함께 하는 등, 반핵과 탈핵은 일본 시민사회에서 여전히 유효한 주제가 되고 있다.

일본에서 이와 같은 대규모 집회가 일어난 것이 특이하게 느껴지는 것은 1960년대 미일 안보조약 투쟁이 있은 후로 사회 전반에 걸쳐 거의 집회, 데모가 일어나지 않았기 때문이다. 안보투쟁이 정부에 의해 완벽하게 저지당한 트라우마 때문인지, 2003년 이라크전쟁 반대 시위에 약 4만 명이 모인 것, 그리고 오키나와에서 때때로 일어나고 있는 미군기지 반대 운동 등을 제외하고 일본 사회 내에서 집회나 사회 운동이 재점화되는 일은 거의 없었다. 그러니까 약 반세기동안 일본 사회를 지배해 온 것은 침묵이었던 셈이다. 부정과 부패, 불신과 비리에 대처하는 방법이란 분노하지 않고 외면하는 것에서부터 시작된다고 여기는 일본이, 지금 어째서 자신들의 목소리로 세상을 깨우고자 하는 것일까.

신지영은 지금의 일본 사회가 보여주는 집회들이란, 단순히 반원전이라는 말로 정리되지 않는 여러 문제가 중첩되어 있음을 지적하며, 거기에는 예컨대 공간적으로는 쓰나미와 지진으로 고통 받는 동북 지방과 서쪽 지역의 원전 재가동 문제가 있고, 역사적으로는 규슈의 미나마타병, 히로시마와 나가사키의 피폭 경험이 있으며, 동시대적으로는 반빈곤 노숙자 운동과 오키나와 반기지 운동이라는 문제가 함께 녹아 있음을 강조하고 있다. 더욱 구체적으로 말하면 사회보장 법안 및 소비세 인상 법안 체결 일정을 이유로 집회 주체 측과 면담을 연기한 총리에 대한 분노, 오키나와에 최신 무기인 오스프레이 헬기를 설치한다는 데 대한 분노, 원전 재가동에 대한 분노, 미나마타병 사후 발병 신청 기간이 마감된 것에 대한 반발 등, 각종 집회의 성격과 양상은 매우 다양하

며 서로 중첩되어 있고 또 연결되어 있다.[37]

역사적으로 공간적으로 그리고 계급적으로 서로 연결되어 있는 이들 목소리는 다음과 같은 발언에서 더욱 명징하게 드러난다. "우리는 단지 원전을 폐쇄하자고 말하지만, 원자로를 폐쇄하려면 그 수습작업을 할 노동자가 필요합니다. 원전 노동자들의 대부분은 이미 방사선량 기준치를 넘기고 있습니다. 그들은 이렇게 묻습니다. 기준치를 넘어서 일하지 못하게 되면 당신들이 대신 와 줄 건가요? 원전 노동자들은 대개 피차별 부락민, 재일조선인, 외국인 노동자들이고 현재 일자리를 잃은 동북 지방 노동자들이 어쩔 수 없이 원전에 일하러 가고 있습니다."[38] 물론 이 같은 발언을 근거로 지구적 연대의 가능성이 후쿠시마, 혹은 도쿄에서 시작되었다고 섣불리 간주할 수는 없다. 마치 집회의 성격을 반대로 전 사轉寫시킨 듯이 국가나 민족, 혹은 인종적 차별이 일본 내에서 여전히 강하게 일어나고 있기 때문이다. 예컨대 재난 이후 더욱 극심해진 일본 이데올로기는 마치 평화헌법 개정을 뒷받침하고 있는 듯 하며, 또 '재일 조선인의 특권을 용납하지 않는 시민 모임'在日特権を許さない市民の会, 재특회 과 같이 극우 민족주의 성향의 시민단체는 점차 세를 확장하고 있는 추세이다. 또한 오키나와 후텐마普天間 기지를 헤노코邊野古로 이전하는 문제를 놓고 일본 정부와 오키나와 현 사이에 벌어진 소송에서도 결국 오키나와가 패하고 말았다. 그러나 분명한 것은 누군가가 무언가를 말하

---

37 위의 책, 285쪽. 매주 금요일 마다 수상 관저 앞에서 개최되는 데모에 대해서는 수많은 기대와 함께 수많은 한계들도 지적되어 왔다. 대표적인 비판 가운데 하나는 집회 주체 측이 마치 경찰처럼 참가자들의 행동을 통제하고 관리하려 한다는 점이다. 외부의 억압 구조가 집회 내부에서도 반복되어 위계를 만들어 낼 때 파시즘은 내부적으로 단단한 구조를 갖게 된다(같은 책, 289~291쪽).
38 위의 책, 287쪽.

기 시작했다는 것이며 누군가가 다른 누군가의 입장을 대변하고 공감하고 있다는 것이다. 그것이 당장에 현실을 바꾸지 못한다 할지라도 여전히 중요한 의미를 가지는 이유는 목소리를 내며 연대하는 것만이 현실을 풀어나가는 유일한 해결책이기 때문일 것이다.

한편 후쿠시마에서는 젊은 지식인들을 중심으로 '후쿠시마 제1원전 관광지화 계획'이 추진되고 있다. 이 계획은 후쿠시마 제1원전 사고의 기억이 풍화되지 않도록 피해지 후쿠시마에 어떠한 시설을 만들고 무엇을 전시하고 그리고 무엇을 전해야 하는지 검토하는 피해 지역 재건 프로젝트이다. 사회학자, 관광학자, 저널리스트, 건축가, 미술가, 기업가 등 다방면의 전문가와 피해지 주민들이 연대해 가면서 만들고 있는 이 프로젝트의 핵심은 후쿠시마의 '풍화 / 망각에 저항하기'이며 '이해를 얻고 오해를 해소하기'이다.[39]

생각해 보면 3·11 이후 민주당으로부터 자민당이 정권을 재탈환하면서 아베 정권은 '아베노믹스'라는 이름하에 겉으로 보이는 경기 회복에 힘을 쏟았고 그 결과 많은 지지를 얻게 되었다. 그 후 원전 사고 같은 것은 처음부터 없었던 것처럼 2020년 도쿄 올림픽 개최에만 공을 들이고 있다. 지금도 후쿠시마 원전 사고 현장에서는 변함없이 방사능

---

[39] '후쿠시마 제1원전 관광지화 계획'은 '체르노빌 투어'에서 힌트를 얻은 일종의 '다크 투어리즘'이라 볼 수 있다. 체르노빌 투어는 다른 다크 투어리즘(폴란드 아우슈비츠 수용소, 캄보디아 킬링필드 유적지 등)과는 달리 안전성 논란이나 윤리적 논쟁에서 자유롭지 못하다. 도처에 방사성 물질이 남아있는데다 가이드의 지침을 완벽히 따른다고 해도 소량의 방사선 피폭을 피할 수 없으며, 가이드가 그 위험성을 충분히 고지하지 않는 경우도 있다. 최근에는 상업적 목적이 뚜렷한 관광업체들이 늘어나면서 애초 의도했던 '교육' 기능은 갈수록 퇴색하고 있다는 평가도 나오고 있다. 한편 체르노빌 사고 최대피해국인 벨라루스의 경우는 아직도 원전 30km 내 출입제한구역에서 상업적 관광을 일절 금지하고 있다. '후쿠시마 제1원전 관광지화 계획' 역시 안전성이나 윤리적 측면에서 충분한 검토가 선행되어야 할 필요가 있다.

이 흘러나오고, 오염수 누출 사고가 끊이지 않고 있지만, 올림픽을 유치할 때 아베 수상은 "후쿠시마 원전 오염수는 통제되고 있다"고 단언했다. 이 같은 일본 정부의 관점은 원전 사고에 대한 망각과 무감각을 양산시키는 것으로 귀결되고 있다. '후쿠시마 제1원전 관광지화 계획'은 바로 이러한 사회적 분위기를 배경으로 하고 있다. 또한 '후쿠시마'라는 단어만으로 거부 반응을 보이거나 불안해하는 사람들, 후쿠시마 사람들을 측은해 하는 동시에 후쿠시마로부터 도망쳐 나온 피난민들을 차별하는 사람들, 그리고 방사능 검사 결과 안전하다고 해도 후쿠시마산 야채나 농산물은 사려 하지 않는 사람들의 불안과 오해를 이해로 바꾸는 작업 역시 '후쿠시마 제1원전 관광지화 계획'의 중요한 축이다. 무엇보다 중요한 것은 '후쿠시마 제1원전 관광지화 계획'이 단지 다크 투어리즘에 입각한 관광 상품 개발에 그치는 것이 아니라, 후쿠시마 사태의 저변이나 근본을 되묻고 있다는 점일 것이다. 이 프로젝트에 참가하고 있는 다양한 분야의 학자, 저널리스트, 아티스트들은 '원전 추진인가, 탈원전인가'라는 이분법으로만 현상을 포착해 온 미디어의 관점을 재고한다. 즉, 이들은 '우리들은 왜 지금까지 원자력을 갈망해 왔던가', '어떤 경위로 사고에 이른 것일까', '애초부터 왜 후쿠시마에 원전이 있었던가'라는, 말하자면 일본의 근대화 과정을 성찰해야 할 필요성을 제기하고 후쿠시마에 살고 있는 사람들의 입장에서 원전 문제를 파악하려 한다.[40]

이미 늦은 감도 없지 않지만, 지금부터라도 왜 어떠한 경위로 후쿠시

---

40  후쿠시마 미노리, 『조용한 전환—3·11이 열어 준 가능성의 공간들』, 교육공동체벗, 2015, 219~223쪽.

마가 원전을 떠안아야 했는가에 대해 되짚어 보는 것은 매우 중요한 일이다. 후쿠시마 원전에서 생산된 전기는 도쿄를 비롯한 일본 수도권에 공급되며, 후쿠시마 현은 후쿠시마 원전에서 만든 전기를 쓰지 않고 다른 곳(동북 전력)의 전기를 쓴다. 발전소가 소비지에서 멀리 떨어져 있으면 전력회사로서는 불리한 점이 많다. 원거리 송전에 따른 송전 손실이 적지 않기 때문이다. 후쿠시마에서 도쿄까지 송전 거리를 250킬로미터로 보면 최소 2.5%의 송전 손실이 생긴다. 고압송전, 변전소 설치와 관리에 따르는 비용도 만만치 않다. 그럼에도 불구하고 후쿠시마에 원전을 유치한 것은 인구밀집지역으로부터 어느 정도 떨어진 적절한 위치 때문이었다. 도쿄전력은 위험 대신 막대한 교부금을 내세워 후쿠시마를 설득했다. 당시 후쿠시마에서는 해마다 젊은이들이 대도시로 빠져나가면서 인구가 감소하고 있었다. 원전이 세워지면 지방재정이 확충되고 일자리도 늘어나 지역 경제가 활성화될 수 있다는 명분이 결국은 원전을 끌어안는 결과를 낳았고 그 후 일어나는 연쇄적인 원전 사고는 후쿠시마 현민의 몫이 되고 있다. 다카하시 데쓰야가 지적한 것처럼 후쿠시마 사람들이 원전 리스크를 충분히 검토하지 않았고 또 무관심했다면 후쿠시마 사람들 역시 사고 피해자이면서 사고를 막지 못한 일단의 책임을 나눠지고 있는 것이다.[41] 후쿠시마의 재건에 선행되어야 하는 것은 역시 '애초부터 왜 후쿠시마에 원전이 있었던가'에 대한 분명한 답을 얻는 일이며, 그 답은 후쿠시마를 바꾸고 나아가 세계를 바꾸는 계기와 방법이 될 수 있을 것이다.

---

41  다카사시 데쓰야, 앞의 책, 92쪽.

# 참고문헌

고선규, 「동일본대지진 이후 일본사회의 패러다임 전환과 지역사회」, 『동북아연구』 17권, 경남대 극동문제연구소, 2012.

다카하시 데쓰야, 한승동 역, 『희생의 시스템, 후쿠시마 오키나와』, 돌베개, 2013.

마키노 에이지, 「아시아문화연구와 후쿠시마 원전사고 이야기 ─ 동아시아의 안정과 평화를 위하여」, 『아시아문화연구』 25, 2012.

신지영, 『마이너리티 코뮌 ─ 동아시아 이방인이 듣고 쓰는 마을의 시공간』, 갈무리, 2016.

신진숙, 「재난 서사의 문화적 구성 ─ 후쿠시마와 밀양 사례를 중심으로」, 『문화와 사회』 18, 2015.

쓰루미 슌스케, 윤여일 역, 『사상으로서의 3·11』, 그린비, 2012.

오오타 야스스케, 하상련 역, 『후쿠시마에 남겨진 동물들 ─ '죽음의 땅' 일본 원전 사고 20킬로미터 이내의 기록』, 책공장더불어, 2013.

오제키 슈지·가메야마 스미오·다케다 가즈히로 편, 김원식 역, 『환경사상 키워드』, 알마, 2007.

이소마에 준이치, 장윤선 역, 『죽은 자들의 웅성임 한 인문학자가 생각하는 3·11대재난 이후의 삶』, 글항아리, 2016.

정남구, 『잃어버린 후쿠시마의 봄』, 시대의창, 2012.

정형·한경자·서동주 편저, 『슬픈 일본과 공생의 상상력』, 논형, 2013.

조정환 편, 『후쿠시마에서 부는 바람』, 갈무리, 2012.

하시모토 유이치, 「나의 강을 건너, 여럿의 강으로 흐르다 ─ 일본 반핵·탈핵 시위와 그 목소리」, 『이제 여기 그 너머』 No.3, 2015.

한홍구·서경식·다카하시 데츠야 좌담, 『후쿠시마 이후의 삶』, 반비, 2013.

허정, 「후쿠히마 원전재난 이후의 한국시」, 『동남어문논집』 38집, 2014.

후쿠시마 미노리, 『조용한 전환 ─ 3·11이 열어 준 가능성의 공간들』, 교육공동체벗, 2015.

山本昭宏, 『核と日本人 ─ ヒロシマ·ゴジラ·フクシマ』, 中央公論新社, 2015.

「ヒマワリ栽培·表土除去 飯舘村で土壌除染の実証実験」, 『朝日新聞』, 2011.5.29(http://www.asahi.com/eco/TKY201105280615.html).

「궁지에 몰린, 후쿠시마핵발전소 피해자들 ─ 일본정부, 피해자 지원과 배상 잇따라 중단 예고」, 『탈핵신문』 32호, 2015.7(http://nonukesnews.kr/565).

「후쿠시마 나미에 ─ 아픔 되새기는 일본 '그라운드 제로'」, 『news1』, 2016.3.9(http://news1.kr/articles/?2597539).

「内閣官房参与辞任, 小佐古氏辞意表明全文」(www.youtube.com/watch?v=rnJdAYlIWMI).

# 공유재로서의 젠더와 자연
### 그 상실과 회복을 위한 대안적 상상력

박혜영

## 1. 여성과 자연이 처한 공통 위기

오랫동안 인류는 여자와 남자라는 두 젠더를 기반으로 저마다 공동체를 이루며 살아왔다. 물론 많은 경우 이런 공동체의 근저에는 가부장제라는 전통적으로 비대칭적인 젠더 관계가 놓여있고, 따라서 근대화, 혹은 서구화가 시작된 이래 페미니즘 운동은 이런 가부장적인 제도와 문화를 청산하고 양성평등을 이룩하고자 부단히 매진해왔다. 하지만 오늘날 우리사회를 보면 이 두 젠더의 관계를 둘러싸고 전례 없이 기이한 현상이 시작되고 있음을 목도할 수 있다. '일베'와 '메갈리안'의 논쟁에서 드러난 여성혐오와 이를 미러링한 남성혐오의 확산, 증가하는 이혼율과 더 증가하는 비혼율, 고도로 시장화 되어가는 결혼제도와 더욱 좁아진 결혼시장 진입, '혼밥'과 같은 극단적인 고립적 자유주의의 확산, 그리고 눈부신 경제성장에도 불구하고 여전한 남녀 간의 임금격차와 가파르게 늘고 있는 여성에 대한 폭력, 강간, 매춘과 같은 범죄행위의 증가는 사실상 페미니즘은 물론 지금까지 우리사회가 이룩한 민주주의나 경제발전으로도 설명하기 어려운 기현상이다.[1]

그렇다면 그동안 우리사회가 이룩한 근대화와 민주화의 가시적 성과에도 불구하고 젠더간의 격차가 더욱 벌어지고 양성간의 혐오가 더욱 깊어지는 것은 무슨 까닭일까?[2] 더구나 페미니즘이 오랫동안 추구해온 양성평등이 제도적으로 상당히 안착된 오늘날 아이러닉하게도 오히려 남녀 간의 평등과 인정을 향한 투쟁은 더욱 가시화되고, 여성혐오나 남성혐오는 더욱 커지며, 출산율은 갈수록 떨어진다는 것은 무엇을 의미하는가? 물론 일차적으로는 경제상황이 악화되면서 남녀 할 것 없이 일자리 경쟁이 심화된 까닭으로 볼 수도 있고, 아니면 아직도 가부장제가 온전히 폐기되지 않고 우리 사회에 상당부분 남아있는 까닭으로 볼 수도 있다. 사회학자인 우에노 치즈코에 따르면 일찍이 일본사회에서도 여성혐오가 심각한 사회문제가 된 적이 있는데, 그 시기가 일본의 장기적인 경제 불황과 맞물려있고, 일본 역시 우리와 마찬가지로 가부장적인 유교문화와 군사주의 문화를 여전히 유지하고 있다는 점에 비춰볼 때 이것은 일견 타당한 근거로 생각될 수 있다.[3] 하지만 '경제적 동물

---

1  2014년도 OECD 국가들의 '성별 임금 격차(Gender Wage Gap)'에 따르면 한국의 임금격차는 36.7%로 격차 지수가 회원국 가운데 1위이다. 또한 경찰청 자료에 의하면 2015년 1월부터 8월까지 발생한 강력범죄는 총 1만5227건인데 이중 약 87%는 여성이 피해자였으며, 같은 기간 남성이 피해자인 사건은 1637건에 불과하다. 또 2015년 인구주택총조사 자료에 의하면 한국의 전체 가구 가운데 1인 가구 비중은 27.2%로 세 집 가운데 한 집에 해당되며, 놀라운 것은 모든 연령대에서 빠른 속도로 1인 가구 비율이 증가하고 있다는 점이다.
2  세계경제포럼(World Economic Forum)에서 2013년에 발표한 「세계 성별 격차 보고서(Global Gender Gap Report)」에 따르면 우리나라의 성평등 지수는 세계 136개국 가운데 111위로 2010년 104위를 기록한 이래 107위, 108위, 111위로 해마다 순위가 떨어지고 있으며, 우리와 비슷한 순위로는 아랍에미리트나 바레인 같은 중동국가들이 있다.

homo economicus'이라고 불릴 정도로 한국보다 경제발전에 더욱 매진해 왔던 일본에서 먼저 여성혐오가 나타났을 뿐 아니라 설상가상으로 최근 일본은 혐오 정도가 아니라 아무와도 연고를 맺지 않은 채 완전히 고립된 개인으로만 살다가는 무연無緣사회로 변하고 있다는 일본 언론의 한탄을 보면 혐오에서 고립으로 치닫는 이런 기현상을 남녀 불평등 차원에서만 설명하기는 어렵다고 생각된다. 여전히 젠더불평등이나 여성 억압이 중요한 문제이긴 하지만 현재 젠더와 함께 공동체의 또 다른 토대인 자연환경도 동시에 위기에 처해있음을 묵과할 수 없기 때문이다. 젠더와 자연이 공통으로 처한 위기는 서로 상관관계가 있으며, 그 연관성에 주의를 기울여야 대안을 찾을 수 있다는 것이 이 글의 입장이다.

지금의 자연생태계가 자본주의의 급속한 팽창에 따른 지구온난화와 전방위로 확산되는 환경오염 등의 자연파괴로 인해 전례 없는 위기에 처했다는 사실은 누구나 인지하는 바이지만, 유감스럽게도 최근의 포스트페미니즘 이론들은 이런 위기를 젠더적 관점과 연계하여 성찰하는 데 상당히 인색하다. 그렇다면 남성과 여성이라는 젠더에서 비롯된 사회현상들과 자연과는 어떤 상관관계가 있기에 나란히 놓고 같이 들여다봐야할까? 결론부터 말하자면 자연이 처한 위기와 젠더가 처한 위기를 서로 연결하여 이해하려는 노력이 필요한 이유는 산업자본주의 시대 이전에는 젠더와 자연 모두가 공유재commons로서 존재했지만 자본주의의 발달과 함께 그 공유재적 특성을 상실하게 되었다고 생각되기

---

**3**  일본에서 약20여 년 전에 출간된 우에노 치즈코의 『여성혐오를 혐오한다』에 따르면 그 외에도 일본 황실과 황족이라는 문화, (여)학교제도, 그리고 도쿄전력과 같은 기업문화도 여성혐오 형성에 기여한다고 한다.

때문이다. 이런 관점에서, 이 글은 이반 일리치Ivan Illich의 젠더에 관한 논점을 통해 젠더의 상실과 자연의 상실이 같은 차원의 위기라는 점에 주목함으로써 양자의 공유재적 가치의 상실이 오늘날 두 영역에 공통 위기를 초래한 원인임을 설명하고자 한다.

페미니즘 이론 가운데 에코페미니즘은 일찍부터 남성과의 관계에서 여성이라는 젠더가 처한 특수성과, 인간과의 관계에서 자연이 처한 특수성과의 상관관계에 주목하였다. 그에 따라 에코페미니즘은 서구식의 경제개발로 지금까지 파괴된 자연생태계와 사회생태계의 회복을 위해서는 특히 돌봄에 바탕을 둔 여성적 관점, 혹은 여성적 감수성의 도입이 시급하다고 주장하였다. 여성적인 것의 복원을 통해 삶의 지속성을 회복하려는 에코페미니즘은 이처럼 여성과 자연의 본질적인 상호연관성에 토대를 두고 있는데, 문제는 이런 본질주의적 함의가 다른 페미니즘으로부터 반감과 비판의 대상이 될 만큼 가부장적 인식과 맞닿아 있다는데 있다. 물론 역사적으로도 여성과 자연은 서로 긴밀한 관계가 있는 것으로 인식되었다. 고대 농업사회에서는 땅에 씨를 뿌리고 곡물을 돌보는 일과 출산을 하고 아이를 돌보는 일은 동일한 차원의 모성적인 일로 인식되었고, 그에 따라 돌봄에 바탕을 둔 여성의 출산력과 풍성한 자연의 생산력을 은유적으로 병치시킨 신화와 제의 역시 전통문화 속에 풍부하게 보존되어 있다. 이런 유사성은 여성보다는 남성, 자연보다는 문화를 더 우월한 것으로 보는 이분법적 차별의 근거가 되기도 하지만, 다른 한편 남성적 관점에서 자행된 자연파괴를 막는데 여성적 관점의 도입이 중요하다는 근거가 되기도 한다. 일단 이와 같은 본질주의가 야기할 문제점을 지적하기에 앞서 먼저 에코페미니즘적 관점에서 여성과 자연이 어떤 근거로 상호 연관되는지를 살펴보자.

에코페미니즘의 철학적 인식론을 탐구했던 워렌Karen J. Warren은 에코페미니즘이 생태문제를 논의함에 있어 젠더를 주요 분석범주로 도입한 이유에 대해 젠더억압이 다른 형태의 억압보다 배타적으로 더 중요하기 때문이 아니라 범주로서의 '여성'에 초점을 맞출 경우 상호 연관된 지배체제의 특질들이 더 잘 폭로되기 때문이라고 했다. 왜냐하면 전 세계적 환경파괴로 인해 특히 여성이 남성보다 더 큰 고통을 받고 있기 때문이다.[4] 둘째는 가내경제 관리자로서의 여성젠더의 역할이 남성젠더의 역할과는 달리 주요 환경이슈와 겹치기 때문이다. 셋째는 자연에 대한 지배 근저에 깔려있는 서구이데올로기가 여성보다는 남성적 젠더에 경도되어 있기 때문이다. 즉 남성중심주의androcentrism를 생태위기의 주요원인으로 보기에 여성이라는 젠더 범주가 중요한 틀이 된다는 것이다. 다음으로 머천트Carolyn Merchant는 서구 근대과학사 연구를 통해 역사적으로도 여성과 자연과의 연관성이 강조되어 왔음을 지적한다. 가령 유기체적 세계관에 토대를 둔 1500년경까지만 해도 여성과 자연의 상호성은 '돌보는 어머니the nurturing Mother'와 같은 긍정적 은유로 비유되었지만, 근대 자연과학의 환원주의적 세계관이 태동한 17세

---

4    워렌은 생태위기가 젠더로 볼 때 남성보다는 여성과 더 밀접한 문제임을 드러내는 사례로 1974년 인도에서 일어났던 칩코운동(Chipko Movement)을 든다. 당시 벌목업자들이 레니 지역의 숲을 파괴하려고 하자 인도의 토착여성들이 나무를 자르지 못하도록 자신을 나무에 묶어 두었던 운동이다. 칩코운동은 비서구지역 여성들이 선도한 풀뿌리민중 차원의 비폭력 생태운동이라는 점에 큰 의의가 있으며, 이것은 미개발지역의 토착사회일수록, 그리고 가내경제에서 여성들의 비중이 클수록 자신들의 생계를 자연에 의존하는 정도가 높으며, 따라서 생태파괴로 인해 겪는 피해 역시 크다는 점을 잘 보여준다. Karen Warren, *Ecofeminist Philosophy*, New York : Rowman, 2000, pp.2~3. 한국의 대표적인 사례로는 주로 할머니들이 중심이 되어 2008년부터 시작된 밀양의 송전탑 반대 투쟁을 들 수 있다.

기부터는 여성과 자연 양자에 대해 혼돈과 무질서라는 부정적인 은유가 등장하기 시작했다는 것이다. 이런 부정적 은유의 등장은 여성에 대한 남성지배와 동일한 차원에서 자연에 대한 인간지배를 사회 / 문화적으로 승인한 것이며, 이런 승인은 당시 태동하기 시작한 상업주의와 산업주의의 발전을 위해 필수적인 변화였다는 것이다.

한편 플럼우드Val Plumwood는 여성과 자연에 대한 젠더적 지배가 철학적으로는 그리스 시대까지 거슬러 올라가는 현상이라고 주장한다. 그녀는 그리스 시대 소크라테스와 플라톤철학 이후 서구철학의 인간 / 자연의 구분은 남성 / 여성이라는 젠더의 구분과 밀접한 관계가 있으며, 따라서 '인간중심주의anthropocentrism'와 '남성중심주의androcentrism'는 사실은 같은 차원의 이념이라고 주장한다. 쉬바Vandana Shiva나 미즈Maria Mies와 같은 사회주의 에코페미니스트들은 여성과 자연의 연관성을 이 양자에 대한 자본주의의 동일한 착취과정으로 설명한다. 즉 자본주의와 가부장제의 결합이 성별 노동분업을 통해 두 개의 자유재였던 여성노동을 착취한 것과 마찬가지로 자연도 착취했다는 것이다. 이들은 자연의 생산력과 함께 여성의 (재)생산력이 경제적인 관점에서 볼 때는 임금이 지불되지 않는 무임금 노동이자 눈에 보이지 않는 '가정주부화housewifization'의 노동이라고 보았다.[5]

---

5  에코페미니즘의 다양한 갈래와 그 이론적 접점에 대해서는 졸고, 「생태파괴 시대의 페미니즘」, 한국영미문학페미니즘학회, 『페미니즘─차이와 사이, 젠더 지형의 변화와 페미니즘 문화연구』, 문학동네, 2011, 347~370쪽 참조. '가정주부화'라는 용어는 일리치가 말한 '그림자 노동(shadow work)'에 착안하여 마리아 미즈가 만든 용어인데, 자본주의 체제에서 임금을 지불할 필요가 없는 비공식 경제부분에서 벌어지는 무임금, 혹은 저임금 노동을 뜻한다. 대표적인 것으로 여성의 재생산 노동과 가사노동을 들 수 있으며, 이와 같은 성별 노동분업은 가정에만 국한되지 않고 국제적인 노동분업 체계(부유한 북반구 나라들과 가난한 남반부 나라들의 노동분업)로 이어진다는 것이 미즈의 생각이다.

이상과 같이 여성과 자연과의 상관성에 기초한 에코페미니즘의 논의는 모두 앞서 지적했듯이 범주로서의 여성이 자연과 마찬가지로 사회화, 혹은 문화화 되기 이전의 어떤 본질적인 특성임을 전제로 하는 것이다. 그런데, 문제는 이렇듯 젠더를 사회화의 산물이 아니라 생물학적 성(섹스)에 기반을 두고 결정된 어떤 본질적인 부분으로 보게 되면 이것은 결국 가부장제의 억압적인 젠더 논리(여자는 원래 그런 특성을 지닌다는 식의)로 페미니즘의 논의를 다시 되돌리는 딜레마를 낳게 된다. 실제로 포스트페미니스트들은 젠더를 둘러싼 에코페미니즘의 입장을 '생물학주의biologism'로 간주하여 이들의 젠더논의가 성차별의 토대인 계몽주의적 이분법을 넘어서지 못한다고 비판한다. 한편으로도 그런 비판이 타당한 것은 현실적으로 섹스와 젠더가 이미 생물학적으로나, 환경적으로 고정불변의 것이 아니라 점차 유동적인 것으로 변하고 있기 때문이다. 생식기술의 발전은 생물학적인 성을 이미 전환 가능한 가변적인 영역으로 만들었고(트랜스섹스와 트랜스젠더), 사회문화적으로도 가정과 직장에서 점차 여성에게만 강요할 수 있는 젠더별 노동영역이 실제로 사라지고 있다. 이제 적어도 기술적으로는 여성들이 자신의 섹슈얼리티에 맞게 생식기관을 바꿀 수 있으며, 가사노동을 하지 않고도 주부라는 젠더의 역할을 수행할 수 있을 뿐 아니라, 경제적으로도 남성과 동일하게 모든 직위와 분야로 진출할 수 있게 되었다.

　따라서 여성과 자연과의 연관성을 에코페미니즘처럼 본질주의를 통해 설명하게 되면 이것은 가부장제의 억압논리로 되돌아가는 근거가 될 뿐 아니라 실제 오늘날 여성들의 현실과도 모순되는 딜레마를 낳게 된다. 그렇다고 포스트페미니스트들처럼 '차이의 정치학politics of difference'에 근거하여 여성이란 본질은 원래부터 없고, 성과 젠더, 그리고 섹슈얼리티 조차도 모두 가변적인 것으로 젠더를 해체해버리게 되면 여성과 자연과의 상호 연관성은 설명하기 어렵고, 따라서 여성과 자연 양자가 공통적으로 처한 위기상황도 극복하기 어려워진다. 이 딜레마를 풀기 위해 이 글은 젠더와 자연의 전통적인 의미와 오늘날의 의미를 서로 비교함으로써 산업자본주의 이후 양자에게 닥친 변화의 접점을 찾아보고자 하는 것이다. 이를 위해 먼저 일리치가 말하는 젠더란 무엇인가에 대한 논의에서 출발하여 과거의 젠더와 오늘날의 젠더가 어떻게 다른지를 살펴보고, 그 차이를 자연과의 상관관계 속에서 논의함으로써 젠더와 자연 모두 자본주의와 함께 원래의 공유재적 특성을 상실하였음을 입증하고자 한다. 이런 맥락에서 보자면 버틀러Judith Butler와 같은 포스트페미니스트들은 결국 이와 같은 공유적 특성이 상실된 오늘날의 젠더(실제로는 일리치가 말하는 사회적 섹스)를 해체한 셈인데, 그렇다면 이런 젠더가 해체된 미래가 무엇을 의미하는 지도 추론해보자.

## 2. 산업사회의 등장과 젠더의 상실
### ─가사노동과 출산노동을 중심으로

흔히 1960년대 이후의 페미니즘운동은 "개인적인 것이 정치적인 것이다"라는 기치아래 그동안 여성참정권을 중심으로 법적, 교육적 평등을 요구했던 앞 세대의 주장에서 더 나아가 사적인 것으로 간주되어왔던 모든 문화적인 것들, 가령 가정, 몸, 성적취향, 동성애, 출산, 낙태,

등과 같은 모든 개인적인 영역까지도 페미니즘의 투쟁이 필요한 정치적 의제라고 주장하였다. 이런 급진적인 평등운동은 90년대의 포스트 페미니즘으로 진화하여, 이제는 같은 여성들 사이에서도 섹슈얼리티, 인종, 계급, 민족 등의 구성물에 따라 개인의 정체성이 재구성될 수 있음을 발견하게 되었고, 따라서 이런 모든 개별적인 차이에 대해서도 정치적, 혹은 공적 인정을 요구하게 되었다. '차이'와 '인정'의 성치학에 기댄 이들의 다양한 요구는 과거의 모든 사적인 영역들(가장 사적인 성적 취향까지도)이 실제로는 정치적인 차별의 영역이었음을 입증하였고, 당연히 그에 따른 성과는 동성결혼 합법화를 포함하여 새삼 거론할 필요도 없을 만큼 오늘날의 성정치적 평등에 지대한 영향을 끼쳤다. 하지만 그런 가운데 여성운동에서 본질적으로 전제되어왔던 '여성'이라는 범주가 해체되어 '젠더'라는 범주로 재편성되는데, 문제는 이들이 찾아낸 젠더가 예전의 젠더와는 달리 가변적이며, 관계적이고, 잠정적이며, 일시적인 것이라는 점이다. 이런 입장의 선두에 서있는 버틀러에 따르자면 선험적이고도 보편적인 범주로서의 여성은 없고, 다만 그런 여성이 있다는 것을 전제로 여성을 페미니즘의 주체로 재현하는 것일 뿐이며, 따라서 이런 '재현의 정치학politics of representation'의 권력체계에 숨겨진 정체성의 물화reification에 저항하는 것이 페미니즘의 당면과제라는 것이다.

만일 어떤 사람이 '여성이다'라고 한다면 그것은 분명 그 사람의 전부가 아니며, 따라서 그 용어는 완전한 의미가 될 수 없다. 그것은 이미 젠더화된 '사람'이 젠더의 특정한 고유장치를 초월한 존재이기 때문이 아니라, 젠더는 다른 역사적 맥락 속에서 늘 가변적이고 모순적으로 성립되었기 때문이며, 담론적으로 성립된 정체성의 인종적. 계급적, 민족적, 성적, 지역적 양성들과 부단히 마주치기 때문이다. 따라서 '젠더'를 정치적, 문화적 접점에서 분리해내기란 불가능하다. 젠더는 늘 바로 그 접점에서 생산되고 유지되는 것이기 때문이다.[6]

버틀러에 따르면 보편적인 가부장제라는 개념만큼이나 보편적인 여성이라는 정체성은 '신화'일 뿐인데, 왜냐하면 실제로 "정체성은 결과로 알려진 그 표현물 때문에 수행적으로 구성되는"(131) 것이며, 젠더의 표현물 뒤에는 어떠한 젠더 정체성도 없기 때문이다. 다시 말해, 없는데도 마치 정체성이 있는 것처럼 만들어내는 물화과정이 바로 차별을 규범화하는 정치권력이 작동하는 지점이 되는 것이다. 따라서 젠더란 '젠더 행하기gender doing'로만 인식될 뿐이며, 여기서 행위자는 행위에 부과된 허구로만 존재하게 된다. 문제는 이런 식의 젠더론은 결과적으로 젠더를 지극히 '개별적인' 것으로 축소한다는 점이다. 이때 개별적이라는 말은 젠더가 한 개인에게 국한된 것이라는 의미보다는 모든 개인의 개별화된 행위에 국한해서만 젠더를 겨우 동일시하거나 구별할 수 있다는 의미에서의 개별성이다. 그렇다면 이렇게 젠더를 개별적인 것으로 이해하는 것이 실제 "현실"(삶)에서는 무슨 의미를 지니는지 살펴볼 필요가 있는데, 이를 위해 젠더를 개별적인 것으로 이해하지 않았던 과거의 젠더를 먼저 살펴보자.

---

6 　주디스 버틀러, 조현준 역,『젠더 트러블─페미니즘과 정체성의 전복』, 문학동네, 2006, 89 쪽. 이후 버틀러의 모든 인용은 모두 이 번역서의 페이지임.

이반 일리치는 현대 서구문명이 기대고 있는 고정관념certainties을 역사적으로 파헤쳐 그 허위성을 드러냄으로써 오늘날의 산업사회를 비판했는데, 이때 젠더 영역에서의 대표적인 고정관념으로 성평등을 들었다. 버틀러는 여성이라는 개념이 신화라고 주장했지만 일리치에 따르자면 '성평등'이란 개념이야말로 산업사회가 만들어낸 '신화'이며, 따라서 실제로는 산업자본주의 체제가 유지되는 한 남녀는 평등할 수 없다고 보았다. 물론 일리치의 이런 견해와 달리 페미니즘은 과거 전근대 시대의 가부장제가 경제성장을 통해 산업화, 근대화, 서구화의 발전과정을 겪게 되면 젠더에 기반을 둔 전근대적인 차별은 끝이 나고 양성평등으로 돌아설 것으로 기대한다. 이것이 페미니즘 입장에서 본 사회발전이다.

하지만 일리치에 따르자면 이런 평등은 젠더에 기반한 것이 아니라 실제로는 성(섹스)에 기반한 것이다. 왜냐하면 전통적인 공동체에서는 남녀의 역할이 서로 구별되어 있기에 두 젠더가 동일한 일을 하는 평등은 불가능하기 때문이다.[7] 반면에 산업사회의 노동은 남녀가 똑같은 젠더노동을 할 수 있다고 가정하는데, 이와 같은 성에 따른 동일노동은 사실상 남녀 양성이 모두 호모 이코노미쿠스로 환원되어 동일한 경제

---

7 일리치는 전통적인 젠더와 산업사회의 젠더를 구분하기 위해 전자를 버내큘러(vernacular) 젠더라고 부른다. 일리치의 이 용어를 따를 필요는 없지만 그가 비산업사회에서 찾아낸 전통적인 젠더가 산업사회의 젠더와는 다른 것이 사실인 만큼 그 차이점에는 주목할 필요가 있다. 일리치에 따르면 젠더라는 용어는 원래는 문법에서 명사가 남성형, 여성형, 중성형 가운데 어느 젠더에 속하는지를 지칭하는지를 구별하던 용어였으며, 여기서 유추할 수 있듯이 모든 문화에서 보편적으로 남성과 연관되는 장소, 시간, 도구, 언어, 태도, 인식과 반대로 여성과 연관되는 그것들을 서로 구별하기 위한 용어였다. 젠더에서의 이런 이중성은 섹스에서의 이중성과는 서로 다른 종류로 섹스에서의 이중성이란 동일한 인간의 특성을 양극으로 나눴을 때 생기는 이중성이라고 하였다. Ivan Illich, *Gender*, New York : Pantheon House, 1982, pp. 3~4. 이후 일리치 인용은 모두 이 책에서 번역하여 인용.

적 욕망을 지닌다는 전제 하에서만 가능할 수 있다는 것이다. 왜냐하면 동일한 노동이란 노동에서 젠더적 특성을 제거함으로써 가능하고, 동일한 욕망이란 경제적 차원에서만 인간을 정의하여 다른 욕망을 모두 희소성에 대한 소유욕으로 환원함으로써 가능하기 때문이다. 실제로 산업사회에서는 여성 고유의 노동으로 임신과 출산의 노동 외에는 젠더노동이 거의 존재하지 않으며, 경제적 욕망은 남성과 여성이 동일하다고 간주되기에 젠더차이로는 구별되지 않는다. 이렇게 보면 산업사회의 평등이란 남자와 여자라는 것이 오직 몸의 차이로밖에는 구별되지 않는 젠더부재의 성평등genderless sexual equality을 의미하게 된다. 그렇다면 먼저 전통적 의미에서의 대표적인 젠더노동이었던 가사노동과 출산노동이 산업사회에서는 어떻게 젠더부재의 노동으로 변모되었는지 살펴봄으로써 과거의 공유적 개념의 젠더에서 어떻게 오늘날의 개별화된 개념으로서의 젠더로 변모하게 되었는지 논의해보자.

가사노동은 전통적인 젠더노동이자 일반적으로 페미니즘에서 여전히 여성젠더의 영역으로 간주되는 분야지만 실제로는 자본주의의 발달과 함께 전통적인 의미의 공유적 젠더노동이 아닌지 오래된 "새로운" 형태의 젠더노동이라고 할 수 있다. 일리치에 따르자면 지금의 가정주부가 하는 고립된 형태의 가사노동은 젠더에 토대를 둔 것이 아니라 자신이 결혼한 임금생활자인 남성의 경제력 범위 내에서 그 남성의 자본주의적 임금가치를 보존하기 위해 동원되는 무임금 노동으로, 경제활동에 있어서의 성별 노동구분에 따라 한 축을 맡은 것이다. 즉 젠더별 노동구분이 아니라 성별 노동구분이라는 것이다. 따라서 정반대의 경우인, 남성이 실직하여 가사를 돌보고 여성이 경제활동을 하는 경우의 남성의 가사노동도 마찬가지로 임금 노동자의 상품가치를 지속하기 위해 성적 양극화에 따른 성별 노동분업의 형태로 봐야지 젠더별 노동이라고 말할 수 없다. 여기서 전통적인 의미의 가사노동과 산업시대의 가사노동의 두 가지 중요한 차이를 찾아낼 수 있는데, 첫째는 후자의 경우 젠더와 무관한 오직 성별에 따라 개별적으로 행하는 고립노동이라는 점이고, 둘째는 노동의 성격 자체도 후자의 경우는 가내경제에 상보적으로 기여하지 못하는 그림자노동이라는 것이다.[8] 오늘날의 가사노동과 전통사회의 가사노동의 차이를 이해하기 위해 미즈가 예로 드는 멕시코 남부의 유키탄juchitan 지역에 사는 토착인디언 여성들의 가사노동을 살펴보자.

유키탄은 멕시코 와하카 주의 자포텍 시에 있는 인구 8만의 지역인데, 여기서는 남성들은 농부, 어부, 장인이거나 임금노동자이고, 여성들은 가정과 시장을 돌보며 먹거리와 수공예 생산 활동을 책임진다. 산업사회의 노동분업과 달리 여기서의 여성들은 주부이자 상인으로 활동하며, 이런 가사활동은 가족의 생계를 유지하고 공동체내의 존경과 자신의 사회적 위신을 위한

---

8  이반 일리치는 "비용이 외부화된 노동(ex-territorialization of costs)"을 자본주의체제를 유지하기 위해 반드시 필요한 '그림자 노동(shadow work)'이라고 보았다. 그가 말한 그림자노동은 가정주부화보다 더욱 포괄적인 개념으로 자본주의사회에서 상품의 가치를 구현하기 위해 소비자가 행하는 모든 종류의 무보수 노동을 의미한다. 가령 달걀을 사러 가는데 드는 노동력, 구매한 뒤 실제로 요리를 해먹기 위해 포장을 뜯는 행위 등을 비롯해 소비를 하기 위해 각 단계마다 일어나는 모든 종류의 무보수 노동을 말한다. 일리치는 여성들이 임금노동에서 보다 이렇게 보이지 않는 그림자노동에서 더 집중적으로 차별을 받는다고 생각했지만 그림자노동을 여성만의 무임금노동 영역으로 보지는 않았다. 다만 그림자노동 영역의 확대를 자본주의 발전의 본질로 보았기에 생산의 자동화가 가속화될수록 임금노동의 전반적인 양은 감소되고, 소비자나 사용자에 의해 지불되지 않는 노동량을 더욱 많이 요구하는 그런 상품시장의 규모가 커질 것으로 예상했다(p.45).

것으로 여성들의 가사노동과 시장을 따로 떼어내어 분리할 수 없다. 여성들은 남성 생계부양자들의 보조적인 존재로 취급되지 않으며 남성들의 수확물을 시장에서 유통시키는 일도 여성들이 맡는다. 멕시코 정부는 마킬라도라처럼 여기도 수출상품 생산을 위한 자유무역지대로 만들고자 했으나 여성들의 저항으로 미국의 대규모 소매기업이 진출하지 못하고 있다.[9]

유카탄 지역에 살고 있는 토착인디언 사회에는 아직 전통적인 의미의 가사노동이 남아있는데, 가내수공예를 주로 담당하는 그 노동의 특징은 개별적인 노동이 아니라 가내 여성들의 협업으로 이루어지는 공유노동이라는 점과, 남성들의 노동영역과는 구별된 젠더노동이라는 점이다. 이런 형태의 가사노동은 실제 가내경제의 한 축을 담당하기에 그림자노동이라고 말 할 수 없으며, 노동의 성격도 외롭고 지루하여 신경안정제나 TV 중독으로 그 스트레스를 치유해야하는 산업사회의 가사노동과는 거리가 멀다. 이처럼 전통적인 가사노동은 전적으로 젠더노동이며, 어떤 경우에도 경제활동에서 완전히 분리되어 성별 분업노동의 한 축을 맡기 위한 성적 양극화의 형태로 진행되지 않는다.

일리치에 따르면 비산업사회에서는 단일성적unisex인 일은 드물며, 여자가 할 수 있는 일을 남자도 할 수 있는 경우는 거의 없다. 18세기 초의 사료에 의하면 여자 없이 가사를 꾸리는 독신남자는 거의 살아남을 수 없었으며, 이 가난한 남자들은 여성의 노동영역을 침범하기 어려운 까닭에 옷을 기워 입을 수도, 젖을 짜거나 버터나 밀크, 달걀을 먹을 수 없

---

9  마리아 미즈, 꿈지모 역, 『자급의 삶은 가능한가?』, 동연, 2013, 212~215쪽 요약.

었다고 한다(67). 또한 비산업사회의 가사노동은 오늘날처럼 한 명의 여성이 고독하고 단조롭게 자신의 거주지 내부에 갇혀서 하는 고립노동이 아니라 공동체 내의 다른 여성들과의 협업으로 진행되는 공유노동의 형태를 띠는 경우가 많다. 이런 차이는 비산업화 시대의 가정이 공동체의 자급적인 공유경제의 한 부분으로서의 가내경제에 기초해있던 반면에, 산업시대의 가정은 공동체와 무관한 개별적인 임금노동에 기초해 있기에, 가정이 성별 노동분업을 통하여 이 임금노동의 화폐적 가치를 상승시키는 장소로 변모된 데서 비롯되었다고 할 수 있다. 이것은 산업사회의 맞벌이 가정의 경우도 마찬가지가 된다. 남녀 모두 가사일을 평등하게 나눠서 하는 맞벌이 가정의 경우도, 이때의 가사노동이란 남녀가 구별된 젠더별 노동이 아니라 각자가 자기를 부양하기 위해 하는 일종의 자조적인self-help 형태의 자기 부양적 노동이라고 할 수 있다. 일리치는 이런 형태의 노동을 셀프서비스 경제self-service economy라고 불렀으며 산업사회에서는 이런 부분의 그림자 노동이 증가한다고 보았다(57).

한편 가사노동이 젠더부재의 노동으로 변모하게 된 데에는 가사기술 home technology의 발전도 기여한 바가 크다. 냉장고, 세탁기와 같은 가사를 돕는 기계장치의 발전은 가사노동을 젠더부재의 노동으로 변모시켰는데, 이로 인해 아이러닉하게도 가사노동의 짐을 가사용 기계나 외부 가사보조자에게 전가시킨 전업주부들의 경우 남는 시간을 자녀교육에 더욱 매진하도록 공공연하게 강요받게 되었다. 따라서 여성의 가사노동의 부담이 이미 또 다른 젠더부재의 노동으로 변해버린 자녀양육과 자녀교육으로 전가되었을 뿐 실질적인 성별분업의 성격에는 변화가 없다고 할 수 있다. 이 점에서 보자면 '가정주부housewife', 혹은 '전업주부'라는 용어는 그토록 고립된 형태의 사적이고도 개별적인 노동이 비산업사회에서는 원래부터 없었다는 점에서 전적으로 산업사회가 만든 새로운 신화라고 할 수 있다. 원래 wife는 남편과의 결혼관계 속에서만 사용가능한 용어라는 점을 생각해보면 산업혁명과 함께 시작된 house와 wife의 결합이 얼마나 우스꽝스러운 것인지 이해가 될 것이다.[10]

여전히 대표적인 젠더노동으로 간주되는 출산노동의 경우도 이런 맥락에서 큰 변화를 겪었다. 일리치에 따르면 1780년대까지는 출산을 여성들만의 젠더노동의 영역으로 보았다. 다시 말해 과거에는 의학과 공공법규도 여성이 임신, 중절, 분만, 수유와 심지어 영아살해에 이르기까지 출산과 관련된 모든 행위를 여성이라는 젠더 영역의 결정에 맡기도록 되어 있었으며, 더구나 이것은 오늘날처럼 지극히 사적인 결정도 아니었다는 것이다(123). 하지만 프랑스혁명 이후 태아는 태어나기 전부터 한 명의 예비시민으로 간주되기 시작했고, 여성의 자궁은 의학과 법률적 개입이 가능한 영역으로 변하게 되었다. 특히 전문화된 조산부나 의사의 등장은 출산을 더 이상 여자들만의 일로 만들지 않았다. 이후 20세기 초의 본격적인 의료기술의 발달은 출산을 젠더부재의 병원출산으로 변모시켰고, 아이를 낳는 분만노동labour을 "어머니의 출산 delivery of the mother"노동에서 "아이의 배달delivery of the child"노동으로 만들었다(127). 이런 변화를 통해 가사노동과 마찬가지로 비산업사회에서 여성들 간의 협업을 통해 이루어지는 젠더 노동이었던 출산도 이

---

10 실제로 어원적으로 따져보면 아내보다는 오히려 남편이 더 가정과 밀접한 연관성이 깊다. 왜냐하면 husband의 어원은 고대영어의 hus+bondi로 지금으로 번역하자면 house+holder에 해당된다. 즉 남편은 가계를 유지하고 지탱하는 자였다. 반면 wife는 고대영어에서 그냥 여자라는 의미였다.

제는 병원에서 개별적으로 고립된 여성들의 재생산을 위한 자궁 중심의 생물학적인 노동으로 전환된 것이다.

이렇게 해서 임신과 출산은 여성젠더 고유의 공유적인 협업노동에서 전문가의 기술적 개입과 관리가 필요한 재생산을 위한 몸(섹스적 의미에서)노동으로 바뀌게 되는데, 이처럼 '출산'이 '재생산'과정으로 환원됨으로써 과학기술은 피임, 불임, 가임 모두를 치료가 필요한 일종의 질병으로 간주할 수 있었고, 따라서 탈젠더적으로 개입할 수 있게 되었다. 여성의 몸이 재생산을 위한 질료로 간주되면서 출산이 여성젠더와는 무관한 폭력적인 의료개입용 공간으로 자리 잡게 된 것이다. 그런데 출산노동에서의 젠더의 상실은 오히려 아이러니하게도 출산을 위한 여성의 육체적인 몸의 중요성을 더욱 부각시켰고(임신한 몸이 정기적으로 받도록 되어있는 각종 의료적 관리를 생각해보라), 출산을 공동체가 공유해야할 협업노동이 아니라 여성이 단독으로 행하는 개별적인 행위로 이해하게 만들었다. 다시 말해 젠더가 사라짐으로써 여성의 몸은 남성적 과학기술과 자본을 위한 새로운 시장으로 재구성되었고, 이런 연유에서 에코페미니즘은 여성의 몸을 자본주의의 "마지막 식민지the last colony"라고 보는 것이다. 이렇게 해서 여성의 몸은 젠더를 상실하게 되었는데, 아이러닉한 것은 공유적 차원의 젠더가 상실됨으로써 오히려 여성의 몸(섹스)에 대한 관심은 더욱 커지게 되었고, 몸의 상품화는 심화되었으며, 따라서 페미니즘의 기대와 달리 성차별에 더욱 취약하게 되었다는 점이다.

## 3. 섹시즘sexism의 등장 - 공유적 젠더에서 개별적 젠더로

공유적 젠더의 상실은 여성을 여성전체로부터 떼어내 개별적인 존재로 만들었는데, 그 결과 과거보다 여성의 몸을 보다 더 성(섹스)중심적으로 바라보게 하였다. 인종에 근거한 인종차별주의racism와 마찬가지로 성(섹스)에 근거하여 남성보다 여성을 차별하는 섹시즘은 젠더가 살아있던 비산업사회에서는 존재할 수 없었다. 왜냐하면 비산업사회의 남녀로 구별된 젠더 노동은 공동체의 존속에 반드시 필요한 상보적인 노동이지 어느 한 젠더를 소외시킬 수 있는 단일성적인 성별 분업노동이 아니기 때문이다. 실제로 젠더의 공유적 특성이 사라진 산업사회에 이르러 오히려 여성의 신체는 가파르게 상품화의 길을 걷게 되고, 따라서 섹시즘도 곳곳에서 노골적으로 등장하기 시작한다. 실제로 우리사회에서도 성희롱이나 강간, 매춘의 정도가 더 심해지고 각종 대중매체에서 여성 신체를 특정 잣대로 재단하는 경향도 더욱 강해지고 있다. 가령 성전환을 한 여성이나 여성역할을 하는 남성 동성애자의 경우 자신의 여성성을 사회적으로 공인받기 위하여 몸의 섹스적 측면을 보다 더 과장하는 것을 쉽게 볼 수 있다. 또한 각종 게임이나 영화매체에 등장하는 사이보그cyborg의 경우도 그 여성성을 표현할 때 무엇보다 성적으로 과장된 몸을 통해 여성성을 시각화하는 것도 볼 수 있다. 사이보그는 처음부터 젠더가 없는 젠더부재의 존재이다. 따라서 사이보그를 통해 우리는 젠더가 없는 존재에게 어떤 방식으로 젠더를 부여할 수 있을지를 개념적으로 구성해볼 수 있기에 사이보그는 '젠더 이후의 젠더post-gender'의 기원genesis을 만들어내는데 중요한 역할을 한다. 그런데

이 젠더 없는 젠더의 가시적 표상으로 무엇보다 성적인 몸이 부각된다는 것은 지금의 우리사회가 얼마나 여성을 섹시즘적인 눈길로 바라보는지를 반증할 뿐 아니라 나아가 앞으로의 젠더의 미래에 대해서도 성적인 요소가 주요 구성물이 될 것임을 암시한다.

여성은 태어나는 것이 아니라 여성으로 되어가는 것이라는 시몬느 드 보봐르Simone de Beauvoir의 주장 이후 페미니즘 연구에서 섹스는 젠더와 분리되기 시작했고, 이후 페미니즘은 자연물인 섹스와는 별개로 문화적 구성물로서의 젠더가 남성적 권력에 의해 어떻게 형성되는지를 파헤치게 되었다. 그런데 이렇게 섹스와 젠더가 분리되고, 공유적 젠더가 사라지게 되자 아이러닉하게도 몸(섹스)이 강화되는 섹시즘적 경향이 노골화되기 시작하는데, 이것은 다른 한편으로 보자면 포스트페미니즘에서 왜 섹슈얼리티sexuality라는 성정체성, 성적취향, 혹은 성역할이 젠더담론에서 '차이'의 중요한 구성물로 등장하게 되는지를 설명해주기도 한다. 칼 폴라니Karl Polanyi의 표현에 빗대어 말하자면, 비산업사회에서는 마치 경제가 더 큰 범주인 사회 안에 들어있었던embedded economy 것처럼, 섹스 역시 젠더와 분리된 것이 아니라 보다 더 큰 범주인 젠더 안에 언제나 들어있었던embedded sex 것이라고 하겠다. 다시 말해 산업혁명 이후 시장경제가 사회라는 보다 큰 공동체의 존속을 위한 토대에서 개별적으로 튀어나와 마치 독립적이고 자율적인 존재인 것처럼 성장하여, 마침내 경제가 사회보다 더 커진 것과 마찬가지의 '대변환great transformation'이 젠더에서도 일어났다는 의미이다. 산업사회 이전 공동체를 구성하는 중요한 토대는 공유적 젠더였으며, 섹스는 그런 젠더라는 큰 범주의 토대로서 젠더 안에 묻혀서 존재했다고 할 수 있다.

하지만 산업사회의 등장과 함께 섹스가 젠더와 분리되어 떨어져 나오게disembedded sex 되자, 섹스, 내지는 섹슈얼리티가 이제는 사라진 젠더를 대신하여 가장 중요한 정체성의 구성개념으로 자리 잡게 되었다는 뜻이다. 이 논의를 위해 다음과 같이 젠더와 섹스의 차이를 구분한 일리치의 설명을 읽어보자.

성역할은 젠더 부재의 '인간'(genderless *man*)이 존재한다는 바탕 위에 성립된다. (…중략…) 네모가 아니면 원이 되는 젠더와는 달리 성역할이란 또 다른 역할들을 그 위에 쌓아올릴 수 있는 하나의 밑바탕과 같은 것이다. 어떤 사람들은 마치 여성용 속옷이나 남성용 속옷 가운데 하나를 선택해 입듯이 자신의 피부를 입고 있는 것으로, 그래서 그 피부 밑에 또 피부가 있는 합성된 자아가 있는 것처럼 느낀다. 또 다른 사람들은 자신의 성역할을 마치 코르셋처럼 부모가 자신의 젠더 부재의 성충동(리비도)을 억누르려고 입힌 것처럼 여긴다. 그래서 그 코르셋 위에 남성용 제복을 걸칠 수도 있고, 아니면 여성용 드레스를 걸칠 수도 있으며, 때로는 바꿔 입거나 벗어버릴 수도 있는 그런 코르셋과 같은 하나의 파운데이션처럼 여긴다. 사람은 버내큘러한 것과 함께 태어나 젠더로 양육된다. 그러나 성역할은 후천적으로 획득된 것이다. 자신에게 부과된 성역할이나 배운 모국어에 대해서는 부모나 사회를 비난할 수 있지만, 버내큘러한 말이나 젠더에 대해서는 불평할 도리조차 없다(80~81쪽).

이렇게 젠더와 분리되어 사회적으로 수행하도록 부과된 성역할을 일리치는 '사회적 성social sex'라고 부르는데, 왜냐하면 섹스란 마치 그 위에 사회적으로 필요한 이런 저런 의상(성역할)을 걸쳐 입을 수 있는 속옷과도 같은 파운데이션이기 때문이다. 다시 말해 젠더란 바로 그 사람이기에 태어나 자라면서 선택의 여지가 없지만(즉 남자 아니면 여자), 섹스는 그와 달리 남성 역할을 하는 인간이거나 여성 역할을 하는 인간이라는 개념이기에 인간이 어떤 성역할을 할지 선택가능하다는 것이다(일리치는 지금의 우리사회가 흔히 말하는 사회성이 완선히 사라진 성적내상으로서의 몸(싱기관)은 차마 생각지도 못했던 것 같다). 그런데 문제는 일리치가 사회적 성이라고 말한 이것을 버틀러는 바로 젠더로 이해했다는 점에 주의해야 한다. 버틀러는 자신의 논의에서 젠더의 비본질성, 다시 말해 수행성을 설명하기 위해 옷을 바꿔 입은 드래그drag(주로 여성 복장을 한 남성)에 주목한다.

나는 드래그야말로 젠더의 표현적 양식과 진정한 젠더 정체성이라는 개념뿐 아니라 내부와 외부 심리공간이라는 구분을 완전히 전복한다고 주장하고 싶다. (…중략…) 드래그의 연기는 연기하는 자의 해부학과 연기되고 있는 젠더의 구분 위에서 작동한다. (…중략…) 만일 연기자의 해부학적 구조가 이미 연기자의 젠더와 다르다면, 그리고 이들 모두가 연기하는 젠더와 다른 것이라면, 이 연기의 수행은 섹스와 연기 간의 불일치를 암시할 뿐 아니라 섹스와 젠더, 그리고 젠더와 그 연기 간의 불일치도 암시한다. (…중략…) 드래그는 센더를 모방하면서 은연중에 젠더 자체의 우연성뿐 아니라 모방적인 구조도 드러낸다(343).

버틀러는 다른 젠더로 복장을 바꿔 입음으로써 젠더를 수행하는 드래그를 통해 젠더가 마치 가면처럼 연극적인 것임을 지적한다. 드래그는 젠더의 근본적 우연성을 드러낼 뿐 아니라 이분법적인 젠더와 그에 따른 이분법적인 섹슈얼리티(이성애와 동성애의 구분)를 허무는 사례이기도 하다. 버틀러에 따르자면 드래그는 패러디를 통해 이분법적 젠더에 토대를 둔 이성애주의와 생물학적인 성에 토대를 둔 가족 개념을 조롱하고 허물어뜨리기에 젠더와 섹스, 섹슈얼리티가 모두 사실상 젠더를 수행하는 일종의 모방행위일 뿐이라는 것이다. 그런데 앞의 두 인용문을 비교해보면 버틀러가 의상 바꿔 입기라는 메타포로 설명한 젠더가 실제로는 일리치가 코르셋으로 설명한 사회적 성역할임을 알 수 있다.

그렇다면 역사적으로 의상바꿔입기는 과연 무엇을 의미했을까? 역사적으로 보자면 실제로 전통사회에서 '복장도착transvestism'과[11] 같이 젠더를 침범하는 행위는 개별적인 것이 아니라 집단적인 것이었으며 특별한 경우가 아니면 거의 발생하지 않았다. 복장도착은 이분법적인 젠더에 트러블trouble을 일으켜 젠더의 수행성을 보여주는 행위가 아니라 오히려 공동체 내에서 명확히 구별되던 젠더의 경계를 재확인시켜 줌으로써 이와 같은 역전을 통해 한쪽 젠더의 상대적 지배를 억제하는 역할을 하였다. 전통적인 복장도착은 주로 카니발이나 계절행사처럼 제례행위로 의식화되었으며, 집단적으로 젠더의 제약이나 한계를 침범하는 행위는 공동체 내에서 전복적인 정치적 힘을 발휘하였다. 가령 영국에서 종획운동enclosure에 반대했던 농민전쟁의 역사를 살펴보면 무장한 한 떼의 사나운 여성군중들보다 귀족들에게 더 큰 공포는 없었는

---

11  주디스 버틀러의『젠더 트러블』과『젠더 허물기』를 옮긴 번역자인 조현준은 문화번역이라는 관점에서 복장도착자라고 흔히 번역되는 transvestite를 복장전환자라고 수정 번역한다 (주디스 버틀러, 조현준 역,『젠더 허물기』, 문학과지성사, 2015, 398쪽).

데, 다음의 역사적 사례는 그것을 입증한다.

여성들이 공통권(commons)을 보존하는데 중심적 역할을 했다. 대담한 대장 도로시는 니더데일의 여성들을 이끌고 쏘프 무어의 종획에 맞섰다. 이삭줍기는 본격적인 추수가 끝난 후에 남은 이삭들을 줍는 오래된 관습이 있었다. 이 작업은 거의 여성들이 통제하였으며, 추수가 끝난 밭으로 갈 때 여성들의 지도자인 추수의 여왕이 행렬을 이끌었다. 1626~28년의 길링엄포레스트 반란은 여성들이 이끌었다. "우리는 여기서 태어났으니 여기서 죽을 것이다"라고 그들은 말했다. 1627년 레스터포레스트 반란을 지켜본 관찰자는 "몇 명의 무식한 여성들"이 그 반란을 이끌었다는 점을 주목했다. 1632년의 포레스트오브딘 반란은 신비로운 인물인 레이디 스키밍턴이 이끌었다. 브리스톨에서 대포를 가져왔는데 포수들은 얼버무려 넘기면서 대포를 발사하기를 거부했다.[12]

라인보우에 따르자면 17세기까지도 공유지의 공통권리를 지키는데 집단적 젠더로서의 여성들이 앞장섰으며, 이것은 자연의 공유권과 여성의 젠더가 밀접한 상호연관이 있었음을 보여준다. 그 가운데 대표적인 농민반란이었던 길링엄포레스트 반란은 레이디 스키밍턴Lady Skimington 이라는 여성이 이끌었던 여성반란으로 공유지의 사유화와 그에 따른 공유권의 소멸에 저항하여 농민들이 일으킨 일종의 폭동이었다. 그런데 역사가들에 따르면 실제로 이 반란은 여성들이 일으킨 것이 아니라 남

---

12  피터 라인보우, 정남영 역, 『마그나카르타 선언―모두를 위한 자유권들과 커먼즈』, 갈무리, 2012, 109쪽.

성농민들이 집단적으로 여성복장을 하고 일으킨 것이었고, 이것은 당시에 큰 충격을 주었다고 한다.[13] 이처럼 전통적인 복장도착 행위는 엄격히 유지되던 젠더 경계를 침범하는 상상할 수 없는 전복행위를 통해 지배층에게 큰 정치적 공포를 야기하기 위한 효과적인 방법으로 동원되었다. 버틀러가 전통적인 젠더가 지닌 이와 같은 역사성에 주목하지 못한 것은 버틀러의 연구가 구체적인 민중의 역사적 삶이 아니라 주로 임상치료에 토대를 둔 프랑스의 정신분석학 계보에 그 이론적 기원을 두고 있기 때문일 것이다. 즉 젠더가 지닌 공유적 역사성(혹은 민중성)을 인지하지 못한 채 젠더를 개별적인 어떤 행위로 이해한 까닭이라고 생각된다. 원래 젠더란 전통적으로 경계가 있는 구체적인 장소를 바탕으로 오랜 시간 형성된 공유재적 개념이지만 지금의 포스트페미니즘에서 논의되는 젠더는 시간성과 장소성이 모두 사라진 개별적인 것으로, 젠더라 칭하지만 말하자면 실제 삶에서는 성역할이나 섹슈얼리티에 더 가까운 어떤 행위라 하겠다.

## 4. 공유재로서의 젠더와 자연

이상에서 살펴본 바에 따르면 산업사회 이전의 젠더란 가정과 공동체 살림살이의 근간인 자급subsistence을 위한 양성간의 상보적 협력에

---

13 무장한 여성들이 빈번히 대중적 소요를 이끌었는데, 때로는 식량폭동을 일으켜 식용 옥수수를 압류하거나, 곡물의 수출을 막기도 했으며, 이런 여성들의 복장으로 가장한 남성 반란자들의 별칭으로 레이디 스키밍턴이라고 불렸다. 피터 라인보우·마커스 레디커, 정남영·손지태 역, 『히드라』, 갈무리, 2008, 104~105쪽 참조

토대를 둔 것이며, 여기에는 집단적인 사회활동을 실행할 수 있는 젠더별로 구분된 공간으로서의 공유지인 자연이 전제되어 있음을 알 수 있다.[14] 이런 구체적인 공통의 장소 안에서 남자와 여자는 그 공동체를 유지하기 위해 집합적으로 서로에게 의존할 수밖에 없으며, 따라서 이런 상호의존성은 불가피하게라도 두 성간의 투쟁, 착취, 억압에 대해서도 일정한 한계를 설정하지 않을 수 없게 만든다. 즉 사회관계에서 어느 한 성을 혐오하거나 거부하는 것은 스스로를 고립시키는 행위로 현실적으로 불가능하다는 것이다. 반면에 산업사회에서는 희소성에 토대를 둔 상품과 화폐에 의존하게 되며, 따라서 경제적 효율성의 차원에서 남성 중심의 임금노동과 여성 중심의 가사노동이라는 새로운 성별분업 노동이 필요하게 된다. 이와 같은 산업사회의 성별분업 노동은 공유적인 젠더노동에서 개별적인 섹스노동으로의 전환을 의미하는 동시에 가시적인 가내경제 노동에서 눈에 보이지 않는 그림자노동으로의 변화를 의미한다.

젠더가 사라진 산업사회에서 성의 상품화가 일어나는 것과 마찬가지로 자연 역시 산업화를 통해 공유재로서의 전통적인 성격을 상실하

---

14 영어의 common / commons / commoning 등은 정확하게 번역하기는 어렵지만 뭉뚱그려 말하자면 비산업사회의 민중들이 누리던 다양한 공유권을 말한다. 공유권을 행사하는 것을 commoning이라는 동명사로, 그런 권리를 누리던 자유민들을 common으로, 그런 공간적 장소와 거기에 속해있는 자연과 그 산물들을 commons라고 부른다. 1215년 영국의 러미니드 들판에서 존 왕에게 강요된 마그나카르타(Magna Carta)가 자유민의 정치적, 사법적 권리와 재산권에 대한 왕의 권력을 제한하였다면, 삼림헌장(Charter of Forest)은 관습적으로 내려오던 공유지(숲)에 대한 자유민의 경제적 권리를 왕으로부터 공인받은 헌장이다. 두 헌장을 합해서 영국 '자유대헌장들(The Great Charters of Liberties of England)'이라고 부른 역사적 사실에서 체포, 구금, 고문금지와 같은 자유민으로서의 정치적, 법적 권리는 생계자급의 경제적 토대인 공유지의 사유화 기획을 사회적으로 제한할 수 있을 때 성립됨을 알 수 있다. 피터 라인보우, 앞의 책, 34쪽.

고 상품화의 길을 걷게 된다. 단일성적인 노동에 최적화된 상품가치를 키우기 위해 남녀 간의 경쟁이 불가피한 것과 마찬가지로 숲이나 강과 같은 더 많은 공유재들이 상품화되는 과정에서 광범위한 자연파괴 역시 피할 수 없게 된다. 젠더부재의 성평등이 실제로는 경제성장을 가속화하기 위해 남녀를 모두 젠더와 무관한 호모 이코노미쿠스라는 단일성unisex으로 만들고자 산업자본주의가 만들어낸 판타지가 아니라면 지금 우리가 목도하는 여성혐오나 남성혐오, 여성에 대한 성차별과 성폭력을 설명하기는 어려울 것이다. 마찬가지로 자연에게 가해지는 동일한 혐오와 폭력, 착취도 설명하기 어려울 것이다. 이런 연유에서 일리치는 남녀 간의 평화가 페미니즘의 기대와는 달리 실제로는 경제팽창이 아니라 경체축소에 달려있다고 보는 것이다. 여기서 경제축소란 공유재로서의 자연의 범위가 사회 안에서 더욱 넓어지고 그로 인해 자연파괴가 줄어들 때만 가능함은 물론이다.

이렇게 전통적인 젠더에 끼친 자본주의의 영향은 젠더와 또 다른 공유재인 자연과의 상관성을 통해 그 의미를 찾을 수 있는데, 왜냐하면 비산업사회의 젠더란 몸이라는 물질성뿐 아니라 장소(향토)라고 하는 공간적 제약 내에서 구현되는 것이며, 이 점에서 자연도 마찬가지이기 때문이다. 자연을 공유재에서 사유재로 바라보는 관점은 아렌트Hanna Arendt에 따르자면 원래 세계 속에 붙박고 있던 '장소성'이 박탈당하게 되면서부터 소유所有에서 사유私有로의 개념의 변천이 시작되었다고 한다.[15] 가

---

15 영어의 'privative'는 본래는 사적인 것을 의미하는 단어 'private'에서 파생된 것으로 결핍당하고 박탈한 것을 뜻한다. 따라서 완전히 사적인 생활을 한다는 것은 진정한 인간의 삶을 영위하는 데 필요한 본질적인 것이 박탈되었음을 의미한다. 소유에서 사유로의 개념의 변천을 인간세계에서의 공적영역과 사적영역의 공존의 불가분성이 파괴되는 것으로 본 아렌트

령 소유 개념으로 토지를 바라볼 때는 땅이란 선조에서 후손으로 전승되는 것이자 한 가계의 공통적 삶을 위한 터전이 될 수 있지만, 사유재로서 취급하게 되면 축적가능한 부wealth가 되어 물건처럼 자유로이 거처를 옮겨 다니면서 사고 팔릴 수 있는 상품화의 길을 걷게 된다.

원래 소유란 세계의 특정 영역에서 자신의 장소를 지니고, 그렇게 함으로써 국가라는 정치 조직체에 소속되는 것, 즉 공적 영역을 함께 구성하는 한 가계의 가장이 되는 것 이상도 이하도 아니었다. 사적으로 소유된 이와 같은 세상의 일부분은 이것을 소유하고 있는 가계와 완전히 동일한 것이어서 어느 한 시민의 추방이란 단순히 그가 지닌 재산의 몰수를 뜻하는 것이 아니라 그의 거처 자체를 실질적으로 파괴하는 것을 뜻하였다.[16]

다시 말해 소유는 세계 속의 특정 장소와 결합된 공공적 개념이기에 움직일 수 없는 부동산不動産의 성격을 지니며 그 장소에 거주하는 인간의 사적영역인 가정과도 완전히 일치하는데 비해, 사유란 이와 같은 세계 속에서의 구체적인 공간과 장소의 성격을 상실함으로써 자의적으로 점유, 처분, 양도할 수 있는 동산動産의 특성을 갖게 되는 것을 말한다. 즉 소유란 장소의 가짐이고, 사유란 장소의 박탈인 셈이다. 그러므로 소유는 공동체 내에서 어떤 장소를 가짐으로써 그 거처를 바탕으로 공적인 활동이 가능하도록 만들어주지만 사유는 세계 속에서의 장소를

---

의 논리에 대해서는 "The Private Realm : Property" 부분을 참조(한나 아렌트, 이진우·태정호 역, 『인간의 조건』, 한길사, 2006, 112~121쪽 참조).

**16** 위의 책, 115쪽.

박탈함으로써 오직 사적인 축적으로서의 부의 증대만 가능하게 만들 뿐이라는 뜻이다. 당연한 얘기지만 전자의 경우는 보살핌이나 돌봄으로 세계를 대하게 되지만 후자의 경우는 오직 이윤에 의해서만 장소를 다루게 된다.

자본주의란 바로 이렇게 인적자원이건 자연자원이건 간에 모든 자원의 사유화 과정, 다시 말해 전체의 일부로서 부여받았던 고유한 장소성을 완전히 박탈함으로써 모든 것을 하나하나 완전히 개별성을 띤 사유재의 상태로 분리시키는 과정이라고 할 수 있다. 일단 사유재로 바뀌면 개개의 상품적 유용성이 가장 중요한 가치척도가 되고, 그와 같은 경제논리에 의해 필연적으로 잉여와 결핍이 나타나게 된다. 이렇게 해서 자연은 희소성scarcity과 필요성necessity의 논리에 맞게 재조정되고 재배치되게 된다. 다시 말해 자연 상태로는 희소하지 않던 것들이 경제논리의 테두리 안에 들어오게 되면 희소해지기 시작하는 것이다. 가령 물은 전혀 희소하지 않지만 수자원으로 바뀌면 부족하게 되고, 땅은 희소하지 않지만 용지로 바뀌면 부족하게 되며, 마찬가지로 사람은 부족하지 않지만 인력으로 바뀌면 경쟁력 있는 인적자원은 부족하게 된다.

젠더와 장소(마을 혹은 자연)의 상호연관성이 지금은 어떤 식으로 변모되었는지를 비교하기 위해 먼저 다음과 같은 주장에 대해 생각해보자.

관계적인 방식으로 로컬리티를 정의하면 될 것 같아요. 여성주의와 공간의 접합에서 둘이 서로 왔다 갔다 할 수 있는 구름다리 같은, 이런 접근 중의 하나가 관계적으로 로컬리티와 같은 공간을 규정하는 것이라고 봅니다. 고정된 여성성과 남성성의 이분법을 극복하는 방법으로 여성이 여성성이라는 어떤 실체, 고정된 오리지널리티(originality) 안에 있지 않다고 얘기하잖아요. 그래서 여성 간에도 무수한 차이가 존재하고 여러 가지 퍼스낼리티(personalities)와 정체성이 존재하는 건데 공간도 마찬가지라고 생각해요. 로컬이 뭐냐라고 했을 때 로컬을 자꾸 정의하려고 하지 마시고 정의가 없잖아요. 그러니깐 뭐가 아닌 것, 뭐와 비슷한 것, 또는 무엇 무엇과 함께 갈 수 있는 거라고 보면 어떨까요? 이런 다양한 구성요소를 뭉뚱그려서 얘기를 할 수밖에 없는 이유가 로컬리티 안에 내재적인 본질이 없기 때문에 그런 거거든요. 그래서 어떤 장소나 로컬리티를 규정할 때 그것의 오리지널리티는 그 안에서 오는 것이 아니라 그것과 그 외연이 맺고 있는 관계, 그 다양하고 역동적인 관계에서 만들어지는 것이라고 생각하면 어떨까 합니다.[17]

여성성을 관계적인 방식으로 정의하듯이 로컬리티도 관계적 방식에서 생각하자는 위의 입장은, 만약 그와 같은 구성적 개념으로서의 젠더와 로컬을 상정하게 되면 성을 둘러싼 이분법적인 위계적 차별도 피할 수 있을 뿐 아니라 나아가 로컬이 글로벌리티에 포섭되는 것도 막을 수 있다고 보기 때문이다. 젠더와 로컬리티가 무엇인가라는 질문에 이렇게 답하는 것은 두 개념 모두를 내재적 본질을 전제로 하는 명사적 의미의 범주로서나 집합으로서가 아니라 버틀러처럼 무엇을 수행 하는가라는 동사적 개념으로 이해하는 것이다. 즉 끊임없이 젠더를 수행하거나doing gender, or gendering, 아니면 지역화를 수행하는local-ing 방식으로만 정치적인 행위를 할 수 있다는 것이다. 물론 이렇게 보면 에코페미

17 문재원 외, 「좌담회-젠더와 로컬리티」, 『로컬리티 인문학』 14, 부산대 한국민족문화연구소 로컬리티인문학연구단, 2015, 5~51쪽.

니즘의 딜레마인 여성의 생물학적 본질뿐 아니라 여성과 자연(장소)과의 본질적 연관성도 해체할 수 있지만, 문제는 범주화되지 않는 "행위의 반복된 수행"(버틀러)이 가상세계가 아닌 실제현실에서도 가능하다면 그것이 무엇인가라는 점이다. 사이보그와 같은 가상세계에서라면 얼마든지 분절적으로 이합집산을 할 수 있지만 현실세계에서 과연 잠정적 일시성으로 소환되어 재의미화되고, 다시 또 다른 구성물로 흩어지는 것이 무엇일 수 있을까?

젠더에 대한 이런 입장은 결국 젠더가 구체적으로 구현되는 공유적 공간으로서 실제로 존재하는 자연(장소)의 물질성을 부인하는 것이며, 자연 역시 일종의 문화적 구성물로서 이해하는 것이다. 버틀러는 젠더와 정체성의 물화reification에 저항함으로써 본질주의에 따른 권력화를 거부했지만 이것은 세 가지 문제점을 남긴다. 첫째, 젠더 '되기becoming'를 강조함으로써 이성애중심의 이분법적 구조는 해체되었지만 동시에 여성을 일시적 구성체로만 설정함으로써 범주로서의 여성을 서로서로에게 묶어줄 수 있는 공통성(혹은 집합성)과 자신이 태어나고 자란 땅에 묶어줄 수 있는 장소성(역사성)도 해체하였다. 일시적 구성물로만 존재하는 젠더행위로 실제로 젠더의 위계를 극복할 젠더투쟁을 할 수가 있느냐는 것이다. 둘째, 섹스마저 젠더 행하기의 모방으로 간주함으로써 생물적 섹스로 결정되는 몸과 문화로 구성되는 젠더라는 기존의 이분법은 해체하였지만 그와 함께 몸과 성적 욕망도 젠더화로 이해함으로써 섹스, 섹슈얼리티, 젠더 모두가 반대 성의 변별화된 일시적 욕망과의 관계 속에서만 잠시 식별 가능한 개별적인 것이 되어버렸다. 이것은 사실 젠더라고 말하고 있지만 개별적인 욕망의 차이로만 변별성이 생기는 것을 의미한다. 여기에 대해 가령 네그리Antonio Negri는 오히려 정체성이 폐지된다면 그때부터 진정한 차이의 발산과 변성이 시작될 것이며, 무수한 성적욕망의 차이들이 생겨나 성적 욕망의 우주를 채우는 "n개의 성"이 도래할 것이라고 변호한다(462~463). 하지만 네그리의 용어 자체는 공유적 젠더가 사라진 뒤에는 개별화된 사회적 섹스가 마치 젠더처럼 수행될 뿐이라는 것을 반증할 뿐이다. 셋째, 정치성이라는 관점에서 보자면 이처럼 개별화된 젠더는 민중과 자연을 더욱 착취하는 초국적 자본주의체제에 비산업사회의 젠더만큼도 실제로는 위협적이지 않다는 것이다. 젠더가 땅에서 유리되고, 동성同性의 공동체에서 떨어져 나와 섹스의 표현물로만 전유되는 것은 후기산업사회에 어떤 균열을 낼 수 있을까? 로컬리티가 바로 공유 공간, 혹은 공유재적 장소로서의 지역성을 굳건하게 의미해주지 않을 때 글로벌 자본에 포섭되지 않을 방법은 무엇일까? 비산업 사회의 젠더행위는 종획 운동과 같은 사유화를 거부하고 공유재인 자연을 돌보고 지켜낼 수 있었지만 버틀러 식의 개별화된 젠더와 자연적이지 않은 문화적 구성물로서의 자연관은 과연 자본의 대규모적인 자연약탈 앞에서 어떤 생태적 대안을 제시할 수 있는가?

## 5. 대안적 상상력을 찾아서

네그리는 『제국』과 『다중』 이후 자본주의와 국가 너머의 세상을 꿈꾸면서 '공통적인 것commonwealth'에 대한 열망을 표방한 바 있다. 우리말로는 '공통체'라고 번역되었지만 문자 그대로 말하자면 아담 스미스

Adam Smith의 자본주의 경제학이 말하는 국부national wealth와는 반대되는
형태로서의 민부民富라고 할 수 있다. 네그리가 말하는 공통적인 것은 사
적 소유의 지배와 신자유주의적 전략과도 대립하고, 공적 소유의 지배
인 국가의 규제와 통제에도 대립하는 것이다(10). 이런 부의 특징은 개
방적인 접근과 집단적이고 민주적인 결정 및 자주관리에 있는데, 여기
에는 수자원이나 생태계와 같은 물질적 형태의 부뿐만 아니라 이미지,
정보, 아이디어와 같은 비물질적인 부도 모두 포함된다. 이와 같이 물질
과 비물질을 망라한 모든 공통적인 것들의 생성이 가능하게 되는 것을
네그리는 과거의 억압적인 근대성과 구별하여 "대안 근대성"이라고 불
렀다. 네그리가 생각한 대안적 공통체는 바로 '사랑'인데, 그것이 기존
의 전근대적, 혹은 근대적 사랑과는 어떻게 다른지를 난초와 수말벌의
관계를 들어 비유적으로 설명한다. 가령 『꿀벌의 우화』를 쓴 맨더빌이
나 아담 스미스의 관점은 개인의 악덕이 공적 이익의 원천이라는 입장
이며 이것은 자본주의적 관점이다. 하지만 우리가 꿀벌과 꽃과의 상호
관계성 속에서 둘의 관계를 살펴보면 양자는 각각 꿀과 수분을 제공한
다는 점에서 상호부조의 관계임을 알 수 있다. 하지만 이런 사랑의 공통
체는 진정한 공통체를 형성하지 못하는데, 왜냐하면 새로운 배치와 새
로운 공통체가 형성되지 못한 채 원래의 동일성의 관계로 남기 때문이
다. 이런 까닭에서 네그리는 근대성의 토대였던 가족관계나 국가를 부
패한 낡은 제도라고 비난하는 것이다. 반면에 난초와 수말벌의 관계는
꿀을 생산하기 위한 것도, 수분을 위한 것도 아니기에 근면이나 생산주
의 방식으로 관계를 맺지 않는다. 난초는 수말벌을 끌어들이기위해 자
신의 꽃술을 암말벌의 형태로 바꾸어 암말벌 되기의 과정을 보여주며,

수말벌은 난초와 결합함으로써 난초되기의 일부가 된다는 것이다. 이들의 사랑은 핏줄 중심의 가족제도나 이윤추구의 경제제도에 갇혀 부패되지 않는 것으로 난초의 말벌되기와 말벌의 난초되기라는 두 가지의 생성을 통해 새로운 배치와 새로운 마주침이 창조되게 된다. 상호부조의 덕성도 아닌, 이기적인 이익추구의 관계도 아닌, 새로운 형태의 되기 관계가 바로 네그리가 말하는 대안근대성이자 사랑의 공통체이다.

맨더빌의 꿀벌들은 (적어도 스미스의 독해에 따르면) 시장에서 노동과 재화를 사고팔며 자기이익에 몰두하고 공통의 이익은 돌보지 않는, 자유롭게 행동하는 개인들이라는 자본주의적 꿈의 모델이다. 이와 달리 상호부조라는 덕스런 결합의 형태로 꽃과 관계를 맺는 충실한 일벌들은 사회주의 유토피아의 재료이다. 이와 달리 난초를 사랑하는 말벌들은 삶정치적 경제의 조건을 가리킨다. 아무 것도 생산하지 않는데 어떻게 이 말벌들이 경제적 생산의 모델이 될 수 있느냐고 물을 수 있다. 꿀벌과 꽃은 꿀과 열매를 생산하지만, 말벌과 난초는 단지 쾌락과 미를 창조하는 쾌락주의요, 심미가가 아닌가! 말벌과 난초의 상호작용이 물질적 재화를 주된 생산물로 하는 것이 아님은 사실이다. 그러나 그들의 비물질적 생산을 깎아내려서는 안 된다. 그들의 사랑에서 일어나는 특이성들의 마주침에서 새로운 배치가 창출되는데, 그 특징은 각 특이성이 공통적인 것 속에서 계속적으로 변형된다는 점이다. 바꾸어 말하자면 말벌-난초의 사랑은 삶정치적 경제를 움직이는 주체성 생산의 모델이다. 이제 일벌들에 대해서는 더 이상 관심을 두지 말고 말벌-난초의 사랑이 제시하는 특이성과 생성에 초점을 맞추자! (272~273쪽)

하지만 버틀러와 마찬가지로 네그리의 대안도 현실적으로 보자면 너무도 공허하고 추상적이다. 암말벌이 된 난초와 수말벌이라는 두 젠더가 서로를 제약하지 않고 새로운 마주침으로 일시적인 새로운 되기를 만들어낸다는 것이 실제로 가능하다 하더라도 그 두 젠더의 끊임없는 되기가 무한히 확장되지 않는다면 어쩔 수 없이 부패한 젠더위계를 만들어내게 될 것이기 때문이다. 하지만 가상세계가 아닌 현실에서 이런 젠더관계가 과연 가능할 것인가? 이와 같은 대안은 물론 에코페미니즘에서 말하는 공유재에 토대를 둔 공유적 젠더관계의 회복과는 대립되는 방식이다. 비록 미즈가 자급적 공동체의 토대로서 작동하는 상호보완적 젠더관계로 제시한 다음의 사례가 마치 전근대적인 것으로의 회귀처럼 보인다 하더라도 적어도 네그리가 제안하는 추상적인 탐미적 쾌락적 공통체보다는 초국적 자본주의의 압력에 훨씬 더 구체적이고도 현실적인 저항이 될 수 있다고 보기에 주목하고자 한다. 적어도 네그리의 난초와 말벌의 관계보다 초국적 자본주의에 훨씬 더 위협적이라는 측면에서도 그렇다.

케냐의 나이로비에서 북서쪽으로 90마일 떨어진 마라구아(Maragua)는 커피산지로 유명한 곳인데, 대개의 경작지는 전통적으로 남편들의 소유였다. 전통문화에서는 비록 여성들이 땅을 소유할 수는 없었지만 그 대신 자발적으로 조직한 여성공동조직을 통해 자신들이 키울 곡물을 결정하고, 산출된 곡물을 관리하는 일을 할 수 있었다. 하지만 정부의 압력으로 환금성 단일작물인 커피를 심은 뒤부터는 수출량증산을 위해 남편들은 여성들에게 더 많은 무임금 노동을 강요했고, 수출작물의 현금화된 이익금 역시 여성들이 아닌 남편들에게로 넘어가게 되었다. 그러자 여성들은 식량자급의 밑거름이었던 예전 식의 곡물재배를 위해 커피나무 사이사이에 콩을 심기 시작했다. 또 일부 여성들은 아예 커피나무를 뽑아버리고 그 자리에 아이들에게 줄 곡물을 재배하기 시작했다. 케냐에서는 커피나무를 뽑을 경우 징역 7년의 중형에 처해지지만 이들 여성들은 끈질기게 서방의 커피상인과 정부 관리와 대농장의 주인인 남편들의 요구를 거부하고, 마을사람들과 아이들이 먹을 곡물을 재배하기 시작한 것이다. 마침내 여성들은 세 단계의 여성착취, 즉 커피생산을 둘러싸고 남편에 의한 무임금노동의 착취, 국가에 의한 부채상환의 착취, 세계은행과 같은 국제자본에 의한 구조조정의 착취에 대항하였고, 돌려받은 땅에서 재배한 야채와 과일로 지역시장을 형성함으로써 신자유주의의 사유화에 성공적으로 저항하였다(미즈, 399~403쪽 요약).

케냐의 여성들이 성취한 성공은 공유재로서의 젠더의 힘으로 이룩한 것이다. 그것은 땅의 사유화에 저항하여 공유권을 지켜내는 것이고, 성별분업이나 그림자 노동에 저항하여 젠더노동을 회복하는 것이었다. 공유적 젠더에서 개별화된 젠더인 사회적 섹스로의 전환은 결국 공유지가 사유화로 전환되는 산업화와 밀접한 관계가 있으며, 따라서 일시적인 수행적 젠더행위로나 아니면 아무 것도 생산하지 않는 되기의 사랑관계로는 기존의 권력관계를 조롱하고 패러디할 수는 있어도 여성과 자연을 동시에 착취하는 초국적 자본주의에 균열을 낼 수 있는 정치적 힘을 발휘하기는 어렵다. 이런 까닭에 에코페미니즘의 본질주의를 비판한 포스트젠더이론들이 실제 현실에서는 에코페미니즘만큼도 조국적 자본과 과학기술에 위협적인 힘을 발휘하지 못하는 것이다.

미즈는 "차이와 평등difference and equality"이 오늘날 포스트페미니즘의 주요관심사가 된 점을 비판하면서 "억압과 착취로부터의 해방"이라는 원래의 페미니즘운동의 지향점으로 돌아가야 한다고 보았다. 평등권 쟁취운동은 결국 불평등을 낳는 체제를 인정하는 체제내의 운동이기도 하지만, 동시에 서구부르주아 남성의 특권을 전 세계 모든 여성들이 똑같이 나눠 갖는다는 것은 한 개의 지구에서 60억 인구가 모두 부자가 될 수 없는 것처럼 모든 여성들에게 적용될 수 없기 때문이다. 미즈와 일리치의 입장을 따라가면 페미니즘이 바라는 남녀 간의 협업과 평화는 공유재로서의 자연의 회복 없이는 불가능함을 알 수 있다. 이런 까닭에 미국최초의 에코페미니스트 이론가였던 킹Ynestra King이 "우리는 썩은 파이를 똑같이 분배하는 것엔 관심이 없다"라고 한 것이다. 남성이건 여성이건 공동체적 젠더로부터 소외되지 않는 온전한 삶을 회복하기 위해서는 인간과 자연 모두를 고립하여 상품화시키는 자본주의 산업사회체제가 아닌 새로운 대안적 체제가 필요하다.[18] 이것이 미즈가 말한 "자급적 관점subsistence perspective"이지만 다른 말로 하자면 공유적 협업에 바탕을 둔 더 많은 자율적, 공통적, 민주적 공간이 필요하다는 의미일 것이다. 정치적으로는 자치적인 직접민주주의이자, 경제적으로는 자립적인 지역화라고 하겠다. 이렇게 여성 젠더의 자급적 힘을 키워 고립과 상품화를 막는 것이 바로 자연약탈과 생태계파괴를 막을 방법과도 연관되어 있다고 생각된다.

18 일종의 여성주의 대안적 경제에 관해서는 홍태희, 「여성주의 대안경제」, 『여성주의 경제학 – 젠더와 대안 경제』, 한울, 2014, 287~303쪽 참고

# 참고문헌

린다 맥도웰, 여성과 공간 연구회 역, 『젠더, 정체성, 장소』, 한울, 2010.

마리아 미즈, 꿈지모 역, 『자급의 삶은 가능한가?』, 동연, 2013.

문재원 · 오정진 · 이유혁 · 이현재 · 임옥희 · 장세용 · 정현주 · 조정민, 「좌담회-젠더와 로컬리티」, 『로컬리티 인문학』 14, 부산대학교 한국민족문화연구소 로컬리티인문학연구단, 2015.

박혜영, 「생태파괴 시대의 페미니즘」, 한국영미문학페미니즘학회, 『페미니즘-차이와 사이, 젠더 지형의 변화와 페미니즘 문화연구』, 문학동네, 2011.

시린 라이, 이진욱 역, 『젠더와 발전의 정치경제』, 후마니타스, 2014.

안토니오 네그리 · 마이클 하트, 정남영 · 윤영광 역, 『공통체, 자본과 국가 너머의 세상』, 사월의책, 2014.

우에노 치즈코, 나일등 역, 『여성혐오를 혐오한다』, 은행나무, 2016.

조현준, 『젠더는 패러디다-주디스 버틀러의 『젠더 트러블』 읽기와 쓰기』, 현암사, 2014.

주디스 버틀러, 조현준 역, 『젠더 트러블-페미니즘과 정체성의 전복』, 문학동네, 2006.

주디스 버틀러, 조현준 역, 『젠더 허물기』, 문학과지성사, 2015.

피터 라인보우, 정남영 역, 『마그나카르타 선언-모두를 위한 자유권들과 커먼즈』, 갈무리, 2012.

피터 라인보우 · 마커스 레디커, 정남영 · 손지태 역, 『히드라』, 갈무리, 2008.

한나 아렌트, 이진우 · 태정호 역, 『인간의 조건』, 한길사, 2006.

홍태희, 『여성주의 경제학-젠더와 대안 경제』, 한울, 2014.


Butler, Judith, "Gender Troubles", L. J. Nicholson, Ed., *Feminism/Postmodernism*, New York : Routledge, 1990.

Griffin, Susan, *Woman and Nature,* London : The Women's Press, 1978.

Haraway, Donna, *Simians, Cyborgs and Women : The Reinvention of Nature*, New York : Routledge, 1991.

Illich, Ivan, *Gender,* New York : Pantheon House, 1982.

Merchant, Carolyn, *Radical Ecology : The Search for a Livable World*, New York : Routledge, 1992.

_____, Ed., *Key Concepts in Critical Theory : Ecology,* 2 Edition, New York : Humanity Books, 2008.

Mies, Maria, *Patriarchy & Accumulation on a World Scale*, New York : Zed Books, 1998.

_____, *The Subsistence Perspective*, New York : Zed Books, 1999.

Plant, Judith, *Healing the Wounds : The Promise of Ecofeminsm*, Philadelphia : New Society Publishers, 1989.

Plumwood, Val, *Feminism and the Mastery of Nature*, London : Routledge, 1993.

Sachs, Wolfgang, *The Development Dictionary*, New York : Zed Books, 1992.

Shiva, Vandana, *Staying Alive : Women, Ecology, and Development*, London : Zed Books, 1989.

Warren, Karen J., Ed., *Ecofeminism : Women, Culture, Nature*, Bloomington : Indiana UP, 1997.

_____, *Ecofeminist Philosophy*, New York : Rowman & Littlefield, 2000.

www.wikigender.com.